myBook+

Ein neues Leseerlebnis

Lesen Sie Ihr Buch online im Browser – geräteunabhängig und ohne Download!

Und so einfach geht's:

- Gehen Sie auf **https://mybookplus.de**, registrieren Sie sich und geben Ihren Buchcode ein, um zu Ihrem Buch zu gelangen
- **Ihren individuellen Buchcode finden Sie am Buchende**

Wir wünschen Ihnen viel Spaß mit myBook+!

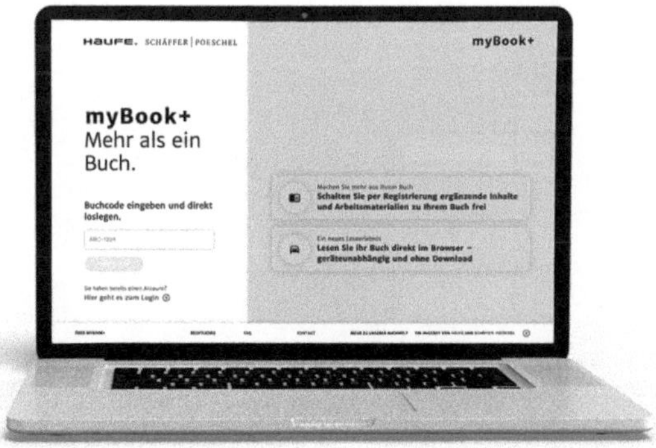

Julius Reiter (Hrsg.)

Immobilienverrentung

Modelle, Vertragsgestaltung und Verbraucherschutz

Schäffer-Poeschel Verlag Stuttgart

Bibliografische Information der Deutschen Nationalbibliothek
Die Deutsche Nationalbibliothek verzeichnet diese Publikation in der Deutschen Nationalbibliografie; detaillierte bibliografische Daten sind im Internet über http://dnb.dnb.de/ abrufbar.

Print: ISBN 978-3-7910-5695-1 Bestell-Nr. 16091-0001
ePub: ISBN 978-3-7910-5696-8 Bestell-Nr. 16091-0100
ePDF: ISBN 978-3-7910-5697-5 Bestell-Nr. 16091-0150

Julius Reiter (Hrsg.)
Immobilienverrentung
1. Auflage, November 2023

www.schaeffer-poeschel.de
service@schaeffer-poeschel.de

Produktmanagement: Anna Pietras
Lektorat: Isolde Bacher, text_dienst, Stuttgart

Schäffer-Poeschel Verlag Stuttgart
Ein Unternehmen der Haufe Group SE

Geleitwort

Immobilienverrentung – das Modell für die Sicherung eines angemessenen Lebensunterhalts im Alter

Die Immobilienverrentung ist ein Thema von wachsender Bedeutung auch für die Gesellschaft, das eng mit dem demografischen Wandel und den Herausforderungen des Rentensystems verknüpft ist. In einer Zeit, in der die Bevölkerung immer älter wird und die Rentenlücken sich vergrößern, muss die Verrentung der eigenen Immobilie als eine innovative Lösung, die individuelle finanzielle Sicherheit bieten kann, in Betracht gezogen werden. Was liegt näher, um sich ein würdiges Leben im Alter zu sichern. Dafür, nicht für die Erben, hat man ein Leben lang gearbeitet. Diese haben es auch in der Hand, ob sie sich die Immobilie – das Elternhaus – durch Rentenzahlung an die Erblasser sichern wollen.

Immer mehr Menschen müssen im Alter ihre finanziellen Verhältnisse überdenken und nachjustieren. Massive Kostensteigerungen, zuletzt pandemie- und kriegsbedingt, in vielen wesentlichen Lebensbereichen führen zu einem erweiterten Kreditbedarf bei Senior:innen. Wie sich zeigt, ist das Bankenwesen hierauf nicht eingestellt und eine Korrektur dieser Lücke ist nicht vorgesehen. Kreative, neue Wege außerhalb des klassischen Bankgeschäfts sind daher nicht nur erlaubt, sondern dringend erforderlich. Neben den Anbietern sollte der Gesetzgeber konstruktiv tätig werden, indem er z. B. steuerliche Gestaltungsspielräume nutzt, um die Verrentung einer Immobilie auch wirtschaftlich attraktiver zu gestalten. Die Immobilienverrentung ermöglicht es, den Wert einer lebenslang erworbenen Immobilie in Einkommen umzuwandeln, ohne auf das über Jahrzehnte aufgebaute Zuhause verzichten zu müssen. Dies ist nicht nur eine finanzielle Erleichterung für Senior:innen, sondern trägt auch dazu bei, dass vorhandener Wohlstand genutzt und die Rentenzeit vollständig aus eigener Kraft bestritten werden kann. Es darf nicht passieren, dass Senior:innen aufgrund mangelnder Liquidität und trotz vorhandener Sachwerte in wirtschaftliche Notlagen oder Altersarmut geraten, die dann von der Gemeinschaft aufgefangen werden müssen. Selbstverständlich müssen die Angebote für den Verbraucher fair und entsprechend seinen Bedürfnissen gestaltet sein. Ein offener Wettbewerb unter den Anbietern kann hier bereits regulierend wirken und einen wirksamen Verbraucherschutz gewährleisten.

Die Probleme im deutschen Rentensystem sind allgegenwärtig und die Immobilienverrentung bietet eine weitere Chance zur Diversifizierung der Altersvorsorge. Sie schafft ein Gleichgewicht zwischen der Nutzung des Eigenheims und der Notwendigkeit, im Alter finanziell abgesichert zu sein. Es ist an der Zeit, dass dieses Thema in Politik, Wirtschaft und Verbraucherschutz konstruktiv angegangen wird und vorhandene Lösungsmodelle genutzt und weiterentwickelt werden, um die Zukunft für alle älteren Bürger:innen weiterhin lebenswert zu gestalten.

Köln, im September 2023
Gerhart Baum, Bundesinnenminister a. D.

Vorwort

Die Ausgangslage ist schnell skizziert: Selbst genutztes Immobilieneigentum ist für den Einzelnen häufig der größte Vermögensgegenstand, in dessen Finanzierung nahezu sämtliche Mittel fließen. Mit Eintritt in das Rentenalter ist das Hauptvermögen in der abbezahlten Immobilie gebunden. Die Rente und die finanziellen Rücklagen reichen dann oft nicht, um den gewünschten Lebensstandard zu halten oder um größere Sonderausgaben zu tätigen. Für Menschen im Alter ist es nicht ohne Weiteres möglich, über klassische Bankprodukte (insbesondere Hypothekendarlehen) an zusätzliche Gelder zu gelangen. Weil jedoch Immobilieneigentümer aus verschiedenen Gründen (z. B. zur Aufstockung der Rente oder zur Renovierung der Immobilie) weitere liquide Mittel benötigen, platzieren sich zurzeit verschiedene Anbieter am Markt, die unter dem Oberbegriff »Immobilienverrentung« Lösungsmöglichkeiten anbieten. Konkret geht es um die Teilliquidierung der Immobilie bei gleichzeitiger Weiternutzung.

Die Verwertung von Immobilieneigentum mithilfe von Verrentungsmodellen könnte zukünftig einen sinnvollen Baustein für die Altersvorsorge darstellen. Rentnerinnen und Rentner können ihr Vermögen nutzen und ihre Lebensqualität verbessern. Auch mit Blick auf die Finanzierung zukünftiger gesetzlich festgelegter energetischer Sanierungspflichten können Modelle zur Immobilienverrentung eine tragende Rolle spielen. Selbstverständlich müssen die Angebote fair und verbrauchergerecht sein und den Bedürfnissen entsprechen. Kostengünstigeren Lösungen, soweit sie denn vorhanden und gewollt sind, ist der Vorzug zu geben.

Der vorliegende Sammelband beschäftigt sich mit den verschiedenen Aspekten und Fragestellungen, die sich im Zusammenhang mit dem Thema Immobilienverrentung ergeben. Wie fügt sich die Verrentung der selbst genutzten Immobilie in die gesetzliche und private Altersvorsorge ein? Welche Verrentungsmodelle haben sich am Markt bereits etabliert? Wie hoch ist der tatsächliche Bedarf und die Akzeptanz solcher Modelle und ist eine Verrentung eine wirtschaftlich vernünftige Entscheidung? Ist der Immobilieneigentümer als Verbraucher ausreichend geschützt und können die deutschen Märkte von den Erfahrungen aus dem Ausland profitieren?

Die Inhalte sind nicht als Verbraucherratgeber zu verstehen, sondern adressieren sich in Richtung Immobilienbranche, Rechtsberater oder sonstige Berater. Obwohl von Bedeutung für die Versorgung im Alter, existiert in Deutschland zum Thema Immobilienverrentung erst eine kleine Literaturbasis. Der vorliegende Band vereint weitreichende theoretische und praktische Erkenntnisse aus der Wissenschaft, von Marktteilnehmern und seitens des Verbraucherschutzes. Auch die Literatur trägt zu einer Verbesserung des Wissensstands am Markt bei. Aktuelle Produkte können durch eine wissenschaftliche Aufarbeitung reflektiert und weiterentwickelt werden. An dieser Stelle möchte dieses Buch seinen Beitrag leisten.

Düsseldorf, im Juli 2023
Prof. Dr. Julius Reiter

Inhaltsverzeichnis

Abkürzungsverzeichnis

ABl	Amtsblatt (der Europäischen Union)
AGB	allgemeine Geschäftsbedingungen
BaFin	Bundesanstalt für Finanzdienstleistungsaufsicht
BGB	Bürgerliches Gesetzbuch
BGH	Bundesgerichtshof
bzw.	beziehungsweise
DKB	Deutsche Kredit Bank
DSGV	Deutscher Sparkassen- und Giroverband
e.V.	eingetragener Verein
EPPARG	European Pensions and Property Asset Release Group
FCA	Financial Conduct Authority
GEG	Gebäudeenergiegesetz
ggf.	gegebenenfalls
h.M.	herrschende Meinung
i.S.d.	im Sinne der/des
i.S.v.	im Sinne von
i.V.m.	in Verbindung mit
ImmoKWPLV	Immobiliar-Kreditwürdigkeitsprüfungsleitlinien-Verordnung
ImmoVerbrdarl	Immobiliar-Verbraucherdarlehensverträge
ISA	Individual Savings Account
KWG	Kreditwesengesetz
m.E.	meines Erachtens
o. J.	ohne Jahr
p.a.	per anno
s.	siehe
s.o.	siehe oben
s.u.	siehe unten
Schufa	Schutzgemeinschaft für allgemeine Kreditsicherung
SHARE	Survey of Health, Ageing and Retirement in Europe
SOEP	Sozioökonomisches Panel
sog.	sogenannte/r
u.a.	unter anderem
u.U.	unter Umständen
VAG	Versicherungsaufsichtsgesetz
VÖB	Bundesverband Öffentlicher Banken Deutschlands
VSMK	Verbraucherschutzministerkonferenz
VVG	Versicherungsvertragsgesetz
z.B.	zum Beispiel
zzgl.	zuzüglich

Teil I: Altersvorsorge in Deutschland

1 Immobilienverrentungsmodelle im Lichte gesetzlicher Altersvorsorge

Prof. Dr. Julius Reiter/Bénédict Schenkel

Abstract

Modelle zur Immobilienverrentung haben sich am Markt in unterschiedlichen Varianten etabliert. Zu nennen sind insoweit das Teilverkaufmodell, das Leibrentenmodell, das Nießbrauchmodell sowie das Rückmietmodell. Alle Modelle bezwecken die Freisetzung des in der Immobilie gebundenen Kapitals, ohne dass die Eigentümer aus der Immobilie ausziehen müssen. Soweit das gesetzliche Rentensystem dem persönlichen Liquiditätsbedarf im Alter nicht gerecht wird, bietet die Teilliquidierung über Verrentungsmodelle neue Chancen. Das Produkt Immobilienverrentung ist demnach auch im Kontext der (notwendigen) erweiterten Möglichkeiten zur Altersvorsorge in Deutschland zu betrachten.

1.1 Einleitung

Selbst genutztes Immobilieneigentum ist häufig der größte Vermögensgegenstand und in seine Finanzierung sind nahezu sämtliche Mittel geflossen. Mit Eintritt in das Rentenalter ist die Immobilie zwar in der Regel abbezahlt, doch das Hauptvermögen ist nun in der Immobilie gebunden. Die Rente und die finanziellen Rücklagen reichen oft nicht für den gewünschten Lebensstandard oder für größere Sonderausgaben. Für Menschen im Alter ist es überdies nicht einfach, über klassische Bankprodukte wie etwa Hypothekendarlehen an zusätzliche Gelder zu gelangen. Gleichzeitig benötigen Immobilieneigentümer aus verschiedenen Gründen (z. B. zur Aufstockung der Rente oder zur Renovierung der Immobilie) liquide Mittel. Daher platzieren sich zurzeit verschiedene Anbieter am Markt und bieten unter dem Oberbegriff »Immobilienverrentung« Lösungsmöglichkeiten an. Typisch für solche Verrentungsmodelle ist, dass der Immobilieneigentümer sein Eigentum ganz oder teilweise an einen Dritten überträgt, sich selbst aber den Besitz vorbehält. Dieser Besitz wird über Wohnungsrechte oder Nießbrauchrechte im Grundbuch abgesichert. Gegebenenfalls können vertragliche Vereinbarungen über einmalige oder laufende Zahlungen hinzukommen. Am Markt etabliert haben sich hier das Teilverkaufmodell, das Leibrentenmodell, das Nießbrauchmodell sowie das Rückmietmodell.

Die Verwertung von Immobilieneigentum mithilfe von Verrentungsmodellen könnte ein Baustein zur Schließung von Finanzierungslücken im Alter darstellen. Rentnerinnen und Rentner können ihr Vermögen nutzen und ihre Lebensqualität verbessern. Auch im Hinblick auf die Finanzierung energetischer Sanierungspflichten, deren gesetzliche Festlegung in der nächsten Zeit ansteht, können Modelle zur Immobilienverrentung eine bedeutende Rolle spielen. Wirtschaftlich interessant kann eine Verrentung auch dann werden, wenn es, wie politisch diskutiert, zur Abschaffung der 10-jährigen Spekulationsfrist käme. Dies gilt aber insbesondere nur dann, wenn die gesetzliche Altersvorsorge in Deutschland unzureichend ist und mangels zweckmäßiger und verfügbarer Alternativen die Teilliquidierung der Immobilie als Mittel der Wahl verbleibt. Der vorliegende Beitrag beschäftigt sich zunächst grundlegender mit dem System der Altersvorsorge in Deutschland (s. 1.2). Da das gesetzliche Rentensystem vor Problemen und Herausforderungen steht (s. 1.3), könnten auch Modelle zur Immobilienverrentung als ein potenzieller Bestandteil zur Altersvorsorge in Betracht kommen (s. 1.4). Die Ausführungen enden mit einem Fazit (s. 1.5).

1.2 Gesetzliche Altersvorsorge in Deutschland

Das System der Altersvorsorge in Deutschland basiert auf drei Säulen (Deutsche Rentenversicherung Bund, o. J.a). Diese sind:

1. die gesetzliche Rentenversicherung,
2. die betriebliche Altersversorgung und
3. die private Altersvorsorge.

Die private Altersvorsorge betrifft im Kern alle freiwilligen Spar- und Investmentvorgänge, die dem Vermögensaufbau zur Nutzung im Rentenalter dienen sollen. Die Möglichkeiten privater Altersvorsorge sind vielfältig und unterscheiden sich insbesondere mit Blick auf Risiken und Renditechancen. Neben klassischen Produkten am Kapitalmarkt wie Wertpapiere, Fondssparpläne oder private Rentenversicherungen ist der Erwerb von fremd- oder selbst genutzter Immobilien Gegenstand der privaten Altersvorsorge. Wichtiges Ziel einer jeden privaten Vorsorge ist zunächst die Schließung von Rentenlücken, die bei bloßem Bezug gesetzlicher Rentenzahlungen entstehen können.

Im Rahmen einer betrieblichen Altersvorsorge organisiert der Arbeitgeber für seine Arbeitnehmer den Aufbau einer zusätzlichen lebenslangen Rentenzahlung. Als rechtliche Grundlage dient das Betriebsrentengesetz (BetrAVG). Über die betriebliche Altersvorsorge kann ein Teil des Bruttogehalts in Beiträge zur Vorsorge umgewandelt werden. Dadurch vermindert sich das zu versteuernde Einkommen mit der Folge, dass Sozialversicherungsbeiträge und Lohnsteuer sinken. Der Arbeitgeber kann zwischen verschiedenen Durchführungswegen wählen, namentlich zwischen der Pensions- oder Direktzusage, der Pensionskasse, dem Pensionsfonds, der Unterstützungskasse sowie der Direktversicherung.

Grundlegender und damit wesentlicher Bestandteil der Altersvorsorge in Deutschland sind allerdings die Rentenzahlungen aus der gesetzlichen Rentenversicherung. Träger der gesetzlichen Rentenversicherung ist die Deutsche Rentenversicherung (DRV). Diese besteht aus 14 regionalen sowie zwei bundesweiten Trägern (Deutsche Rentensicherung Bund und Deutsche

Rentenversicherung Knappschaft-Bahn-See). Als Rechtsgrundlage dient das SGB VI. Grundsätzlich sind alle Arbeitnehmer in der gesetzlichen Rentenversicherung pflichtversichert. Dies gilt auch für selbstständige Handwerker, Künstler und Publizisten, Hebammen und freiberufliche Lehrer. Sonstige Selbstständige können auf Antrag in der Rentenversicherung pflichtversichert werden. Angehörige bestimmter Berufsgruppen (z. B. Rechtsanwälte, Notare, Ärzte, Architekten oder Steuerberater) können sich von der Versicherungspflicht in der gesetzlichen Rentenversicherung befreien lassen, solange stattdessen Beiträge an ein berufsständisches Versorgungswerk eingezahlt werden. Versicherte Risiken der gesetzlichen Rentenversicherung sind das Alter, die verminderte Erwerbsfähigkeit sowie der Tod des Versicherten, der gegebenenfalls Hinterbliebenenrenten auslöst.

Das System der gesetzlichen Rentenversicherung beruht auf einem **Umlageverfahren**, was bedeutet, dass die aktuelle Generation der Beitragszahler die Rente der heutigen Rentner finanziert. Insoweit werden die eingezahlten Beiträge direkt umgelegt und an die anspruchsberechtigten Personen ausgezahlt. Diejenigen, die heute Beiträge einzahlen, erhalten später ihre Rente über entsprechende Einzahlungen der nachfolgenden Generationen (Kinder und Enkelkinder). Insoweit gilt ein sog. **Generationenvertrag**. Die gesetzliche Rente ist eine lebenslange monatliche Leistung. Die relative Höhe der Rente ist insbesondere von der Anzahl und der Höhe der während des Versicherungslebens eingezahlten Beiträge abhängig. Die Beiträge werden in Entgeltpunkte umgerechnet und schließlich mit dem aktuellen Rentenwert (Wert eines Entgeltpunktes) multipliziert (Deutsche Rentenversicherung Bund, o. J.b). Das Renteneintrittsalter liegt aktuell bei 67 Jahren.

1.3 Probleme der gesetzlichen Altersvorsorge

Das System der gesetzlichen Rentenversicherung in Deutschland steht vor nicht unerheblichen Herausforderungen. Insbesondere das Umlageverfahren, das der gesetzlichen Altersvorsorge zugrunde liegt, könnte im Zuge des demografischen Wandels zu Problemen führen. Denn die steigende **Lebenserwartung** sowie niedrige Geburtenzahlen sorgen dafür, dass die deutsche Bevölkerung immer älter wird. Die Zahl der Beitragszahler ist in den vergangenen drei Jahrzehnten um rund 21 Prozent gestiegen. Im selben Zeitraum nahm die Zahl der Altersrentner allerdings um 56 Prozent zu (Janson, 2023). Immer weniger Beitragszahler müssen für immer mehr anspruchsberechtigte Rentner vorsorgen. Das deutsche Rentensystem gerät damit zunehmend in Schieflage. Mit Blick auf den demographischen Wandel wird vereinzelt die Umstellung der Finanzierung der gesetzlichen Rentenversicherung gefordert. In Betracht kommt ein Wechsel von einem umlagefinanzierten hin zu einem kapitalbildenden System. Zur Stabilisierung des Rentensystems werden auf politischer Ebene Vorschläge diskutiert und konkret in Betracht gezogen, wie z. B. die Aktienrente (Vogel/Dürr, 2021).

Über die Frage eines zukunftsfesten Rentensystems als solches hinaus kann die festgesetzte Höhe der ausgezahlten Rente ein Problem darstellen. Ein Arbeitnehmer, der im Laufe seines

Berufslebens regulär in die gesetzliche Altersvorsorge eingezahlt hat, erhält mit Eintritt in die Rente im Durchschnitt nicht einmal die Hälfte seines letzten Bruttogehalts. Daraus erwachsen für den einzelnen nicht unerhebliche Rentenlücken, die entweder durch private Maßnahmen zur Altersvorsorge ausgeglichen werden können oder aber hingenommen werden müssen. Der gewohnte Lebensstandard kann dann im Alter kaum gehalten werden. Dies gilt erst recht, wenn nur einer der beiden Ehepartner dauerhaft erwerbstätig war. Frauen, die häufig über viele Jahre lediglich in Teilzeit Geld verdient haben, werden eine Rente in nur geringer Höhe erhalten (Mayerhofer, 2023). Das Problem der Rentenlücke wird durch die hohe Inflation aus den letzten Monaten verstärkt. Knapp elf Millionen Haushalte dürften nicht in der Lage sein, ihre Rentenlücke aus eigener Kraft zu schließen (Jahberg, 2022).

1.4 Immobilienverrentung als potenzieller Baustein zur Altersvorsorge

Um sich gegen ein Kollabieren des gesetzlichen Rentensystems oder jedenfalls vor zu großen Rentenlücken zu schützen, verbleibt für den einzelnen nur der Weg über Maßnahmen zur privaten Altersvorsorge. Nur den wenigsten dürfte es gelingen, die Finanzierung im Alter völlig unabhängig von der gesetzlichen Rente zu organisieren. Insoweit verbleibt nur der Versuch, den bestehenden Risiken bestmöglich entgegenzuwirken. Neben simplen Sparverträgen oder der Zeichnung von Produkten am Kapitalmarkt kommt für den Vermögensaufbau klassischerweise der Erwerb einer selbstgenutzten Immobilie, sei es nun eine Eigentumswohnung oder ein Wohnhaus, in Betracht.[1] In aller Regel ist der Immobilienerwerb kreditfinanziert und stellt die mit Abstand größte Investition im Leben dar. Typischerweise fließt ein bedeutender Anteil der monatlichen Einkünfte in die Finanzierung und den Unterhalt (laufende Kosten, Instandhaltung, Renovierung) der Immobilie. Dies jedoch hat zur Folge, dass keine oder nur sehr geringe Barreserven angespart werden können. Beinahe jeder zweite Senior geht mit weniger als 10.000 Euro Sparguthaben in Rente (Heimkapital GmbH, 2020). Dies dürfte erst recht für Personen gelten, die im Laufe ihrer Erwerbstätigkeit primär einen Immobilienkredit bedienen mussten. Anstelle von Barreserven oder veräußerbaren Wertpapierdepots haben Immobilieneigentümer bei Renteneintritt allerdings einen nicht unerheblichen Vermögenswert geschaffen. Dieser jedoch ist in der Immobilie gebunden und kann zur Finanzierung des täglichen Lebens nur insoweit genutzt werden, als dass keine sonstigen Kosten für gemieteten Wohnraum anfallen.

Soweit nun z. B. zur Schließung der Rentenlücke oder bei ungeplanten Kosten für eine Sanierung der Immobilie weitere Gelder benötigt werden, können sich Immobilieneigentümer zunächst nach klassischen Finanzierungsmitteln umsehen, wie insbesondere der Bankkredit. Jedoch nicht alle Senioren wollen, nach Jahren der Darlehensrückführung, erneut Bankgeschäfte abschließen. Hinzu kommt, dass klassische Bankprodukte in Gestalt von Immobiliar-

1 Auf den Immobilienerwerb als Kapitalanlage zur Fremdnutzung wird an dieser Stelle nicht näher eingegangen.

Verbraucherdarlehensverträgen oder Immobilienverzehrkrediten (§ 491 Abs. 3 BGB), bei denen der Eigentümer eine Hypothek auf sein weiter bestehendes Immobilieneigentum aufnimmt und das hierdurch besicherte Darlehen als Einmalbetrag oder gar als monatliche »Rente« ausgezahlt bekommt, Senioren in Deutschland nur sehr vereinzelt angeboten werden. Kleine Einkünfte aus der gesetzlichen Rente führen dazu, dass Senioren nicht die von Banken und Sparkassen geforderte Kapitaldienstfähigkeit aufweisen. Die strengen Regeln der Wohnimmobilienkreditrichtlinie[2] führen dann dazu, dass Senioren bei der Bonitätsprüfung durchfallen. Aus Bankensicht sind Kredite an Senioren überdies kein attraktives Geschäftsmodell, da häufig die Rückzahlung des Darlehens eine aufwendige und langwierige Verwertung der Immobilie bedingt. Soweit sich dann auch innerfamiliär keine Geldgeber finden, verbleibt kapitalbedürftigen Immobilieneigentümern zunächst eine sparsame Lebensweise im möglicherweise maroden Haus. Alternativ können Wege zur Teilliquidierung der Immobilie genutzt werden. Die verschiedenen Modelle zur Immobilienverrentung können demnach – wohlgemerkt unter Abwägung aller Chancen und Risiken – durchaus einen potenziellen oder, soweit zusätzliche Gelder z. B. für Sanierungsarbeiten unbedingt benötigt werden, sogar einen notwendigen Baustein zur Altersvorsorge darstellen.

1.5 Fazit

Neben der privaten und betrieblichen Altersvorsorge bilden die monatlichen Zahlungen aus der gesetzlichen Rentenversicherung einen wesentlichen Bestandteil für die Finanzierung im Alter. Das System der gesetzlichen Rentenversicherung in Deutschland steht vor nicht unerheblichen Herausforderungen. Insbesondere das Umlageverfahren könnte im Zuge des demografischen Wandels zu Problemen führen. Bei regulärer Einzahlung in die gesetzliche Altersvorsorge entsteht im Durchschnitt ein Rentenanspruch von nicht einmal der Hälfte des letzten Bruttogehalts. Daraus erwachsen für den einzelnen nicht unerhebliche Rentenlücken. Das Barvermögen, das Senioren bei Renteneintritt zur Verfügung steht, ist häufig gering. Soweit Immobilieneigentümer zusätzliche finanzielle Mittel benötigen, die nicht über klassische Bankprodukte beschafft werden können oder sollen, kommt eine Immobilienverrentung zur Teilliquidierung der Immobilie in Betracht. Insoweit sind Modelle zur Immobilienverrentung nicht isoliert, sondern im Kontext der (notwendigen) erweiterten Möglichkeiten zur Altersvorsorge in Deutschland zu betrachten.

2 Richtlinie 2014/17/EU des Europäischen Parlaments und des Rates vom 4. Februar 2014 über Wohnimmobilienkreditverträge für Verbraucher und zur Änderung der Richtlinien 2008/48/EG und 2013/36/EU und der Verordnung (EU) Nr. 1093/2010 (ABl. L 60 vom 28.2.2014, S. 34).

Quellenverzeichnis

Deutsche Rentenversicherung Bund (o. J.a): Die drei Säulen der Altersvorsorge, abrufbar unter www.deutsche-rentenversicherung.de (zuletzt abgerufen am 07.07.2023).

Deutsche Rentenversicherung Bund (o. J.b): Wie hoch wird meine Rente? Abrufbar unter www.deutsche-rentenversicherung.de (zuletzt abgerufen am 07.07.2023).

Heimkapital GmbH (2020): Fast die Hälfte der Senioren geht mit weniger als 10.000 Euro Sparguthaben in Rente, abrufbar unter www.heimkapital.de (zuletzt abgerufen am 07.07.2023).

Jahberg, H. (2022): Vor allem Einkommensschwache sind betroffen – Inflation verschärft die Rentenlücke von Millionen Deutschen, abrufbar unter www.tagesspiegel.de (zuletzt abgerufen am 07.07.2023).

Janson, M. (2023): Deutschlands Rentenproblem, abrufbar unter www.statista.com (zuletzt abgerufen am 07.07.2023).

Mayerhofer, L. (2023): Zu wenig Rente: »Für Millionen Frauen droht eine Rutschbahn in die Altersarmut«, abrufbar unter www.merkur.de (zuletzt abgerufen am 07.07.2023).

Vogel, J./Dürr, C. (2021): Konzeptpapier von Johannes Vogel und Christian Dürr: Für eine erfolgreiche Bewältigung des demographischen Übergangs – durch eine gesetzliche Aktienrente und Fachkräfteeinwanderung, abrufbar unter www.fdpbt.de (zuletzt abgerufen am 07.07.2023).

2 Private Altersvorsorge: Die Möglichkeiten sinnvoll ausschöpfen

Karl Matthäus Schmidt

Abstract

Bei den Verbraucherinnen und Verbrauchern dominiert bei der privaten Altersvorsorge der »Versicherungsgedanke«. Garantien sind gefragt, gehen aber erheblich zulasten der Rendite. Das müssen Vorsorgende mehr und mehr erkennen. Wer den Zinseszinseffekt als Hebel für den Vermögensaufbau nutzen will, braucht renditestarke Anlageklassen wie Aktien in seinem Portfolio – aber nicht einfach »irgendwelche«. Die Kapitalmarktforschung gibt schon lange Hinweise an die Hand, wie sich Renditen systematisch erzielen lassen. Die Erkenntnisse zu beherzigen, ist eigentlich gar nicht so schwer. Doch in der Beratung steht in Deutschland weiterhin viel zu oft der Produktvertrieb im Vordergrund. Besser helfen könnte auch der Staat: wenn endlich an der richtigen Stelle gefördert würde. Einige Vorschläge für eine effizientere private Altersvorsorge.

2.1 Ausgangslage

Wenn man sich auf der Website der Deutschen Rentenversicherung nach Möglichkeiten der Altersvorsorge umschaut, stößt man auf eine Grafik zum »Drei-Säulen-System«. Die Säule »Private Vorsorge« listet drei Alternativen auf: die zwei geförderten Vorsorgevarianten nach »Riester« und »Rürup«, dazu die »private Rentenversicherung«. Immerhin findet sich über der Liste das Kürzel »z. B.«, das andeutet, dass die Möglichkeiten privater Altersvorsorge damit noch nicht erschöpft sind (Deutsche Rentenversicherung, o. J.).

Die Liste hätte ein Update verdient. Das wird die Deutsche Rentenversicherung selbst wissen: Vor einiger Zeit hat sie Verbraucherinnen und Verbraucher fragen lassen, welche Möglichkeiten der Altersvorsorge ihnen ideal erscheinen. »Riester« und »Rürup« landeten nicht ganz überraschend auf den hinteren Rängen – noch hinter den festverzinslichen Wertpapieren und der Alternative, dass Familienangehörigen im Alter für einen sorgen (Deutsche Rentenversicherung, 2019). Selbst wenn das Vorsorgemodell nach Riester jahrelang hoch subventioniert wurde, haben viele Sparer inzwischen erkannt, dass bei ihnen kaum Wertzuwachs ankommt. Die Verträge sind viel zu teuer. Die Fördermittel wurden über die Kosten quasi direkt in die Finanzbranche umgeleitet.

2.2 Garantien sind gefragt – kosten aber viel

Bei den Verbraucherinnen und Verbrauchern dominiert bei der privaten Altersvorsorge derweil weiterhin der »Versicherungsgedanke«. Garantien sind gefragt: In der genannten Umfrage sahen mit 68 Prozent der Befragten mehr als zwei Drittel eine private Lebens- oder Rentenversicherung immer noch als eine besonders attraktive Form der Altersvorsorge an. Das ist ziemlich bemerkenswert. Denn der Höchstrechnungszins – also der maximal garantierte Zins auf den Sparanteil – schrumpft seit Jahrzehnten und hat inzwischen ein homöopathisches Niveau erreicht. Im Jahr 2000 lag er noch bei 4 Prozent. Seit 2022 gibt es bei Neuverträgen nur 0,25 Prozent. Damit sind Versicherungen für die kapitalbildende Altersvorsorge eigentlich längst ein Auslaufmodell.

Das liegt auch daran, dass die Versicherungsanbieter wegen der Garantiezusagen kaum Kapital in Anlageklassen investieren können, die eine Chance auf attraktivere Renditen versprechen – etwa in Aktien. Das aber wäre gerade in der Ansparphase so wichtig. Denn nur wenn attraktive Renditen verdient werden, wirkt der Zinseszinseffekt als echter »Hebel« für den Vermögensaufbau. Und wer im Alter gut leben will, muss sich durchaus ein Vermögen aufbauen. Das zeigt sich schon bei einer groben Kalkulation: Die durchschnittliche Rentenbezugsdauer liegt inzwischen bei rund 20 Jahren. Bei Frauen ist sie etwas länger als bei Männern (Deutsche Rentenversicherung, 2021). Soll die gesetzliche Rente durch private Vorsorge beispielsweise um 1.500 Euro pro Monat aufgestockt werden, kommt man bei einem angenommenen Zeitraum von 20 Jahren rechnerisch auf die stattliche Summe von 360.000 Euro. Solche Beträge muss man erst einmal zusammensparen.

Ein einfaches Beispiel führt die Unterschiede zwischen den Lösungen »Versichern« und »Investieren« deutlich vor Augen: Spare ich als Anleger über 30 Jahre monatlich 500 Euro mit einem Zinssatz von 0,25 Prozent, liegt das Guthaben am Ende bei 187.000 Euro. Es gibt keinen nennenswerten Zinseszinseffekt – und das macht sich vor allem bei langer Anlagedauer eben sehr negativ bemerkbar. Zahle ich die 500 Euro stattdessen in eine breit gestreute Kapitalmarktanlage ein und unterstelle eine historisch nicht übertriebene Nettorendite von 6,8 Prozent p. a., dann komme ich rechnerisch nach 30 Jahren auf einen Erwartungswert von 732.000 Euro.

Natürlich gibt es im zweiten Fall keine Garantie. Aber jeder frage sich, ob eine solche wirklich über 500.000 Euro wert ist. Nehmen wir den ungünstigen und sehr unwahrscheinlichen Fall an, dass einen Tag vor Auflösung des Investments die Kurse um 50 Prozent einbrechen. Es blieben rund 365.000 Euro, und damit immer noch weit mehr als mit dem minimalen Garantiezins.

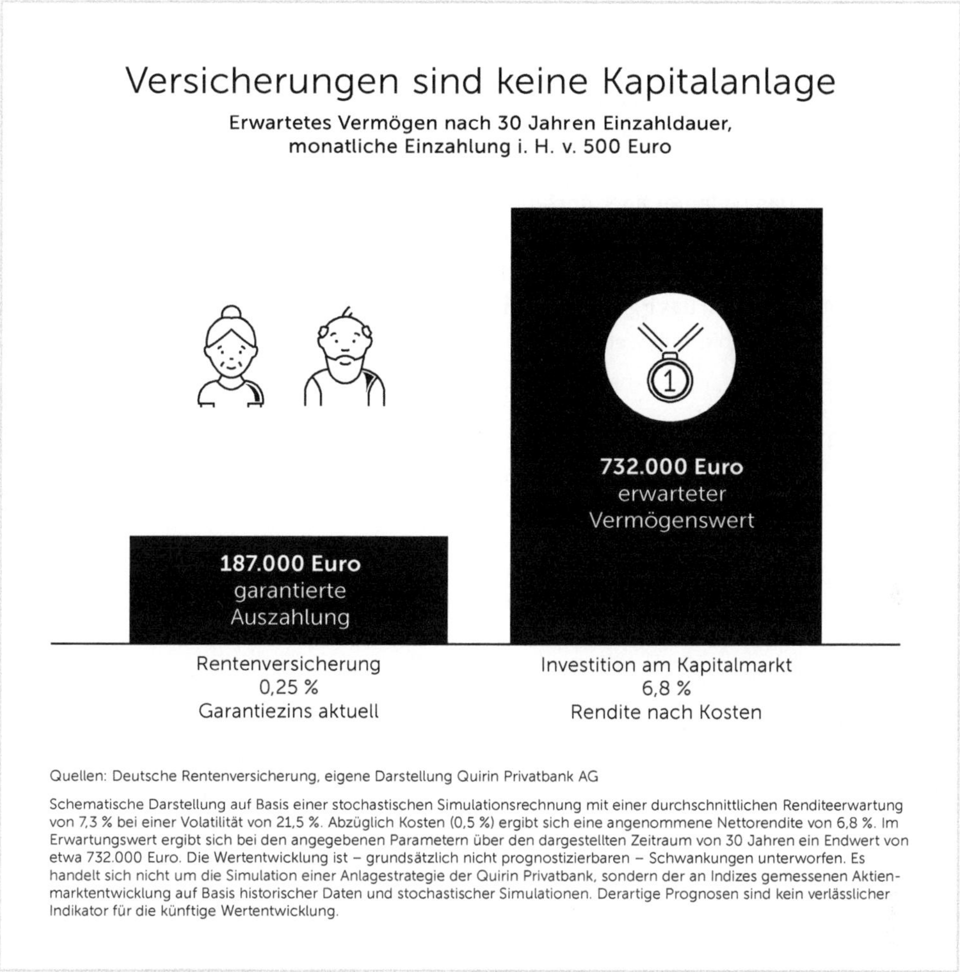

Abb. 1: Versicherungen sind keine Kapitalanlage

Die Garantien, die Versicherungen bieten, können eine äußerst sinnvolle Sache sein – etwa wenn es um den finanziellen Schutz bei Berufsunfähigkeit geht, oder um eine Risikolebensversicherung. Der Fall der Fälle tritt in der Regel plötzlich und unerwartet auf. Da will man sich nicht auf ein ETF-Investment verlassen. Der Vermögensaufbau zur privaten Altersvorsorge ist aber kein Versicherungsfall, sondern ein Musterbeispiel für ein Anlageziel. Kapitalanlage und Versicherung sind zwei verschiedene Dinge, die man besser nicht vermischt. Denn dann wird es schnell sehr kompliziert und damit in der Regel eben auch sehr teuer.

2.3 Kapitalmärkte effizient nutzen, aber wie?

Aktien sind nicht die einzige Möglichkeit, Geld anzulegen. Wenn es um Alternativen geht, fallen vielen erst einmal klassische Sparprodukte ein. Nach vielen Jahren kommt bei den Leitzinsen zwar etwas in Bewegung. So verkehren sich nach vielen Jahren Minuszinsen allmählich wieder die Vorzeichen. Das bedeutet aber noch nicht, dass Zinsprodukte für den Vermögensaufbau schnell wieder richtig attraktiv werden. Denn die hohe Inflation zehrt an der Kaufkraft des Kapitals. Nach Abzug der Inflationsrate bleibt bei solchen Produkten weiterhin meist ein realer Verlust (s. Abb. 2). Ob sich das irgendwann einmal wieder ändert, bleibt vorerst offen. Sicher ist nur, dass der Weg dorthin sehr weit ist.

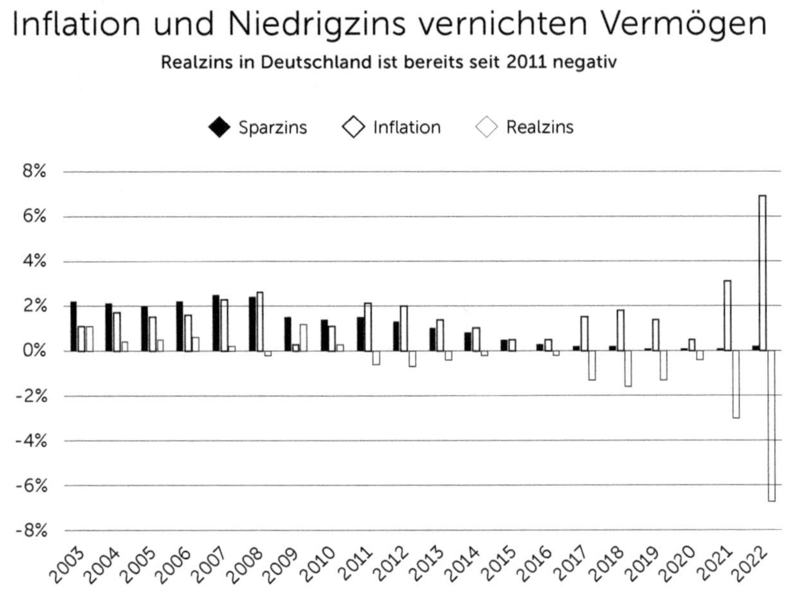

Hinweis: Sparzins und Inflationsraten als jährliche Durchschnittswerte und sich daraus ergebender Realzins (Sparzins minus Inflation). Spareinlagen haben auch Vorteile. Es gibt keine Kursschwankungen und sie können nicht mehr verlieren als den Realzins.

Stand: 31.12.2022

Quellen: Bundesbank, Statistisches Bundesamt, eigene Berechnungen und eigene Darstellung Quirin Privatbank AG

Diese Zahlenangaben beziehen sich auf die Vergangenheit. Die frühere Entwicklung ist kein verlässlicher Indikator für künftige Ergebnisse.

Abb. **2:** Inflation und Niedrigzins vernichten Vermögen

Trotz aller Unsicherheit über die künftigen Entwicklungen an den Börsen scheint die Anlageklasse Aktien für den Vermögensaufbau auf absehbare Zeit jedenfalls unverzichtbar zu sein. Das zeigt schon ein flüchtiger Blick auf die langfristigen Durchschnittsrenditen, die historisch an den Aktienmärkten erzielt wurden. Der genauere Blick zeigt darüber hinaus, dass sich größere Kursausschläge mit der Zeit meist nivellieren (s. Abb. 3).

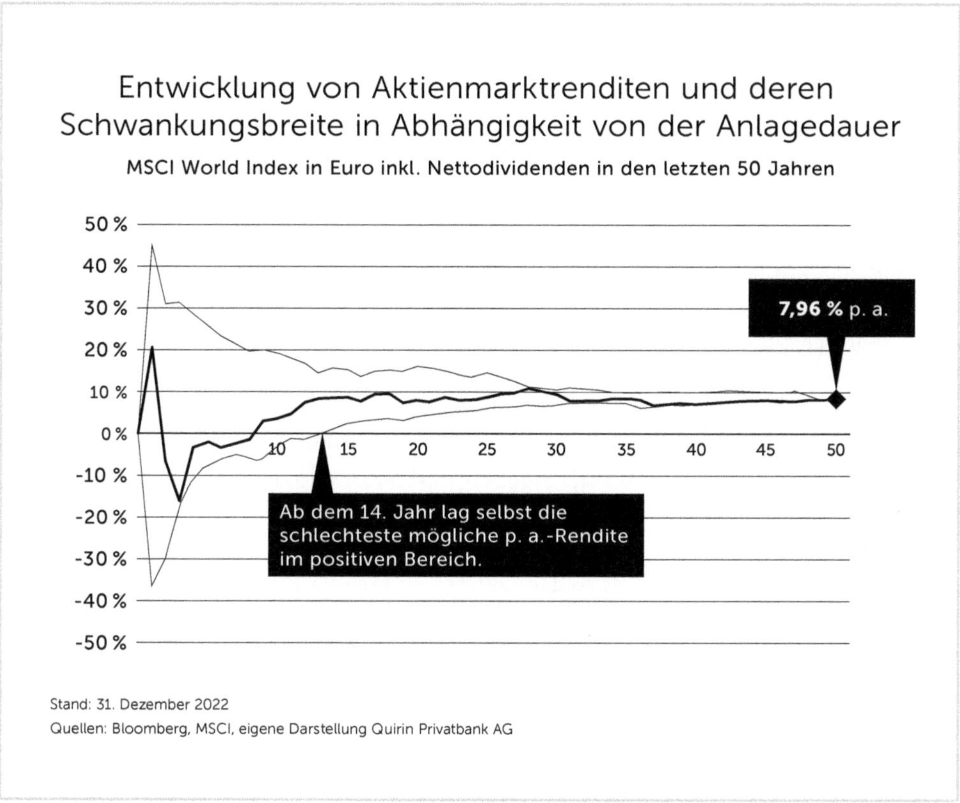

Abb. 3: Entwicklung der Schwankungsintensität in Abhängigkeit von der Anlagedauer

So sehr aber die Empfehlung, bei der privaten Altersvorsorge Aktien stärker zu berücksichtigen, im Grundsatz stimmt: In der schon lange geführten Debatte um eine kapitalgedeckte Altersvorsorge mit Aktien kommt ein Aspekt immer wieder zu kurz, nämlich die Frage nach den Qualitätsstandards bei der Umsetzung. Falsch strukturierte Aktienanlagen erfüllen nicht die in sie gesteckten Erwartungen. Solche Erfahrungen haben schon viele mit ihren Aktieninvestments gemacht. Und das nicht bloß, weil die Renditehoffnungen der Anlegerinnen und Anlegern manchmal einfach zu groß sind, sondern deshalb, weil nicht jedes irgendwie geartete Investment in Aktien mit einer hohen Wahrscheinlichkeit langfristig das Niveau der historischen Durchschnittsrendite der Anlageklasse erbringt.

Es reicht deshalb nicht, die Sparer zu animieren, in irgendwelche Aktien zu investieren. Zuerst ist die Frage nach der Qualität der Anlagestruktur zu klären. Dabei gibt es durchaus Qualitätsstandards, nach denen man sich richten kann. Sie sind das Ergebnis eines über viele Jahrzehnte andauernden Zusammenspiels aus theoretischer und empirischer Finanzmarktanalyse. Sie lassen den Unterschied zwischen Spekulation und Investition deutlich erkennen. Eine qualitativ hochwertige Anlage sichert die Teilhabe an der Innovationskraft und Produktivität internationaler Märkte, Regionen und Unternehmen. Die Wertzuwächse, die auf diese Weise erzielt werden können, sind »Prämien«, die der Finanzmarkt für die Überlassung des Risikokapitals zur Verfügung stellt. Das haben wir bei der Quirin Privatbank schon einmal an anderer Stelle ausführlich dargelegt (Quirin Privatbank, o.J.).

2.4 Aktien für die Altersvorsorge – mit Systematik

Die Kapitalmarktforschung bestätigt schon lange die erheblichen Vorteile der Diversifizierung für das Verhältnis von zu erwartender Rendite und zu erwartendem Risiko. Diversifizierung bedeutet jedoch nicht, mehr oder weniger willkürlich »viele« Aktien im Depot zu haben. Um ein möglichst optimales Rendite-Risiko-Verhältnis zu erreichen, muss die Anlagestrategie danach streben, sog. unsystematische Risiken zu eliminieren – also die Risiken auszuschließen, die sich auf ein bestimmtes Unternehmen, eine bestimmte Branche oder eine bestimmte Region beziehen. Das so konstruierte Portfolio zielt darauf, die relevanten »Prämien« für die systematischen Marktrisiken »einzusammeln«.

Um die Diversifizierung auf die Spitze zu treiben, ist ein nach Marktkapitalisierung gewichtetes Portfolio aller Aktien des Weltmarkts erforderlich. Die Herausforderung: Den Weltaktienmarkt kann man nicht mit einem einzelnen Produkt kaufen. In jede Aktie auf der Welt zu investieren, ist ebenfalls keine Alternative. Um sich einem »Weltportfolio« ideal zu nähern, kann man nicht den direkten Weg beschreiten. Dennoch ist es möglich, das globale Aktienmarktportfolio zu repräsentieren.

Es genügt dabei nicht, einfach auf einen internationalen Standardindex zu setzen – selbst wenn Standardwerte ein wichtiges Element einer solchen Anlagestrategie sind. Letztlich besitzt jede Aktie eine Reihe charakteristischer Merkmale, die sowohl die Perspektiven für ihre Wertentwicklung als auch die Risiken entscheidend beeinflussen. Zu diesen sog. Faktoren zählen das Bewertungsniveau, die Volatilität, die Unternehmensgröße gemessen an der Marktkapitalisierung sowie die Kursdynamik (s. Abb. 4). Diese sind ebenfalls angemessen zu berücksichtigen. Dabei kommt es auf das Finetuning an.

Der beschriebene Ansatz verzichtet nicht nur darauf, mehr oder minder zufällig auf die »richtigen« Aktien zu setzen. Er verzichtet außerdem auf Markttiming, also den Versuch, die optimalen Ein- und Ausstiegszeitpunkte zu finden. Niemand kennt die Zukunft. Deshalb ist jede Prognose, so ausgefeilt sie auch sei, am Ende eine Spekulation. Wenn die Anlagestrategie den gesamten internationalen Aktienmarkt aber jederzeit so repräsentativ wie möglich abgedeckt, ist diese Spekulation gar nicht nötig. Die Weltwirtschaft ist auf Wachstum ausgelegt. Solange dies so ist, sind auch die Aktienmärkte der Tendenz nach langfristig aufwärtsgerichtet.

Trotz aller Diversifizierung, die ein solcher Ansatz bietet: Ein Investment in den Aktienmarkt passt nicht zu jedem Risikoprofil. Um eine solche Geldanlage für diejenigen tragfähig zu machen, die weniger Volatilität verkraften, lassen sich insbesondere schwankungsarme Anleihen

Abb. 4: Fünf-Faktoren-Ansatz bei der Quirin Privatbank

nutzen – insbesondere Staatsanleihen mit besten Bonitätsnoten. So kommt man durch abgestufte Mischungen von Aktien- und Anleiheanteilen zu Alternativen, mit denen auch Anleger an der Rendite des Aktienmarkts teilhaben können, für die ein reines Aktieninvestment nicht das Richtige wäre.

Eine solche Anlagestrategie, wie wir sie auch bei der digitalen Vermögensverwaltung quirion verfolgen (Quirion AG, 2022), ist aus meiner Sicht ideal für einen langfristig ausgerichteten Vermögensaufbau und damit für die private Altersvorsorge. Die üblichen aktiv gemanagten Finanzprodukte eignen sich für die Altersvorsorge jedenfalls weit weniger, weil sie letztlich auf unsicheren Prognosen aufbauen und daher im Grunde spekulativen Charakter haben. Sie sind zudem wesentlich teurer. Der Vermögensaufbau mittels der oben beschriebenen Strategie lässt sich mit ETF-Portfolios dagegen günstig umsetzen. Das ist sehr wichtig, weil sich auf lange Sicht – und genau dies ist ja beim Thema Altersvorsorge entscheidend – selbst kleine Unterschiede bei den Kosten gravierend auswirken.

2.5 Beraten – aber nicht verkauft

Die Forschung zu Qualitätsstandards und entsprechende Produkte zu deren effizienter Umsetzung sind längst da. Trotzdem werden sie für die private Altersvorsorge noch viel zu selten genutzt. Woran liegt das? Ein Grund ist m. E. oftmals ein falscher Beratungsansatz – beziehungsweise einer, der auf die falschen Anreize setzt, nämlich auf Provisionen. Durch die Provisionsorientierung in der Finanzberatung steht regelmäßig nicht die ideale, dem Anlegenden angemessene Anlagestruktur im Vordergrund, sondern eben das Vertriebsinteresse an bestimmten Produkten.

Für die Anlegerinnen und Anleger ist die Qualität der Beratung mitunter nicht ganz einfach zu erkennen. Bei einem Autokauf können sie im Zweifel den Wagen einmal Probe fahren und sehen, ob er ihren Erwartungen entspricht. Das geht bei der Anlageberatung nicht. Das Ergebnis zeigt sich im Vermögensaufbau für die private Altersvorsorge erst nach Jahrzehnten. Dann aber ist es zu spät, um mit einer neuen Vorsorgestrategie noch einmal von vorn anzufangen. Beratung ist ein Vertrauensgut. Bei der Geldanlage vertrauen die Menschen aber viel zu oft Banken, die von Fondsgesellschaften oder Versicherungen für den Verkauf ihrer Produkte bezahlt werden. Das wäre bei Beratungsleistungen an anderer Stelle schwer vorstellbar. Wer würde Rat bei einem Rechtsanwalt suchen, den irgendjemand anderes entlohnt, dessen Interessen man nicht durchschaut?

Etwaige Interessenkonflikte der Beraterinnen und Berater lassen sich ganz einfach auflösen, indem ihre Dienstleistung ausschließlich vom Kunden bezahlt wird. Ich bin überzeugt: Nur bei unabhängiger Beratung auf Honorarbasis kann das Kundeninteresse konsequent an erster Stelle stehen. Dass sich damit die Qualität der Finanz- und Anlageberatung und die der angebotenen Produkte vielfach erheblich verbessern, zeigen Beispiele aus Ländern, in denen die unabhängige Beratung bereits etabliert ist und in denen ein Provisionsverbot gilt, wie beispielsweise in den Niederlanden und in Großbritannien (Schmidt, 2021).

2.6 Die Vorsorgenden besser informieren

Die Beratungsgespräche könnten außerdem mehr Klarheit und Transparenz vertragen. Geht es um Möglichkeiten der privaten Altersvorsorge mit Wertpapieren, erreichen die Berater irgendwann den Punkt, an dem die Kundinnen und Kunden mit einem Risikohinweis konfrontiert werden: Wer mehr Rendite will, setzt mit Aktien auf eine schwankungsreichere Anlageklasse. Doch mit der Frage, welches Risikoniveau angemessen ist, werden Anlegerinnen und Anleger ziemlich oft allein gelassen – oder mit Risikokennzahlen versorgt, die ihnen dieser Entscheidungssituation nicht wirklich weiterhelfen. »Volatilität«, »Maximum Drawdown« oder »Value at Risk« verstehen sich nicht von selbst. Vor allem aber lassen sie keinen Zusammenhang zwischen Anlagezielen und den konkreten Kennzahlen erkennen. Was bedeutet eine Volatilität von neun Prozent pro Jahr für das Ziel, in 20 Jahren ein zusätzliches Ruhestandseinkommen von 1.500 Euro pro Monat anzustreben? Wäre eine niedrigere Volatilität besser oder schlechter?

Zu den üblichen Risikokennzahlen gibt es bereits Alternativen. Auf der Grundlage anerkannter Methoden der Finanzmarktanalyse ist es möglich, Kennzahlen auszuweisen, die für die Entscheidungsfindung weit hilfreicher sind. Prof. Dr. Stefan May, langjähriger Professor für Finanzmarktanalyse und Portfoliomanagement an der Technischen Hochschule Ingolstadt, hat eine solche Möglichkeit schon vor einiger Zeit erarbeitet (ifk Institut GmbH, o.J.). Die von ihm entwickelte Anwendung, die wir zum Beispiel bei der Quirin Privatbank nutzen, gibt Antworten auf Fragen wie: Mit welchem Ruhestandseinkommen kann ein Kunde rechnen? Mit welcher Wahrscheinlichkeit lässt sich davon ausgehen, ein bestimmtes Minimaleinkommen nicht zu unterschreiten? Mit welcher Wahrscheinlichkeit wird ein vorab definiertes Einkommensziel mit der geplanten Sparsumme erreicht? So werden die Möglichkeiten privater Anlagevorsorge über die Kapitalmärkte jedenfalls wesentlich greifbarer. Und wer hat, wenn er gewisse Anstrengungen unternehmen muss, nicht gern ein konkretes Ziel vor Augen?

2.7 Neue Anreize setzen: Ein Vorschlag

Eine systematische Strukturierung der Anlage, unabhängige Beratung und verständliche Informationen: Das alles wäre sinnvoll, um den Menschen eine effizientere private Altersvorsorge nahezubringen. Wünschenswert wäre aber darüber hinaus, dass es staatlicherseits sinnvollere Anreize gäbe, um die Renditepotenziale der Aktienmärkte für die private Altersvorsorge zu nutzen. Man muss dabei nicht ins Blaue denken. Man kann sich an Vorlagen aus Ländern orientieren, in denen eine solche Lösung schon gefunden worden ist. Wenn ich einen Vorschlag machen darf, ginge mein Blick nach Großbritannien und dort auf den »Individual Savings Account« (ISA). Denkbar wäre, auch in Deutschland ein solches Spardepot einzuführen, und in einer Ausbaustufe als Ergänzung ein gefördertes Altersvorsorgedepot.

Das Spardepot könnte jede Arbeitnehmerin und jeder Arbeitnehmer eröffnen. Auf dieses Depot könnten jährlich bis zu einem bestimmten Stichtag zum Beispiel maximal 20.000 Euro eingezahlt werden. Diese würden nach vorab festzulegenden Qualitätsstandards in zuvor definierte Anlagen investiert. Sämtliche Kapitalerträge aus diesem Depot würden von der Kapitalertragssteuer befreit. Erfahrungen aus Großbritannien zeigen, dass die Steuerbefreiung und die Bindung an einen Stichtag vor allem für untere Einkommensgruppen einen starken Sparanreiz bewirkt. Das Sparvermögen sollte m. E. nicht an spezielle Zwecke gebunden sein. Der Anleger könnte zu jedem Zeitpunkt über sein Geld verfügen. Diese Flexibilität hilft ebenfalls, etwaige Vorbehalte zu überwinden.

Ein kleiner Einschub: Mit der Steuerbefreiung wären direkte Kapitalanlagen endlich mit Versicherungslösungen gleichgestellt. Diese profitieren schließlich schon lange von einem Steuerstundungseffekt. Eine Gleichbehandlung würde die Sonderstellung der Versicherungswirtschaft in diesem Bereich brechen und das würde dem Wettbewerb um die beste Altersvorsorge sehr guttun.

Denkt man die Sache mit dem Spardepot noch etwas weiter, könnte es die Möglichkeit geben, ein Unterdepot mit Zweckbindung an die Altersvorsorge einzurichten. Zuzahlungen in dieses Depot könnten beispielsweise bis zu 4.000 Euro jährlich durch eine staatliche Sparprämie in Höhe von 25 Prozent des Sparbetrags gefördert werden. Um sicherzustellen, dass die besonders geförderten Zuzahlungen tatsächlich zum Aufbau eines zusätzlichen Ruhestandseinkommens verwendet würden, wären Auszahlungen aus diesem Depot eingeschränkt. Etwa auf Menschen, die das 60. Lebensjahr vollendet haben, im Falle des Baus oder Kaufes eines Eigenheims oder bei einer Lebenserwartung von weniger als 12 Monaten.

Noch ein Wort zu den Qualitätskriterien: Erfahrungen der vergangenen Jahre mit der Förderung von Finanzprodukten für die Altersvorsorge haben gezeigt, dass der Wettbewerb an dieser Stelle nur sehr eingeschränkt funktioniert. Er hat jedenfalls nicht flächendeckend zu zielführenden und dabei kostengünstigen Anlagealternativen geführt. Um eine durchgehende Qualität der Anlagen sicherzustellen, sollten Qualitätskriterien gelten, denen auf der Depotebene alle Produkte entsprechen müssen. Zu diesen könnten zum Beispiel gehören:

- keine Einzeltitel-, sondern Fonds-Investments
- möglichst breite, internationale Streuung des Aktiensegments
- möglichst breite Laufzeitenstreuung des Anleihesegments
- breite Faktororientierung

Zudem sollten die Kosten maximal zwischen 0,8 und 1 Prozent p. a. des Depotvolumens liegen. Idealerweise führt der Wettbewerb aber zu noch geringeren Kosten.

2.8 Ein »Kennzahlen-Cockpit«

Der Vorschlag hätte noch einen angenehmen Nebeneffekt. Seit Jahren wird schon darüber diskutiert, allen Bürgern eine digitale Renteninformation zur Verfügung zu stellen. Für mehr Transparenz bei der Altersvorsorge würde jedenfalls sorgen, wenn die Renteninformation nicht bloß über die gesetzlichen Rentenansprüche aufklären, sondern möglichst sämtliche Ansprüche integriert ausweisen würde. Auf der Basis des oben skizzierten Vorschlags ist eine umfassendere digitale Bürgerinformation für die vorgeschlagenen Depots ziemlich einfach zu realisieren.

Diese Renteninformation könnte durch einige besonders geeignete Kennzahlen abgerundet werden. So könnten zum Beispiel die Auswirkungen der Inflation oder der Marktentwicklung auf die zu erwartenden Vermögenswerte vor Augen geführt werden. Sinnvoll wären zudem Szenario-Rechnungen, die den Einfluss einer veränderten Sparleistung auf die zu erwartenden Ansprüche deutlich machen würden. Jedenfalls würde ich mir von solchen Angaben zusätzliche Sparanreize erhoffen.

2.9 Der nächste Schritt muss bald kommen

Womit wir wieder am Anfang wären, allerdings bei einem neuen Anfang: Die Möglichkeiten der privaten Altersvorsorge müssen viel mehr Menschen deutlich werden. Denn die Herausforderungen für die gesetzliche Rentenversicherung sind durch den demografischen Wandel immens. Die Bereitschaft zur privaten Altersvorsorge muss wachsen. Doch laut Umfragen sind rund 60 Prozent der Deutschen mäßig bis gar nicht an privater Altersvorsorge beziehungsweise der finanziellen Absicherung für die Zukunft interessiert (Institut für Demoskopie Allensbach, 2022).

Unabhängige Beratung hin zu einer effizienten Anlagestrukturierung kann die Basis sein, um das Vertrauen der Anlegerinnen und Anleger zu gewinnen und zu festigen. Unterstützen würden greifbare Informationen darüber, was im Einzelfall sinnvoll ist. Wenn darüber hinaus auch noch die staatliche Förderung so aufgestellt würde, dass die Hilfestellung nicht verpufft, wäre zur Sicherung eines auskömmlichen Ruhestandseinkommens künftiger Rentnerinnen und Rentner ein großer Schritt getan.

Quellenverzeichnis

Deutsche Rentenversicherung (2021): Rentenversicherung in Zahlen, Stand: 05.07.2021, abrufbar unter www.deutsche-rentenversicherung.de (zuletzt abgerufen am 02.02.2023).

Deutsche Rentenversicherung (2019): Altersvorsorge und Rentenversicherung – Bevölkerungsbefragung, abrufbar unter www.deutsche-rentenversicherung.de (zuletzt abgerufen am 02.02.2023).

Deutsche Rentenversicherung (o.J.): Die drei Säulen der Altersvorsorge, abrufbar unter https://www.deutsche-rentenversicherung.de/DRV/DE/Rente/Moeglichkeiten-der-Altersvorsorge/Drei-Saeulen-der-AV/DS-Die-drei-Saeulen-der-Altersvorsorge.html (zuletzt abgerufen am 02.02.2023).

ifk Institut GmbH (o.J.): AVI@Risk – Altersvorsorgeanalyse, abrufbar unter https://www.ikf-online.de/products/aviatrisk (zuletzt abgerufen am 02.02.2023).

Institut für Demoskopie Allensbach (2022): Allensbacher Markt- und Werbeträgeranalyse.

Quirin Privatbank (o.J.): Ruhestandsplanung in zinslosen Zeiten, abrufbar unter https://www.quirinprivatbank.de/frankfurt/frankfurt-ruhestandsplanung-zinslose-zeiten (zuletzt abgerufen am 02.02.2023).

Quirion AG (2022): Whitepaper Digitale Vermögensverwaltung bei quirion, Stand: März 2022, abrufbar unter www.quirion.de (zuletzt abgerufen am 02.02.2023).

Schmidt, K. M. (2021): Geldanlagen kann man nicht Probe fahren, April 2021, abrufbar unter https://www.quirinprivatbank.de/news/st160421-geldanlagen-kann-man-nicht-probe-fahren (zuletzt abgerufen am 02.02.2023).

Teil II: Modelle zur Immobilienverrentung

3 Mein Haus verdient meine Rente

Susanne Osadnik

Abstract

Häufig unterschätzen Senioren, wie alt sie tatsächlich werden. Erst spät stellen sie fest, dass Rente und Ersparnisse nicht mehr für ein auskömmliches Leben reichen. Wer im Alter eine abgezahlte Immobilie sein Eigen nennt, hat indes die Chance, daraus zusätzlich Kapital zu schlagen – und zwar ohne ausziehen zu müssen. Beim Modell der Leibrente verkauft man etwa seine Immobilie gegen lebenslanges Wohnrecht und eine zusätzliche Rentenzahlung. Beim Rückmietkauf wird die Immobilie verkauft, künftig aber Miete gezahlt. Beim Teilverkauf muss man eine monatliche Gebühr an den Käufer zahlen, erhält im Gegenzug aber eine größere Barsumme sofort ausgezahlt und kann darauf hoffen, dass beim endgültigen Verkauf der Immobilie deren Wert weiter gestiegen sein wird. Bei der Umkehrhypothek wird eine lebenslange oder zeitlich befristete Rente, eine Einmalzahlung oder eine Kombination aus Bargeld und Rente ausgezahlt. Das Besondere daran: Zu Lebzeiten werden weder Zins noch Tilgung geleistet. Am Ende bleibt ein Schuldenberg, der mit dem Verkauf der Immobilie getilgt wird. Viele unterschiedliche Modelle, die allesamt Vor- und Nachteile besitzen. Welche Variante für wen infrage kommt, muss jeder Immobilieneigentümer für sich selbst entscheiden.

3.1 Ausgangslage

»Die Rente ist sicher.« Es gibt kaum einen anderen Satz, der so in unserem kollektiven Gedächtnis verankert ist, wie dieser. Als sich Norbert Blüm 1986 in der Hitze des damaligen Bundestagswahlkampfs zu dieser Äußerung hinreißen ließ, ahnten nur wenige, wie sehr der CDU-Bundesminister für Arbeit und Sozialordnung danebenliegen würde. Jahrzehnte später wissen viele Senioren, dass die gesetzliche Rente nie und nimmer für einen sorgenfreien Lebensabend reichen wird. Um 2.000 Euro Rente zu bekommen, muss man schon 45 Jahre lang 4.214 Euro im Monat verdient haben. Für 1.500 Euro Rente sind es 3.330 Euro und für 1.000 Euro immerhin noch 2.103 Euro (Focus Online, o.J.).

Bei vielen Rentnern wächst daher die Sorge vor finanziellen Engpässen: Dem Ruhestand sehen sie zwar mehrheitlich positiv entgegen, andererseits wird das Rentnerdasein aber auch mit knapper werdendem Geld verbunden. Wer die Altersgrenze von 50 Jahren schon überschritten hat, fürchtet sich bereits vor Altersarmut (EV LiquidHome GmbH, 2022), wie eine Umfrage unter über 50-Jährigen im vergangenen Jahr gezeigt hat.

Die Sorge ist durchaus begründet. Neben schmalen Renten kommt ein weiterer Aspekt dazu, der zu Geldnot führen kann: Wir werden immer älter. Inzwischen haben Männer um die 60 durchschnittlich noch mehr als 21 Jahre zu leben, Frauen gut 25 Jahre. Wer heute 70 Jahre alt ist, kann als Mann durchschnittlich mit 14 weiteren Lebensjahren, als Frau mit weiteren 17 Lebensjahren rechnen.

3.2 Totes Kapital zum Leben erwecken

So erfreulich diese Entwicklung auch ist: Wer länger lebt, braucht länger Geld. Die finanziellen Reserven, über die viele Senioren verfügen, sind aber eher überschaubar. So geht fast die Hälfte der Rentner in Deutschland mit weniger als 10.000 Euro Sparguthaben in die Rente, mehr als jeder Sechste kann während der Rentenzeit kein Geld zurücklegen und knapp drei von zehn Immobilienbesitzern haben bei Rentenstart laut einer Forsa-Umfrage (Heimkapital GmbH, 2020) noch eine Restschuld auf ihrem Eigenheim. Selbst ein vermeintlich gutes Polster von 100.000 Euro auf der hohen Kante zu Rentenbeginn mit 65 Jahren bedeutet nur ein zusätzliches Einkommen von wenigen Hundert Euro monatlich. Bei einem Verbrauch von 500 Euro pro Monat ist das Geld nach rund 16,5 Jahren schlicht aufgebraucht.

Häufig unterschätzen Senioren, wie alt sie tatsächlich werden, und stehen im hohen Alter ohne Reserven da. Dabei haben sich die wenigsten bis dahin wirklich etwas gegönnt: eine lang ersehnte Reise, das bequemere Auto, ein bisschen Luxus, der den Alltag verschönert, oder einfach das Konzertabonnement, das mit ein paar Hundert Euro im Jahr zu Buche schlägt.

Also trübe Aussichten für ältere Menschen? Nicht in jedem Fall. Wer eine eigene Immobilie besitzt, hat sich damit ein Vermögen zusammengespart, das er nun im Herbst des Lebens nutzen kann, um diesen zu vergolden – auch ohne Eigenheim oder Eigentumswohnung verlassen zu müssen.

Das selbst bewohnte eigene Heim stellt zwar häufig einen enormen Wert dar – aber eben nur theoretisch. In der Realität sind Hunderttausende Euro im eigenen Zuhause fest gebunden. Totes Kapital, das aber zum Leben erweckt werden kann. Warum nicht Haus oder Wohnung für sich arbeiten lassen?

Noch vor wenigen Jahren ist kaum jemand auf die Idee gekommen, sein Eigenheim in eine Rente aus Stein umzuwandeln. Alternativen dazu gab es ohnehin nicht. Blieb bislang nur noch der Verkauf von Haus oder Wohnung, wenn es finanziell eng wurde. Das hat sich inzwischen geändert: Die Zahl der Möglichkeiten, mithilfe seiner Immobilie Geld zu verdienen – ohne sie vermieten zu müssen –, wächst. Sowohl die verrentete Immobilie als auch Alternativen wie der Teilverkauf sind in Deutschland ein viel diskutiertes Thema geworden.

Die unterschiedlichen Modelle bieten Rentnern die Chance, das Einkommen aufzustocken und gleichzeitig in der eigenen Immobilie und der gewohnten Umgebung bleiben zu können: Bei einer Leibrente wird das Eigentum beispielsweise gegen lebenslanges Wohnrecht und eine Rentenzahlung verkauft. Auch der Verkauf gegen eine Rückanmietung ist möglich. Hört sich erst einmal seltsam an, kann aber durchaus interessant sein: Der Verkäufer erhält auf einen Schlag eine größere Menge Bargeld, bleibt in seinem Eigentum wohnen und zahlt dafür eine monatliche Miete an den Käufer. Bei der Umkehrhypothek, die hierzulande eher ein Nischenprodukt ist, belastet man im Grunde sein Wohneigentum wieder mit einem Kredit, an dessen Laufzeitende die Immobilie verkauft wird.

Alle klassischen Verrentungsmodelle gehen allerdings mit dem zwangsläufigen Verkauf der Immobilie einher: Zwar bleibe ich, wo ich bin, und erhalte zusätzlich entweder eine einmalige Zahlung oder eine monatliche Zusatzrente oder auch ein Kombination aus beidem. Außerdem wird lebenslanges oder auch zeitlich befristetes Wohnrecht gewährt. Dafür kann ich aber nicht mehr über mein Wohneigentum verfügen, wie ich es bislang gewohnt war, und vererben kann ich es auch nicht mehr.

3.3 Momentaufnahme: Der aktuelle Wert einer Immobilie

All das hat viele Immobilienbesitzer bislang zögern lassen. Seit 2018 gibt es eine Alternative zu den üblichen Verrentungsmöglichkeiten. Beim sog. Teilverkauf können Eigenheimbesitzer nur einen Teil ihrer Immobilie veräußern. Sie wohnen weiterhin in ihrem Haus oder in ihrer Eigentumswohnung, können das Objekt vermieten, vererben, eines Tages den verkauften Teil zurückerwerben oder die Immobilie mithilfe des neuen Teilhabers verkaufen. In der Zwischenzeit verfügen sie über genügend Kapital, um ihr Leben sorgenfrei zu gestalten.

Grundsätzlich basiert das Modell des Teilverkaufs auf der Annahme, dass Immobilien auch in Zukunft an Wert gewinnen werden. Das muss nicht so bleiben, auch wenn es in den vergangenen Jahren ganz gut geklappt hat. Allein in den Jahren 2016 bis 2021 haben die Preise für Eigentumswohnungen (nicht nur) in den deutschen Metropolen und wenigen Zuzugsregionen enorm zugelegt: Kostete in München der Quadratmeter Wohnfläche 2016 noch 6.799 Euro, waren es 5 Jahre später schon 11.006 Euro – ein Plus von 62 Prozent. In Hamburg legte das Preisniveau in diesem Zeitraum um rund 71 Prozent auf 7.211 Euro pro Quadratmeter zu (Statista GmbH, 2022). In Freiburg im Breisgau stiegen die Preise für Eigentumswohnungen um 38 Prozent binnen 5 Jahren und damit um 7,6 Prozent pro Jahr und im oberbayerischen Rosenheim mussten Wohnungskäufer 2021 schon 6.644 Euro für den Quadratmeter zahlen, 2016 waren es noch 4.054 Euro.

All das ist Ausdruck eines ungeheuren Booms am Immobilienmarkt, der 2010 seinen Anfang genommen hat und bislang anhält. Das muss aber nicht so bleiben. Denn das Blatt kann sich auch wieder wenden, wie ein Blick in die Vergangenheit zeigt: In den 90er-Jahren und zwischen 2000 und 2010 haben die Immobilienpreise weitgehend stagniert. Bereits 2022 gingen die Immobilienexperten der Deutschen Bank davon aus, dass der außerordentliche Boom zu Ende gehen würde (Deutsche Bank AG, 2022). Denn die hohe Inflation und die steigenden Hypothekenzinsen dürften in den kommenden Jahren dafür sorgen, dass die Kaufkraft schrumpft und immer weniger Familien sich den Erwerb von Wohneigentum leisten können.

Wer sich mit dem Gedanken trägt, seine Immobilie durch Verrentung, Rückmietkauf oder Teilverkauf zu barem Geld zu machen, sollte also immer bedenken, dass der aktuelle Wert von Haus oder Wohnung nur eine Momentbetrachtung ist. Angesichts hoher Angebotspreise und noch großer Nachfrage ist 2023 vielleicht gerade noch der richtige Zeitpunkt, um einen guten Verkaufspreis in eine möglichst hohe Leibrente umzuwandeln oder eine stattliche Einmalzahlung bei einem Teilverkauf zu erhalten. Grundsätzlich ist bei allen Verrentungsmodellen der Wert der Immobilie die Ausgangsbasis für die Berechnung künftiger Leistungen. Allerdings sollte das nicht das einzig entscheidende Kriterium bei der Wahl des richtigen Modells oder Anbieters sein.

3.4 Unterschiedliche Modelle für unterschiedliche Ansprüche

Welches Modell für wen infrage kommt, kann nur jeder Immobilieneigentümer für sich selbst entscheiden. Auch wenn die einzelnen Modelle auf den ersten Blick relativ leicht verständlich erscheinen, zeigt sich bei intensiver Auseinandersetzung mit den verschiedenen Möglichkeiten, dass es viele Details gibt, die einen Vergleich schwierig machen. Besser verkaufen und zurückmieten? Oder zunächst nur einen Teil verkaufen und später nochmals vom Gesamtverkauf profitieren? Vielleicht doch besser jetzt die komplette Immobilie gegen Wohnrecht verkaufen und zusätzlich eine Rente kassieren?

Allein diese Fragen zu beantworten, ist nicht ganz einfach. Denn viele Modelle hängen von unbekannten Variablen ab. Kann ich beispielsweise beim Rückmietkauf zurzeit einen relativ hohen Verkaufspreis erzielen, weiß niemand, wie stark die Mieten künftig anziehen werden. Ein entscheidender Punkt, wenn man wieder Mieter ist – und das möglicherweise für lange Zeit.

Entscheide ich mich für einen Teilverkauf, ist die Unbekannte die weitere Wertentwicklung der Immobilie. Ob die Preise für Wohnimmobilien auch zukünftig noch steigen oder in den kommenden Jahren eher stagnieren werden, ist selbst für Immobilienprofis schwer einzuschätzen.

Wer seine Immobilie gegen Wohnrecht plus Rente eintauscht, sollte auf jeden Fall berücksichtigen, dass auch das gewährte Wohnrecht einen Wert darstellt, der vom Kaufpreis abgezogen wird. Man sollte also noch sehr lange in seinem Zuhause bleiben können, damit sich das Ganze lohnt. Wer früh ausziehen muss, weil er nicht mehr allein klarkommt, verliert viel Geld.

3.5 Rückmietkauf heißt Miete zahlen

Ein detaillierter Blick auf die gerade beschriebene Problematik der Vergleichbarkeit zeigt, dass es immer ein Für und Wider gibt: Beim Rückmietkauf wird die Immobilie verkauft, künftig aber Miete gezahlt. Der Verkäufer bleibt im Bestfall für den Rest seines Lebens dort wohnen. Die Höhe der Miete wird zuvor für einen gewissen Zeitraum festgelegt, kann danach aber steigen. Außerdem erhält der Verkäufer nur rund 75 Prozent des tatsächlichen Marktwerts der Immobilie ausgezahlt, weil der Käufer mögliche spätere Instandhaltungen, die Vermietungszeit – in der er die Immobilie nicht selbst nutzen kann – und auch die Tatsache einpreist, dass es sich um eine vermietete Immobilie handelt, die er kauft. Denn eine vermietete Immobilie ist am Markt weniger wert als eine nicht vermietete.

Gegenüber einem Teilverkäufer oder einem Nießbrauchnutzer ist der Rückmietkäufer eingeschränkter, weil er künftig keine eigenen Mieterträge mehr mit seiner Immobilie erwirtschaften kann – beispielsweise, wenn er in ein Alten- oder Pflegeheim umzieht. Er hat sein Haus oder seine Wohnung an einen Dritten verkauft und muss zudem als Mieter jede Veränderung in der Immobilie mit seinem Vermieter absprechen. Im Gegenzug ist er nicht verpflichtet, für Instandhaltungen aufzukommen oder sich um Steuerzahlungen und Versicherungen zu kümmern, wie etwa der Teilverkäufer, der ja Miteigentümer der Immobilie bleibt.

Jegliche Verantwortung abgeben zu können und durch das Mietrecht geschützt zu sein, hört sich reizvoll an. Außerdem können Mieter jederzeit kündigen und machen auch bei einem frühen Umzug in eine seniorengerechte Einrichtung keine finanziellen Verluste – anders als diejenigen, die sich für ein Verrentungsmodell wie etwa die Leibrente entscheiden, bei dem der Wohnwert im Voraus eingepreist wird. Wer früh auszieht, hat den Wohnwert nicht wirklich nutzen können. Nur selten zahlt ein Anbieter den Restwert des Wohnwerts aus, wie etwa die Stiftung Liebenau.

Rein wirtschaftlich betrachtet ist das Rückmietmodell gegenüber der Immobilienverrentung damit die bessere Variante. Denn als Verkäufer habe ich den höheren Verkaufspreis erzielt und eine größere Summe zur Verfügung, über die ich frei verfügen kann. Andererseits muss ich für den Rest meines Lebens Miete zahlen, was bei langer Lebensdauer ein teures Vergnügen sein kann, vor allem bei steigendem Mietzins. Wer sich lebenslanges Wohnrecht und lebenslange Rentenzahlungen über ein Leibrentenmodell gesichert hat, muss sich hingegen keine Gedanken machen, in hohem Alter in finanzielle Not zu geraten. Denn die Konditionen stehen von vornherein fest und bergen keine negativen Überraschungen.

Was ist also besser, Rückmietkauf oder Leibrente? Eine Frage, die nicht pauschal zu beantworten ist, weil es mindestens zwei Variablen gibt, die niemand kennt: Zum einen ist nicht klar, wie stark die Mieten künftig steigen werden, zum anderen weiß in der Regel niemand, wie lange er noch leben wird.

3.6 Vorsicht: Leibrente nur mit lebenslangem Wohnrecht

Grundsätzlich aber lässt sich sagen: Eine Leibrente macht nur Sinn, wenn sie lebenslang gezahlt wird und mit einem lebenslangen Wohnrecht verbunden ist. Dennoch entscheidet sich in der Praxis die Mehrzahl der Immobilienverkäufer für eine zeitlich begrenzte Rente, weil dadurch die monatlichen Zahlungen höher ausfallen. Das damit verbundene Risiko der Altersarmut wird dabei häufig unterschätzt: Wer über Jahre hinweg durch die Zusatzrente komfortabel gelebt hat, wird sich nur schwer daran gewöhnen, wenn plötzlich die Zahlungen ausbleiben – und man vielleicht noch weitere 10 Lebensjahre vor sich hat. Auf Nummer sicher geht indes, wer seine gesetzliche Rente mit lebenslangen Zahlungen aufstockt.

Sowohl für den Rückmietkauf als auch für die Leibrente gibt es Argumente, die dafür oder dagegen sprechen. Nur eine sehr individuelle Abwägung aller Faktoren kann letztlich darüber entscheiden, ob eine der beiden Varianten infrage kommt oder ob die Lösung in einer anderen Möglichkeit besteht. Was man sich als Immobilieneigentümer auf jeden Fall klar machen sollte: Mit der Vertragsunterzeichnung gehört die Immobilie beim Rückmietkauf und der Leibrente jemand anderem – egal, ob ich Miete zahle oder mietfrei wohne.

3.7 Monatliche Gebühren beim Teilverkauf

Entscheidet sich ein Rentner für einen Teilverkauf, bleibt er indes Miteigentümer und kann weitgehend schalten und walten, wie er möchte – mit nur wenigen Ausnahmen wie etwa dem Teilabriss des Gebäudes. Das scheint aber eher eine theoretische Überlegung aus dem Bereich der rechtlichen Absicherung zu sein. Vielmehr haben die Erfahrungen der Teilkaufanbieter ergeben, dass viele ihrer Kunden das Geld, das sie aus dem Verkauf ihrer Immobilie erhalten, teilweise oder komplett in den Erhalt des Objekts stecken. Dazu gehören auch altersgerechte Umbauten, die den Wert der Immobilie wiederum steigern. Nicht selten wird das ganz bewusst getan, denn beim Gesamtverkauf kann der Teilverkäufer später an einem höheren Verkaufspreis nochmals verdienen. Im Gegensatz zu den klassischen Verrentungsmodellen ist das ein enormer Vorteil – vorausgesetzt, die Immobilie ist in der Zwischenzeit nochmals im Wert gestiegen. Die meisten Anbieter rechnen aktuell mit moderaten Wertsteigerungen von 2 bis 2,5 Prozent pro Jahr, was realistisch erscheint angesichts der durchschnittlichen Preissteigerungen der vergangenen Jahrzehnte. Garantien gibt es jedoch keine.

Dafür erhält man als Teilverkäufer für den Teil der Immobilie, die man verkauft hat, auch den vollen Preis, der per Gutachter ermittelt wurde. Anders als bei klassischen Verrentungskonzepten gibt es beim Teilverkauf keinen Abschlag auf die Auszahlungssumme, weil beispielsweise der lebenslange Nießbrauch oder das lebenslange Wohnrecht eingepreist wird. Allerdings ist der Nießbrauch beim Teilverkauf an die regelmäßige Zahlung eines Nutzungsentgelts gekoppelt – einer monatlich zu zahlenden Gebühr, die sich am Verkaufspreis orientiert und als Entschädigung des Käufers dient, der das Objekt ja nicht selbst nutzen oder vermieten kann. Jeder

Teilverkäufer verpflichtet sich, diese Art Miete regelmäßig zu entrichten. Gerät ein Teilverkäufer in finanzielle Schwierigkeiten und ist nicht mehr in der Lage seine Raten zu zahlen, verliert er schlimmstenfalls sein Nießbrauchrecht und muss ausziehen. Anschließend wird das Haus verkauft und die Verkaufssumme anteilig ausgezahlt – abzüglich der Schulden, die sich durch Nichtzahlung der Gebühren ergeben haben.

Daher sollte ein Teilverkäufer immer im Blick behalten: Kann ich mir die monatliche Gebühr leisten oder nicht? Eigentlich sollte das kein Problem sein, weil ja eine größere Summe Bargeld ausgezahlt wird. Ist das Geld aber schon anderweitig verplant, muss das Nutzungsentgelt aus der gesetzlichen Rente bestritten werden – oder aus dem laufenden Einkommen. Denn der Teilverkauf ist bereits ab einem Alter von 55 Jahren möglich. Insbesondere vor diesem Hintergrund ist es wichtig, zu kalkulieren, wie hoch das Nutzungsentgelt ausfällt, wenn man noch 10 Jahre in seinem Zuhause wohnen bleiben möchte. Bei einem Nutzungsentgelt von 300 Euro monatlich ergeben sich im Jahr 3.600 Euro, die binnen 10 Jahren auf 36.000 Euro anwachsen. Diese Summe sollte wie eine feste Mietzahlung eingeplant oder am besten gleich als Reserve zurückgelegt werden.

3.8 Umkehrhypothek: Schuldenberg am Ende des Lebens

Der Vollständigkeit halber muss auf eine weitere Quelle der Immobilienverrentung hingewiesen werden, die hierzulande noch kaum erschlossen ist, im Ausland jedoch zur gängigen Praxis gehört: die Umkehrhypothek. Da es offensichtlich zurzeit nur einen einzigen professionellen Anbieter gibt und kaum Erfahrungswerte vorliegen, ist eine Einschätzung dieses Angebots schwierig – ebenso ein Vergleich mit anderen Verrentungsmodellen. Grundsätzlich könnte die Umkehrhypothek attraktiv sein, weil der Kreditnehmer eine lebenslange oder zeitlich befristete Rente erhält oder eine Einmalzahlung oder eine Kombination aus Bargeld und Rente – und dafür zu Lebzeiten weder Zins noch Tilgung leisten muss. Dafür wird am Ende der Laufzeit bei begrenzter Rente oder beim Tod des Darlehensnehmers die Immobilie verkauft und das Darlehen aus der Verkaufssumme auf einen Schlag getilgt. Gibt es Erben, können sie auch den Kredit zurückzahlen.

Das dürfte aber eher selten der Fall sein, weil sich über Jahre ein wahrer Berg an Schulden aufgetürmt haben dürfte. Auch dieses Modell arbeitet für gewöhnlich – wie die Leibrenten – mit Sterbetafeln, in denen die statistische Lebensdauer eines Menschen berechnet wird. Je jünger ein Immobilieneigentümer ist, desto geringer fällt die Rente aus, weil sie statistisch gesehen noch lange gezahlt werden muss. Wer früh stirbt, hat dem Anbieter somit einen satten Gewinn eingebracht. Eine Frau ist darüber hinaus immer schlechter gestellt und erhält eine geringere Rente, weil Frauen statistisch gesehen länger als Männer leben.

Meist ist aber nicht einmal klar, auf welcher Grundlage die theoretische Lebensdauer eines Rentenbeziehers errechnet wurde: Auch wenn die unterschiedlichen Anbieter auf den ersten Blick sehr ähnliche Berechnungsmethoden anwenden, können die Ergebnisse doch sehr unterschiedlich ausfallen. Das liegt an der nicht identischen Datengrundlage: Manche Anbieter nutzen die Sterbetafeln des Bundesamts für Statistik; andere verwenden die Daten der Aktuare der Versicherungswirtschaft zur Berechnung der Rente. Da die Versicherungswirtschaft grundsätzlich von höherer Lebenserwartung und längerer Rentenzahlung ausgeht, werden die monatlichen Renten auch niedriger angesetzt. Im Klartext: Orientiert sich der Anbieter einer Zusatzrente an der Aktuar-Sterbetafel, fällt die Rente schmaler aus, als wenn er die offiziellen Sterbetafeln des Bundes zurate zieht. Dazu kommen womöglich auch noch hausinterne Berechnungen, die auf verschiedenen Sterbetafeln basieren. Nur, wer soll das im Voraus wissen? Freiwillig rücken die meisten Anbieter damit nicht heraus.

Das sollte man grundsätzlich auch bei der Entscheidung für eine Leibrente wissen. Bei der Umkehrhypothek kommt hinzu: Sollten die Preise für Immobilien stagnieren oder sogar fallen, müssen die Erben vielleicht sogar noch draufzahlen. Denn für den Komfort des lebenslangen Wohnrechts, des zunächst kostenfreien Kredits und der Unberechenbarkeit der Preisentwicklung der Immobilie wird eine ordentliche Summe vom Marktwert der Immobilie abgezogen. Daher sind selbst Banken zu dem Schluss gekommen, dass das Produkt zurzeit zu teuer ist und sich für beide Seiten nicht lohnt. In Frankreich, Großbritannien oder in den USA ist das etwas anderes, da die rechtlichen Voraussetzungen vollkommen andere sind als hierzulande. Sollte sich daran eines Tages etwas ändern, könnte die Umkehrhypothek ebenfalls eine Alternative zum Gesamtverkauf werden.

Quellenverzeichnis

Deutsche Bank AG (2022): Ausblick auf den deutschen Wohnungsmarkt 2022 ff., abrufbar unter https://www.dbresearch.de/PROD/RPS_DE-PROD/PROD0000000000522583/Ausblick_auf_den_deutschen_Wohnungsmarkt_2022_ff_%3A.pdf?undefined&realload=l5YyiukplTMHSbefKiZ/ybbyXijQy4jfNFTK7DHvoTMJ7TLi/K0zj4igGq1uiwtz (zuletzt abgerufen am 13.02.2023).

EV LiquidHome GmbH (2022): Studie: Lebensträume im Alter, Hamburg.

Focus Online (o.J.): Altersvorsorge einfach erklärt – 1000, 1500 oder 2000 Euro Rente: So viel müssen Sie verdienen, um im Alter nicht arm zu sein, abrufbar unter https://www.focus.de/finanzen/altersvorsorge/rente/altersvorsorge-einfach-erklaert-1000-1500-oder-2000-euro-rente-so-viel-muessen-sie-verdienen-um-im-alter-nicht-arm-zu-sein_id_24498575.html (zuletzt abgerufen am 13.02.2023).

Heimkapital GmbH (2020): Pressemitteilung: Fast die Hälfte der Senioren geht mit weniger als 10.000 Euro Sparguthaben in Rente, abrufbar unter https://www.heimkapital.de/presse/mitteilung/20201110 (zuletzt abgerufen am 13.02.2023).

Statista GmbH (2022): Städte in Deutschland mit den höchsten Kaufpreisen für Eigentumswohnungen im Vergleich der Jahre 2016 und 2022, abrufbar unter https://de.statista.com/statistik/daten/studie/6654/umfrage/immobilienpreise-fuer-eigentumswohnungen-in-deutschen-staedten-2008/#professional (zuletzt abgerufen am 13.02.2023).

4 Für jeden etwas dabei: Immobilienverrentungsmodelle im Vergleich

Christoph Maurer

Abstract

Mit der eigenen Immobilie die laufende Altersversorgung zu verbessern, hat in USA und UK lange Tradition. In Deutschland hat die Stiftung Liebenau mit ihrer Zustifterrente im Jahr 2003 ein Produkt geschaffen, dass an die Gift-Annuity vieler US-Charities anknüpft, die ihren Spendern damit eine lebenslange Rente anbieten. Mittlerweile gibt es auch in Deutschland eine Vielzahl von Anbietern und Lösungsansätzen, um immobiles Vermögen zu versilbern. Dabei geht nicht nur um ein reines Finanzprodukt, sondern um eine Versorgungslösung für Menschen in der dritten Lebensphase. Das Vertrauen in den neuen Partner, der den Senior bis zum Lebensende begleitet, ist hierbei besonders wichtig. Angesichts der Komplexität der damit verbundenen Themen den Überblick zu behalten, ist nicht einfach. Der folgende Text möchte hierzu einen Fachbeitrag leisten und die Merkmale der wichtigsten Modelle gegenüberstellen.

4.1 Einleitung

Die eigene Immobilie ist für viele Menschen die wichtigste Altersversorgung. Banken und Bausparkassen bewerben ihre Baufinanzierungsprodukte mit dem Hinweis auf ein sorgenfreies Leben im Alter in der eigenen Immobilie. Hauptargument ist insbesondere die Unabhängigkeit, der Werterhalt des Vermögens und die Entlastung von steigenden Mieten im Alter. Dieses Bild bedarf jedoch einer differenzierten Betrachtung: Tatsächlich kommen neben den Eigentümern auch die Immobilien in die Jahre und verursachen einen zunehmenden Unterhaltungsaufwand. Hinzu kommt ein steigender Kapitalbedarf durch Inflation und steigende Lebenserwartung. Um das immobile Vermögen zu versilbern, muss man im Normalfall die Immobilie am Markt verkaufen und ausziehen. Eine Rückanmietung ist in den meisten Fällen nicht möglich, weil der Folgeerwerber die Immobilie selbst nutzen möchte. Viele Immobilienbesitzer möchten aber ihre gewohnte Umgebung im Alter nicht verlassen. Zur Lösung dieses Zielkonflikts gibt es seit einigen Jahren zahlreiche Anbieter, die dem Eigentümer Besitz an der eigenen Immobilie und Liquidität verschaffen. Grundsätzlich gibt es beim sog. »Equity-Release« (vgl. www.equityreleasecouncil.com) zwei verschiedene Modellgruppen: Darlehensmodelle und Verkaufsmodelle.

Im Weiteren sollen diese Modelle vorgestellt und ihre Vor- und Nachteile herausgearbeitet werden.

4.2 Darlehensmodelle

Bei diesen Modellen behält der Hauseigentümer sein Eigentum und erhält die benötigte Liquidität von einem Finanzdienstleister, der ihm ein Darlehen gewährt und dies mit einer Hypothek oder Grundschuld im Grundbuch der Immobilie absichert. Hier sind normale **Immobiliendarlehen** von sog. **Umkehrhypotheken** zu unterscheiden. Letztere werden vorwiegend im angelsächsischen Raum als **Reverse Mortgages** (insbesondere USA und United Kingdom) angeboten. Im Gegensatz zu einem klassischen Immobiliendarlehen, das in einer Summe bzw. auch mit Baufortschritt ausbezahlt und in festen Raten zurückbezahlt wird, wird das Darlehen »umgekehrt« einmalig und/oder in Raten ausbezahlt und in einer Summe – meist durch Verkauf der Immobilie – getilgt. Umkehrhypotheken werden in Deutschland nur vereinzelt angeboten und haben nahezu keine Bedeutung.

4.2.1 Das Immobiliendarlehen

Prinzipiell kann in Deutschland jeder Immobilieneigentümer ein Darlehen von einer Bank erhalten. Den EU-Wohnimmobilienkreditrichtlinien in der ursprünglichen Fassung zufolge mussten Banken aber darauf achten, dass der Darlehensnehmer sein Darlehen innerhalb seiner statistischen Lebenserwartung vollständig zurückzahlen kann. Diese Richtlinien wurden im Jahr 2018 durch die Immobiliar-Kreditwürdigkeitsprüfungsleitlinien-Verordnung **(ImmoKWPLV)** dergestalt ergänzt, dass bei der Kreditwürdigkeitsprüfung die Immobilie mehr berücksichtigt wird als das Alter. Die Kapitaldienstfähigkeit des Darlehensnehmers ist jedoch weiter ein entscheidendes Bonitätskriterium. In der Praxis führt dies dazu, dass deutsche Banken älteren Kreditnehmern keine oder nur geringe Darlehenssummen (z. B. zur Renovierung des Hauses) anbieten und altersabhängig sehr hohe Tilgungen verlangen. Die Allianz Lebensversicherungs AG bietet mit der »BestAger Finanzierung« ein spezielles Produkt für über 60-Jährige, die damit ihre schuldenfreie Immobilie bis zu 40 Prozent beleihen können. Das Darlehen muss nicht getilgt werden und kann nach dem Tod von den Erben weitergeführt oder zurückbezahlt werden (Allianz, o.J.).

4.2.2 Die Umkehrhypothek

In angelsächsischen Ländern werden neben den Immobilienverzehrprodukten auch Darlehen für ältere Immobilienbesitzer angeboten. Im Gegensatz zu einem klassischen Immobiliendarlehen, das in einer Summe ausbezahlt und über Annuitäten bzw. am Ende der Laufzeit getilgt wird, wird hier das Darlehen selbst ratierlich ausbezahlt und am Ende in einer Summe getilgt. Dies erfolgt entweder durch den Verkauf der Immobilie oder durch die Ablösung durch Erben, die die Immobilie übernehmen. In Großbritannien und den USA wird dieses Darlehen als Umkehrhypothek oder **Reverse Mortgage** bzw. **Lifetime Mortgage** angeboten. Dabei kann der Darlehensnehmer zwischen einer Einmalzahlung (»lump sum«) oder Raten wählen. Im angelsächsischen Raum gibt es hierfür spezielle Unternehmen, die dafür garantieren, dass der Darlehensnehmer oder seine Erben nicht mehr zurückzahlen müssen, als die zugrunde liegende Immobilie an Verkehrswert hat (»No negative equity guarantee«, vgl. www.equityreleasecouncil.com). In den USA garantieren hierfür öffentliche Fonds. In Deutschland hat die Umkehrhypothek keine große Bedeutung erlangt. Grund dafür ist zum einen die weit verbreitete Mentalität älterer Menschen, sich im Alter nicht zu verschulden bzw. ihren Kindern keine Schulden zu hinterlassen. Zum anderen spielen strukturelle Besonderheiten eine Rolle. Neben dem **Zinseszinsverbot (§ 248 BGB)** bergen Umkehrhypotheken für Banken auch Risiken hinsichtlich Zinsänderungen und der Langlebigkeit der Kreditnehmer. Die Wohnimmobilienkreditrichtlinien (s. o.) schränken den Kreditspielraum der Banken ebenfalls ein.

4.3 Verkaufsmodelle

Bei Verkaufsmodellen überträgt der Hauseigentümer sein Eigentum gänzlich oder in Teilen (Teilkauf) an einen Folgeerwerber im Rahmen eines Kaufvertrags, behält sich aber den Besitz vor. Dieser wird meistens über Wohnrechte oder Nießbrauchvereinbarungen im Grundbuch abgesichert. Als weitere Kaufpreisbestandteile kommen Vereinbarungen über einmalige und/oder laufende Zahlungen hinzu.

Die wesentlichen Modelle sind hier:
- das Verrentungsmodell,
- das Nießbrauchmodell,
- das Teilkaufmodell und
- das Rückmietungsmodell.

4.3.1 Das Verrentungsmodell

Lebenslange Renten gegen Einmalzahlungen werden von Versicherungsunternehmen schon lange angeboten. Hierbei handelt es sich aber um reine Geldanlagen, die nach versicherungsmathematischer Kalkulation eine lebenslange Zahlung leisten. Dieses Geschäft ist Unternehmen vorbehalten, die der Versicherungsaufsicht unterliegen und hierzu eine Genehmigung nach dem Kreditwesengesetz (KWG) benötigen. Immobilien gegen Gewährung einer lebenslangen Zahlung (= Rente) anzukaufen, wird aber von Versicherungsgesellschaften bisher nicht angeboten. Um älteren Immobilieneigentümern die Möglichkeit zu geben, aus ihrem Immobilienvermögen zusätzliche Einnahmen zu erwirtschaften, bieten Stiftungen und gewerbliche Unternehmen in Deutschland an, dieses neben der Gewährung eines lebenslangen Wohnrechts und Einmalzahlungen zu verrenten. In der Praxis handelt es sich bei den Zahlungen meistens aber nicht um lebenslängliche Leibrenten, sondern um Raten oder Zeitrenten.

Das Haus oder die Wohnung wird dabei angekauft und der Verkäufer mit einem lebenslangen Wohnungsrecht und/oder einem Nießbrauchrecht im Grundbuch abgesichert. Um den

Untergang des Wohnrechts oder des Nießbrauchs im Zwangsversteigerungsverfahren auszuschließen, ist es essenziell, dass diese Rechte im ersten Rang des Grundbuchs der Immobilie eingetragen sind. Auch die Zahlungen können mit einer Höchstbetragshypothek im Grundbuch abgesichert werden.

Der Veräußerer verliert mit der Übertragung seiner Immobilie zwar sein Eigentum, behält aber die Sicherheit des Zugriffs auf die Immobilie. Dies ist dann wichtig, wenn der Erwerber der Immobilie diese weiterverkauft oder in Zahlungsschwierigkeiten gerät und damit die Immobilie zwangsversteigert wird. Manche Erwerber sichern dem Veräußerer vertraglich zu, die Immobilie bis zu dessen Lebensende oder dauerhaftem Auszug nicht weiter zu veräußern.

Einige gewerbliche Anbieter vermitteln Immobilienverrentungen zwischen Privatpersonen. In diesem Fall erwirbt eine natürliche Person die zu verrentende Immobilie. Hier ist die Absicherung des Rentenempfängers im Grundbuch besonders wichtig. Zum einen können private Erwerber leichter in Zahlungsschwierigkeiten kommen als größere Unternehmen. Zum anderen spielt hier das Risiko der Verschenkung oder der Vererbung eine große Rolle. Der Leibrentenempfänger hat in der Regel auf die Auswahl des zukünftigen Eigentümers keinen Einfluss. Ob der zukünftige Eigentümer willens und in der Lage ist, die Immobilie zu unterhalten und die vereinbarten Zahlungen zu leisten, ist damit offen.

Eine Sonderstellung bei den Verrentungsmodellen nehmen die sog. **StifterRenten-Modelle** ein. Unter der Bezeichnung »Zustifterrente« (Stiftung Liebenau) oder »HausstifterRente« (Caritas Stiftungen) bieten auch gemeinnützige Stiftungen an, Immobilien zu verrenten. Neben der Satzung sind Stiftungen den Stiftungsgesetzen und dem Gemeinnützigkeitsrecht unterworfen und dürfen Gewinne nur für ihren gemeinnützigen Zweck verwenden. Oft werden die Immobilien nach Auszug oder Tod des Besitzers an bedürftige Mieter vermietet. Verwertungserlöse werden in jedem Fall dem Satzungszweck der Stiftung zugeführt. Stiftungen werden durch die Stiftungsaufsicht und das zuständige Finanzamt kontrolliert. Eine Besonderheit der StifterRenten ist, dass Ansprüche auf Rückerstattungen von Wohnrechten und Nießbrauch nicht nur im Auszugs-, sondern vor allem **auch im Todesfall** bestehen, die dann weitervererbt werden können. Um den Umzug in ein Pflegeheim zu erleichtern, werden auch Mindest-Auszahlungsbeträge oder monatliche Umzugsvergütungen gewährt, die sich an der Höhe der erzielbaren Folgemiete der geräumten Wohnfläche orientieren.

4.3.2 Das Nießbrauchmodell

Bei diesem Modell behält sich der bisherige Eigentümer den Nießbrauch an seiner Immobilie vor. Daneben erhält er eine Einmalzahlung. Der Nießbrauch bietet neben einem lebenslangen Wohnrecht die Möglichkeit, nach Auszug (z. B. wegen stationärer Pflegebedürftigkeit) die Immobilie zu vermieten und die Mieteinnahmen bis zum Lebensende zu behalten. Die Revitalisierungskosten für die Immobilie, Risiko und Aufwand einer Neuvermietung trägt er dabei selbst.

Die Weitervermietung erfolgt auch vorbehaltlich der Zustimmung des Investors. Eine vergünstigte Überlassung der Immobilie an Kinder im Wege eines Mietvertrags scheidet damit meist aus. Auf der anderen Seite ist er je nach Vertragskonstrukt berechtigt oder verpflichtet, neben den gewöhnlichen Unterhaltskosten entweder nur Kleinreparaturen oder auch **Investitionen an Dach und Fach** (z. B. eine neue Heizung) zu tragen. Ohne spezielle vertragliche Regelung gilt die gesetzliche Regelung nach § 1041 BGB, wonach der Nießbraucher nur zur gewöhnlichen Unterhaltung der Sache verpflichtet ist:

> Der Nießbraucher hat für die Erhaltung der Sache in ihrem wirtschaftlichen Bestand zu sorgen. Ausbesserungen und Erneuerungen liegen ihm nur insoweit ob, als sie zu der gewöhnlichen Unterhaltung der Sache gehören.

Obwohl der Nießbraucher wirtschaftlicher Eigentümer bleibt, kann er die Sache mit Einwilligung des Investors umbauen oder sanieren. Wenn der Nießbraucher z. B. eine neue Heizung oder einen barrierefreien Zugang auf eigene Rechnung finanzieren möchte, kann er dies aber in der Regel nur aus Eigenmitteln machen. Wenn der Nießbrauch im ersten Rang des Grundbuchs abgesichert ist und die finanzierende Bank keine nachrangigen Sicherheiten akzeptiert, fehlt die Möglichkeit zur Besicherung eines Immobiliendarlehens für die Bank. Dies gilt auch für den Fall, dass diese Investitionen vom neuen Eigentümer getragen werden. Ist dagegen der Nießbrauch nur nachrangig eingetragen, besteht die Gefahr, dass er im Wege der Zwangsversteigerung vom Erwerber gelöscht werden kann.

Sollte der Nießbraucher versterben, wird meistens **kein Restwert erstattet**. Für Erben oder gemeinnützige Zwecke wird vom Nießbrauch auch dann nichts übrigbleiben, wenn der Nießbraucher vor Erreichen seiner versicherungsmathematisch errechneten Lebensdauer (z. B. aufgrund eines Schlaganfalls oder Unfalls) verstirbt. Umgekehrt kann der Nießbraucher auch die Frucht ziehen, d. h. nach Umzug die Mieten aus der bisher selbst bewohnten Immobilie sowie die Mieten aus einer Einliegerwohnung oder Garage bis ans Lebensende behalten. In den meisten Fällen hat dieses Recht nur bei vermieteten Einliegerwohnungen oder Garagen praktische Bedeutung. Da die Nießbraucher ihr Haus eben gerade in der Absicht veräußern, es bis zum Lebensende zu bewohnen, erfolgt der Umzug in der Regel auch erst dann, wenn eine stationäre Unterbringung in ein Pflegeheim erfolgt. Diese ist meist aufgrund fortgeschrittener Erkrankung so kurz, dass die Herstellung der Vermietbarkeit und die Wiederbelegung länger dauert, d. h. der **Nießbraucher gar nicht mehr in den Genuss der Fruchtziehung kommt**. Gleiches gilt natürlich auch, wenn nur einer von beiden Bewohnern umzieht und der andere das Haus oder die Wohnung weiter bewohnt.

Das Recht auf Fruchtziehung ist persönlich, kann nicht vererbt oder verschenkt werden und endet mit dem Tod. Die Auszahlung der Geldleistung aus dem Nießbrauchanspruch kann jedoch wie der einmalige Geldbetrag (z. B. von einem Sozialhilfeträger) gepfändet bzw. übergeleitet werden. Der meist einmalig ausbezahlte Geldbetrag wird meist zur Tilgung von Restdarlehen für Schenkungen an Kinder oder für einmalige Anschaffungen verwandt. Der restliche Teil unterliegt als Geldanlage Anlagerisiken und der Inflation. Wenn aus der Nießbrauchvereinbarung hohe Instandhaltungskosten entstehen oder Pflegekosten zu zahlen sind, unterliegt dieser Teil des Kaufpreises damit auch dem **Risiko des vorzeitigen Vermögensverzehrs.**

4.3.3 Das Teilkaufmodell

Beim sog. Teilkauf bleibt der Hauseigentümer weiter Miteigentümer. Er verkauft nur bis zu max. 50 Prozent des Eigentums zum aktuellen Verkehrswert an einen Investor. Der Kaufpreis wird in der Regel vom Investor über ein Darlehen finanziert, das die finanzierende Bank im Grundbuch der Immobilie absichert. Wichtig ist hierbei der Rang der Absicherung des Darlehens: Besteht die finanzierende Bank des Investors auf einer erstrangigen Absicherung des Darlehens, kann das Nießbrauchrecht nur im Nachrang eingetragen werden. Im Falle der Insolvenz des Investors könnte das Nießbrauchrecht dann im Wege der Zwangsversteigerung gelöscht werden. Einige Anbieter haben hierzu mit den finanzierenden Banken eine Vereinbarung (**Sicherungszweckerklärung**), nach der die Bank auf eine Verwertung der Immobilie verzichtet, solange der Miteigentümer das Nutzungsentgelt (s. u.) bezahlt.

Für den Erhalt des Kaufpreises bezahlt der Verkäufer ein **Nutzungsentgelt** (Stand 08/2023 5,0–7,33 Prozent p.a. aus dem Kaufpreis) an den Investor und trägt **nahezu alle Kosten der gesamten Immobilie** im Rahmen eines Nießbrauchrechts. Das Nutzungsentgelt ist bis zum Weiterverkauf der Immobilie bzw. zum Rückerwerb des Teileigentums zu bezahlen. Bei 5,0 Prozent p.a. wird in 20 Jahren so der gesamte Kaufpreis zurückbezahlt, wobei das verkaufte Teileigentum weiterhin beim Investor verbleibt. Die Höhe des Nutzungsentgelts wird in der Regel für einen Zeitraum (z. B. 10 Jahre) fest vereinbart. Danach wird der Satz nach oben angepasst, wenn der EURIBOR oder ein Preisindex sich seit dem Vertragsbeginn nach oben entwickelt hat. Bei einer Senkung dieser Referenzgrößen ist eine Senkung des Satzes meistens nicht vorgesehen. Sollte hingegen der Verkäufer dieses Nutzungsentgelt nicht zahlen können, hat der Erwerber das Recht auf einen Verkauf des gesamten Hauses, wobei das Nießbrauchrecht untergeht und ein Auszug erforderlich wird.

Der Miteigentumsanteil kann vom Hauseigentümer oder von seinen Erben jederzeit zurückgekauft werden. Dies erfolgt dann auf der Basis eines neuen Wertgutachtens. Da der Verkaufserlös normalerweise vom Verkäufer des Miteigentumsanteils zur Deckung seiner laufenden Ausgaben, zur Ablösung eines Altdarlehens, zum altersgerechten Umbau der Immobilie oder anderweitig verbraucht wird, sind die Mittel zum Rückerwerb in der Regel aber sehr begrenzt oder gar nicht mehr vorhanden. In der Praxis werden den Rückkaufspreis daher im Normalfall nur die Erben (z. B. Kinder) aufbringen können.

Der Investor übernimmt die Abwicklung des Weiterverkaufs und verlangt hierfür eine **Abwicklungsgebühr** (analog einem Maklerhonorar). Die Höhe richtet sich danach, ob der Teileigentümer bzw. seine Erben den Anteil zurückkaufen oder ob die Immobilie am freien Markt verkauft wird. In jedem Fall wird diese Abwicklungsgebühr dem Teileigentümer oder seinen Erben belastet. Auch die Chancen und Risiken einer zukünftigen Wertentwicklung sind zuungunsten des bisherigen Allein-Eigentümers verteilt. Während Wertsteigerungen hälftig geteilt werden, trägt das Wertverlustrisiko der bisherige Hauseigentümer voll. In jedem Fall erhält der Investor vom Verwertungserlös einen Mindestpreis, meist 117 Prozent seiner Investition. Sinkt die Immobilie im Wert, geht dies voll zulasten des Teileigentümers. Dies wirkt sich insbesondere dann negativ aus, wenn die Immobilie z. B. aufgrund von Liquiditätsengpässen des Teileigentümers schnell, d. h. mit Preisabschlägen verkauft werden muss.

Als Nießbraucher kann der Teileigentümer die Immobilie auch vermieten, z. B. wenn er in ein Pflegeheim umzieht. Die Revitalisierungskosten für die Immobilie, das Risiko und den Aufwand einer Neuvermietung trägt er dabei selbst. Die Weitervermietung erfolgt auch vorbehaltlich der Zustimmung des Investors. Eine vergünstigte Überlassung der Immobilie an Kinder im Wege eines Mietvertrages scheidet damit meist aus. Umbauten oder Erweiterungen (z. B. Einbau eines Aufzugs oder barrierefreien Bads) sind immer mit dem Investor abzustimmen. Die Kosten hierfür übernimmt in der Regel der Teileigentümer. Soweit die Investitionen werterhaltend oder -steigernd sind, beteiligen sich die Investoren auch in Einzelfällen. Eine Rückerstattung aus dem Nießbrauch ist analog dem Nießbrauchmodell aber nicht vorgesehen. Ein früherer Tod führt damit auch zu einem früheren Verkauf ohne Ausgleich für den Wegfall des Nießbrauchrechts.

Das Modell eignet sich prinzipiell für jüngere Senioren mit akutem Geldbedarf, da die Höhe der Auszahlung nicht wie bei Leibrenten vom Alter des Hauseigentümers, sondern nur vom Wert der Immobilie und dem Wert des verkauften Teileigentums abhängt. Vorteilhaft ist die schnelle Abwicklung bzw. Kaufpreisauszahlung. Oft sind Teilkaufverträge die einzige Alternative zu einem nicht gewährten Bankdarlehen, um schnell an Liquidität zu kommen. Je länger das Miteigentumsverhältnis aber besteht, desto höher summieren sich die Zahlungen und die damit verbundenen Anpassungen. Rechnet man das Nutzungsentgelt und das Wertverlustrisiko mit ein, entsteht somit ein **deutliches Ungleichgewicht zugunsten des Investors**. Ob der Investor über die Jahre stabil bleibt oder seinen Anteil nicht z. B. in einem Zwangsversteigerungsverfahren verkaufen muss, bleibt dagegen abzuwarten.

4.3.4 Das Rückmietungsmodell

Was im gewerblichen Sektor als »**Sale-and-lease-back**«-Modell seit vielen Jahren eingesetzt wird, um aus gebundenem Firmenvermögen Liquidität zu schaffen, wird zunehmend auch für private Immobilien angeboten. Meist geht dann das ganze Haus auf einen neuen Eigentümer, d. h. den zukünftigen Vermieter über. Ist der Erwerber ein Freund oder ein Familienmitglied, ist dies meistens unproblematisch. Der neue Eigentümer kann sein Geld in eine meist gut gepflegte Immobilie investieren, die er aufgrund des Verzichts auf Kündigung des Mietverhältnisses mit einem deutlichen Preisabschlag erwirbt. Der Verkäufer sichert sich mit einem lebenslangen Mietvertrag das Wohnen im eigenen Haus und verfügt über den vollen Verkaufspreis. Neben

Privatpersonen bieten sich auch immer mehr gewerbliche Ankäufer an. Hier gilt es, den Ankäufer, seine Interessen und seine dauerhafte Bonität im Auge zu behalten. Dies gilt natürlich auch für potenzielle Folgeerwerber, seien es Käufer oder Erben des Ankäufers.

Neben dem Verzicht auf Eigentümerrechte muss der Verkäufer bis an sein Lebensende Miete bezahlen. Eine Absicherung des lebenslangen Mietrechts über ein im Grundbuch erstrangig abgesichertes Wohnrecht erfolgt in der Regel nicht. Dadurch kann der neue Eigentümer die Immobilie mit einem Immobiliendarlehen beleihen. Kann er seinen Darlehensverpflichtungen nicht mehr nachkommen, kann die finanzierende Bank die Immobilie einer Zwangsversteigerung zuführen. Der Investor verzichtet auf sein Kündigungsrecht wegen Eigenbedarfs und überträgt diese Sicherheit auch auf zukünftige Erwerber. Dies gilt aber nicht für Erwerber, die die Immobilie im Wege einer Zwangsversteigerung erwerben. Hier kann der Erwerber den Mietvertrag auch ohne Eigenbedarf kündigen (vgl. hierzu § 111 InsO).

Auf der anderen Seite entspricht der Verkaufspreis nicht dem Verkehrswert einer nicht bewohnten Immobilie, weil die fehlende Kündbarkeit wegen Eigenbedarfs den Nutzerkreis stark einschränkt. In der Praxis muss der Verkäufer eine Miete bezahlen, die für den neuen Erwerber zu einer überproportional hohen Mietrendite führt. Umgekehrt muss der Verkäufer sicherstellen, dass er die hohe Miete auch lebenslang bezahlen kann. Kann er dies nicht mehr, hat der Erwerber ein Sonderkündigungsrecht.

Der Verkäufer muss den Verkaufserlös sicher und rentabel anlegen. Je mehr er diesem Kapitalstock über die Jahre entnimmt, um z. B. Miete und Mietpreissteigerungen lebenslang zu zahlen, desto größer ist das **Risiko des vorzeitigen Vermögensverzehrs**.

War der Verkäufer bisher sprichwörtlich alleiniger »Herr im Haus«, muss er zukünftige Investitionen (z. B. barrierefreies Bad oder Aufzug) mit dem neuen Eigentümer abstimmen und in der Regel auch entschädigungslos selbst finanzieren. Investitionen an Dach und Fach (z. B. neue Heizung oder Photovoltaik) trägt dagegen der neue Eigentümer.

4.4 Chancen und Risiken der einzelnen Modelle im Vergleich

Meistens handelt es sich bei Zielgruppe der Immobilienverzehrer um Menschen über 70 Jahre, die wunschgemäß bis zum Lebensende die Immobilie nutzen möchten. Da die sog. Pflegeprävalenz bei Personen über 80 Jahren stark zunimmt, ist davon auszugehen, dass viele Vertragspartner im Zeitraum ihres Verbleibs in der bisherigen Umgebung **altersbedingte Einschränkungen** erleben werden. Dies gilt nicht nur in Hinblick darauf, dass einige Bewohner irgendwann nur mit ambulanter Unterstützung selbstständig wohnen können oder in eine stationäre Pflege umziehen. Es gilt auch für mögliche Vertragsstörungen, seien es die mangelnde Unterhaltung der Immobilie durch den neuen Eigentümer oder das Ausbleiben vereinbarter

Zahlungen. Oft haben die älteren Bewohner weder die Kraft noch ausreichend finanzielle Mittel und die Lebenszeit, um gerichtliche Verfahren zu führen.

Für viele der Senioren ist es auch wichtig, was mit »ihrem« Immobilienvermögen nach ihrem Ableben geschieht. Es stellen sich Fragen wie »Gibt es aus dem Haus noch etwas zu vererben und zu wessen Gunsten wird das Haus oder die Wohnung nach Auszug oder Tod bzw. werden die Verkaufserlöse oder Folgemieten verwandt?«.

Insbesondere bei Modellen, bei denen die Liquidität in einer Summe ausbezahlt wird, stellt sich die Frage, wie lange aus diesem Vermögen die zusätzliche Altersversorgung bestritten werden kann. Neben einer langen Restlebenszeit sind es insbesondere die geringen bzw. **negativen Realrenditen** und oder Kosten für Pflege, die den Kapitalstock schnell schmelzen lassen. Wenn dann bei Auszug oder Tod keine Erstattungen bezahlt werden, können Kosten für stationäre Pflege und Bestattung nur mit Beteiligung von Angehörigen (in der Regel Kinder) oder Sozialhilfeträgern beglichen werden.

Insofern ist es wichtig, die einzelnen Modelle nicht nur als Finanzanlageprodukte zu vergleichen, sondern sie auch aus dem Blickwinkel einer während der Vertragslaufzeit weiter älter und damit auch **vulnerabler werdenden Zielgruppe** zu beleuchten:

Grundsätzlich sorgen alle Modelle für eine Erhöhung der Liquidität. Bei den laufenden Zahlungen kommt es aber auf das Modell an, ob sie neben der anfänglichen Zahlung die laufende Liquidität belasten oder verbessern bzw. in welcher Höhe und wie lange diese bezahlt werden. Dies gilt insbesondere dann, wenn die Zahlungen aus der Verwertung der Einmalbeträge erfolgen. In den allermeisten Fällen haben die Senioren aus ihren Renten- oder Pensionseinkünften keine Reserven, um Kapitaldienst, Nutzungsentgelte oder Mieten zu bezahlen. Die laufenden Einnahmen werden damit um diese zusätzlichen Ausgaben geschmälert. Werden die Einmalbeträge dazu verwandt, Restschulden zurückzuführen, kann es aber auch zu einer deutlichen Entlastung des laufenden Budgets kommen.

Liquiditätsaspekte	**Darlehensmodell**	**Verrentungsmodell**	**Nießbrauchmodell**	**Rückanmietungsmodell**	**Teilkaufmodell**
Einmalzahlung	max. 40 % des VKW	je nach Rate oder Rente	VKW – Nießbrauch	70–80 % des VKW	max. 50 % des VKW
Ersparte Zahlungen	Kapitaldienst aus abgelöstem Altdarlehen	Kapitaldienst aus abgelöstem Altdarlehen Instandhaltungskosten	Kapitaldienst aus abgelöstem Altdarlehen	Kapitaldienst aus abgelöstem Altdarlehen Instandhaltungskosten	Kapitaldienst aus abgelöstem Altdarlehen
Zusätzliche laufende Einnahmen	Vermögensentnahme	Rate oder Rente + Vermögensentnahme	Vermögensentnahme ggfs. Mieteinnahmen	Vermögensentnahme	Vermögensentnahme

Liquiditätsaspekte	Darlehensmodell	Verrentungsmodell	Nießbrauchmodell	Rückanmietungsmodell	Teilkaufmodell
Zusätzliche laufende Ausgaben	Kapitaldienst	ggfs. Instandhaltungs-Selbstbehalt	Instandhaltungskosten	Miete zzgl. Anpassungen	5,0–7,33 % Nutzungsentgelt Instandhaltungskosten
Risiko laufender Defizite	nach Vermögensverzehr	nach Raten-Rentenende	nach Vermögensverzehr	nach Vermögensverzehr	nach Vermögensverzehr
Risiko des vorzeitigen Kapitalverzehrs	durch zu hohe Kosten/ Vermögensentnahmen	betrifft nur Einmalzahlungen	durch zu hohe Kosten/ Vermögensentnahmen	durch zu hohe Kosten/ Vermögensentnahmen	durch zu hohe Kosten/ Vermögensentnahmen

Sicherheitsaspekte	Darlehensmodell	Verrentungsmodell	Nießbrauchmodell	Rückanmietungsmodell	Teilkaufmodell
Wohnrecht/ Nießbrauch im Grundbuch	wg. Eigentum nicht erforderlich	ja, i. d. R. erstrangig	ja, i. d. R. erstrangig	nein	i. d. R. nachrangiger Nießbrauch
Grundschulden als Finanzierungssicherheit	i. d. R. erstrangig	ggfs. nachrangig	ggfs. nachrangig	i. d. R. erstrangig in Höhe des Kaufpreises	i. d. R. erstrangig in Höhe des Teilkaufpreises
Risiko des Verkaufs der Immobilie an Dritte	entfällt	i. d. R. ausgeschlossen bei Stiftungen: keines	ja	ja	nein
Risiko des Vererbens der Immobilie durch Erwerber	entfällt	bei privaten Personen ja, bei institutionellen nein	bei privaten Personen ja, bei institutionellen nein	bei privaten Personen ja, bei institutionellen nein	nein
Insolvenzrisiko des Anbieters	entfällt	ggfs. Absicherung über Höchstbetragshypothek	gering, da keine laufenden Zahlungen	je nach Bonität des Anbieters	je nach Bonität des Anbieters

Sicherheitsaspekte	Darlehensmodell	Verrentungsmodell	Nießbrauchmodell	Rückanmietungsmodell	Teilkaufmodell
Wohnungsverlustrisiko	gering (nur bei Ausfall der Darlehensraten)	gering (nur im Falle der Zwangsversteigerung)	gering (nur im Falle der Zwangsversteigerung)	gering (nur im Falle der Zwangsversteigerung)	bei Nichtzahlung des Nutzungsentgelts

Rückerstattung/ -erwerb	Darlehensmodell	Verrentungsmodell	Nießbrauchmodell	Rückanmietungsmodell	Teilkaufmodell
Rückerstattung/ Ausgleich im Kündigungsfall	entfällt	Erstattung des Barwerts Wohnrecht/ Nießbrauch	ggfs. Erstattung des Nießbrauchbarwerts	keine Rückerstattung Wegfall der zu zahlenden Miete	Verkauf der Immobilie jederzeit möglich zum anteiligen Verkehrswert (vorbehaltlich Mindestwert und Abwicklungsgebühr)
Zusätzlicher Ausgleich im Auszugs-/ Pflegefall	entfällt	Weiterzahlung von Renten und Raten, bei StifterRenten ggfs. Umzugsvergütung	Mieteinnahmen, soweit Vermietung möglich	nein	Mieteinnahmen, soweit Vermietung möglich
Rückerstattung/ Ausgleich im Todesfall	entfällt	bei Stifter Renten i. d. R. Erstattung des Barwerts offener Raten sowie von Wohnrecht/ Nießbrauch, ggfs. Mindesterstattung	nein	nein	Verkauf der Immobilie, Erlös (für Erben) = anteiliger VKW vorbehaltlich Mindestentgelt und Abwicklungsgebühr
Mindestentgelt für den Teilkäufer bei Verkauf	entfällt	entfällt	entfällt	entfällt	115–117 % des (Teil-)Kaufpreises

Rück-erstattung/-erwerb	Darlehens-modell	Verrentungs-modell	Nießbrauchmodell	Rück-anmietungs-modell	Teilkauf-modell
Abwicklungs-gebühr/Makler-kosten	entfällt	entfällt	entfällt	entfällt	je nach Bundesland und Anbieter ca. 5,0–8,0%
Rückerwerb durch Senior oder Erben	ggfs. Sonder-tilgung vorzeitige Ablösung des Darlehens möglich	i. d. R. nicht möglich	i. d. R. nicht möglich	i. d. R. nicht möglich	jederzeit möglich zum anteiligen VKW vorbehaltlich Mindest-entgelt und Abwicklungs-gebühr

4.5 Würdigung der Modelle

Grundsätzlich erfüllen alle Modelle den Zweck, aus dem immobilen Vermögen Liquidität zu generieren. Im Gegensatz zu einem bloßen Verkauf der Immobilie handelt es sich bei diesen Modellen aber immer um Verträge über einen längeren Zeitraum, d.h. im Normalfall bis an das Lebensende des (bisherigen) Hauseigentümers. Bei der Auswahl des Anbieters sollte der Hauseigentümer daher nicht nur die aktuelle Bonität und Seriosität des Investors am Anfang der Vertragsbeziehung beachten, sondern sich auch der Tatsache bewusst sein, dass sich über die Jahre die Kooperationsfähigkeit und -bereitschaft beider Seiten verändern können. Bei aller Freude über den anfänglich gewonnenen finanziellen Freiraum sollte der Hauseigentümer außerdem bedenken, dass die Liquidität dauerhaft ausreichen sollte. Es empfiehlt sich in jedem Fall, den Rat eines kompetenten Anwalts hinzuzuziehen.

Quellenverzeichnis

Allianz (o.J.): Allianz BestAger Finanzierung erklärt in 30 Sekunden, abrufbar unter https://www.allianz.de/recht-und-eigentum/baufinanzierung/bestagerfinanzierung (zuletzt abgerufen am 13.02.2023).

Teil III: Bedarf, Wirtschaftlichkeit und Akzeptanz

5 Kommentar: Ist die Immobilienrente ein Kundenbedarf oder ein Geschäftsmodell?

Rainer Mellis

In den letzten Jahren ist in Deutschland massiv das Thema **Kapitalbeschaffung im Alter**, speziell nach Einführung der ältere Menschen bevormundenden Immobilienkreditrichtlinie, medial und marketingtechnisch in eine breitere Öffentlichkeit getragen worden. Etablierte wie neue Unternehmen haben die Thematik aufgenommen und als zukunftsträchtig deklarierte Geschäftsmodelle markteintrittsfähig entwickelt.

Die Grundlage bzw. Unterstellung dieses ursprünglich angelsächsischen Geschäftsmodells (u. a. Revers-Mortgage): Seniorige Immobilieneigentümer, meist solche ab etwa 70 Lebensjahren, deren Kinder längst flügge sind, haben den Wunsch, in ihrem zu groß gewordenen Haus alt zu werden, besitzen angabegemäß allerdings »nur geringen finanziellen Handlungsspielraum« (Zitat aus einer Annonce der Deutschen Leibrenten Grundbesitz AG), um sich dieses Altwerden leisten zu können. Hier dienen sich nun die diversen Anbieter in verschiedenen Facetten liquiditätsbringend an, um der Zielklientel einen Teil der möglichen finanziellen Lasten gegen (Teil-)Eigentumsübertragung abzunehmen. Die direkten finanziellen Verpflichtungen (ohne verbrauchsabhängige Nebenkosten) des Kunden aus seiner bisherigen Immobilie sinken, er erhält wahlweise einmalig oder monatlich Liquidität, ohne sich neu verschulden zu müssen, und er erhält zu seiner Sicherheit lebenslange Wohn- bzw. Nießbrauchrechte.

So weit die bunte Marketingkommunikation.

Die wirtschaftliche Strategie der Anbieter der Immobilienrenten ist eine Spekulation, zu einem vertraglich festgelegten monatlichen oder einmaligen Preis an attraktive Objekte in festgelegten, perspektivisch guten Lagen zu gelangen, ohne für sie in einem »normalen« Verkaufsprozess – frei oder über Makler – zu den dann üblichen Verkaufspreisen mitbieten zu müssen. Eine Art Wette zur Generierung eines Immobilienportfolios, die in den bisher boomenden Märkten durchaus Prosperität versprochen haben kann. Angebotsentwickler, ob etabliert oder Gründer, Investoren und finanzierende Kreditinstitute sind von den Perspektiven in scheinbar endlos wachsenden Märkten in einem zentralbankgesteuerten, synthetischen Niedrigszinsumfeld begeistert gewesen und haben sich entsprechend engagiert.

Für finanzierende Banken sind allerdings bis heute noch nicht alle Rahmenbedingungen eindeutig rechts- und prüfungssicher geklärt. Dies gilt insbesondere für den Fall der Insolvenz der kapitalbeschaffenden Unternehmung, die ihre Ansprüche zwecks Finanzierung an das jeweilige Kreditinstitut abtritt. Eine vom Bankenmarkt zunächst angedachte Einwertung dieser Sicherheit als risikoarm ist daher (noch) nicht abschließend möglich!

Betrachtet man den angedachten Kundenmarkt, stellt sich in Bezug auf die zu Beginn genannten Bedarfe die Frage, ob es diese Kunden realistisch in einer wirtschaftlich interessanten Masse gibt. Natürlich ist unsere heutige Gesellschaft finanziell und in ihrer Einstellung nicht mehr so konservativ und sparsam aufgestellt wie noch vor 20 oder 30 Jahren. Die moderne seniorige Generation (70 ist das frühere 50) lebt mobil, genießt stylisch und leistet sich gerne etwas, ob für sich selbst, die Kinder oder Enkelkinder. Doch zeigen unsere Analysen, dass spätestens mit 70 die eigene, abbezahlte Immobilie aufgrund ihrer überdimensionierten Größe sowie des fehlenden Alterskomforts und trotz nostalgischer Historie entweder »warm« an Erben übergeben oder frei am Markt zu (bisher) äußerst attraktiven Preisen veräußert wird.

Einen Bedarfstrend zur Kapitalbeschaffung en masse sehe ich in dieser meist wohlhabenden Klientel definitiv nicht. Meiner Einschätzung nach handelt es sich eher um Einzelfälle, bei denen generell eher eine tiefgehende finanzielle Gesamtanalyse in der Bank erfolgen sollte, um den Weg für den Herbst des Lebens individuell, besonders aber realistisch neu zu ebnen!

Denn gerade in der aktuell grassierenden Inflations- und Wirtschaftskrise kommen zusätzlich die deutlichen Preissteigerungen für Energie, Brennstoffe und weitere Neben- und Lebenshaltungskosten dazu, die das monatlich verfügbare Budget generell und auch aus der Auszahlung einer möglichen Immobilienrente deutlich schmälern würden. Die Kunden müssen diese zusätzlich finanziellen Einschränkungen mit beachten, genauso wie die Entscheidung, ihre Immobilie weiterhin im Alleineigentum zu bewohnen und eventuell zukünftig, bei gestiegenen Rohstoff- und Arbeitskosten, renovieren zu müssen.

Hierbei machen sich die Anbieter der Verrentungsprodukte gerne die restriktiven Bedingungen der ursprünglichen Wohnimmobilienkreditrichtlinie zunutze und stellen den Kunden eine vermeintlich ablehnende Haltung ihrer Bank oder Sparkasse insofern in Aussicht, als diese aufgrund ihres erhöhten Alters die Rückführung voraussichtlich nicht innerhalb der statistischen Lebenserwartung bewerkstelligen können. Der Gesetzgeber hat allerdings im Jahr 2018 im Rahmen der Immobiliar-Kreditwürdigkeitsprüfungsleitlinien-Verordnung (ImmoKWPLV) exakt diese Kritikpunkte aufgegriffen und operativ klargestellt. Bei den innerhalb der Kreditwürdigkeitsprüfung zu berücksichtigenden Faktoren ist unter § 4 aufgeführt:

> Auch in diesem Fall kann die Möglichkeit, dass der Darlehensnehmer während der Vertragslaufzeit verstirbt, unberücksichtigt bleiben, wenn wahrscheinlich ist, dass der Darlehensnehmer zu Lebzeiten den jeweils fälligen Verpflichtungen, die im Zusammenhang mit dem Immobiliar-Verbraucherdarlehensvertrag stehen, voraussichtlich vertragsgemäß nachkommen wird und der Immobilienwert oder der Wert anderer als Sicherheiten dienender Vermögenswerte des Darlehensnehmers hinreichende Gewähr für die Abdeckung der im Zusammenhang mit dem Immobiliar-Verbraucherdarlehensvertrag stehenden Verbindlichkeiten und eventuellen Verwertungskosten bietet.

Die Richtlinie und die aktuellen Herausforderungen zeigen sehr klar, dass gerade auch mit der älteren Kundenklientel ein offenes Gespräch auf Augenhöhe unverzichtbar ist. Hier ist deutlich zu sagen, dass dem Kunden nicht die finanziellen Möglichkeiten verwehrt werden, sondern unter Einbeziehung der Regularien Wege und Möglichkeiten der Finanzierbarkeit seines Vorhabens, wie u. a. auch die energetische Sanierung seines Hauses, aufgezeigt werden.

Im Übrigen kämen die im Vorfeld genannten – nicht verbrauchsabhängigen – Kostensteigerungen analog zukünftig zusätzlich auf die **Anbieter einer Immobilienrente** nach Vertragsschluss zu, was neben der zu tragenden, marktbezogenen Zinssatzerhöhung und der Einpreisung von vermutlichen Risikokostensteigerungen bei der Bankfinanzierung zu einer Verteuerung der Gesamtkosten und einer deutlichen Verringerung der – vor der Krise – kalkulierten Marge führen wird! Gleichzeitig mehren sich die Stimmen, dass die zum Teil sehr euphorischen Preissteigerungserwartungen bei Immobilien auf längere Sicht nicht mehr erfüllt werden, was die Attraktivität des Geschäftsmodells Immobilienrente, unabhängig von einem – aus meiner Sicht – nicht auskömmlichen Kundenbedarf, im Markt weiter deutlich einschränken wird!

Anmerkung des Herausgebers

Prof. Dr. Julius Reiter

Die Ausführungen von Rainer Mellis reflektieren treffend den aktuellen Diskussionsstand. Auf der einen Seite stehen die Immobilieneigentümer mit dem Problem der Kapitalbeschaffung im Alter. Auf der anderen Seite etablieren sich insbesondere auch junge, erst kürzlich gegründete Unternehmen, die mit ihren Geschäftsmodellen eine Bedarfslücke schließen wollen. Neben die Anbieter- und Nachfragerseite tritt eine dritte wichtige Gruppe, bestehend aus Privatinvestoren und Kreditinstituten, die den für die Immobilienkäufe benötigten Kapitalbedarf zur Verfügung stellen. Rainer Mellis weist auf die Gelegenheit für Anbieter hin, über den (neuen) Weg der Immobilienverrentung ein attraktives Immobilienportfolio zusammenzustellen. Insoweit seien die Anbieter spekulativ tätig. Indes sieht Rainer Mellis, im Gegensatz zur Anbieterseite, nicht den breiten Kundenmarkt für Verrentungsmodelle, da Immobilieneigentümer ihre Immobilie im Alter häufig klassisch veräußern oder an die Kinder übertragen würden. Die Geschäftsmodelle selbst müssen Risiken wie Kostensteigerungen oder unerwarteten Preisentwicklungen begegnen, ohne grundlegend an Attraktivität zu verlieren. Insoweit stellt Rainer Mellis Bedarf, Akzeptanz und Wirtschaftlichkeit von Angeboten zur Immobilienverrentung zur Diskussion. Die nachfolgenden Beiträge greifen diese Fragestellung entsprechend auf. Bei der Frage des Bedarfs stehen Alternativprodukte wie klassische Immobiliar-Verbraucherdarlehensverträge oder Immobilienverzehrkredite im Fokus der Betrachtung. Hier allerdings dürfte, was die Angebote an Senioren betrifft, die Bankenseite noch in der Bringschuld sein.

6 Immobilienverrentung: Bedarf und Alternativen

Prof. Dr. Alexander Zureck/Dr. Philippe Krahnhof

Abstract

Nach wie vor erfreuen sich Immobilieninvestments großer Beliebtheit bei deutschen Verbrauchern. Einer der gängigsten Motivationsgründe für den Immobilienerwerb stellt die private Altersvorsorge dar. Häufig werden jedoch hohe laufende Kosten in Form von Instandhaltungs- und Renovierungsaufwendungen außer Acht gelassen, sodass u. U. nicht genügend Liquidität zur Umsetzung derartiger Aufwendungen vorhanden ist. Inwieweit eine Bestandsimmobilie als Baustein der Liquiditätsaufnahme infrage kommt und unter welchen Umständen eine Darlehensaufnahme trotz vorhandener Vermögenswerte nicht umsetzbar ist, hebt der nachfolgende Beitrag hervor. Somit dient er der Unterstreichung etwaiger Bedarfssituationen zur Aufnahme eines Immobilienverrentungsprodukts.

6.1 Einleitung

Der Immobilienerwerb ist für diverse deutsche Haushalte neben der gesetzlichen Rente der relevanteste Baustein der persönlichen Altersvorsorge. Insbesondere in den vergangenen Jahren scheint es, als würden Immobilienpreise stetig steigen. Infolgedessen fühlen sich zahlreiche Verbraucher mit dem Erwerb ihres Immobilienbesitzes bekräftigt. Dieser Trend scheint sich trotz der aktuellen Krisensituation weiter fortzusetzen.

Durch einen Immobilienerwerb können sich Eigentümer kreativ verwirklichen und einen »Platz« für sich schaffen, der die individuellen Ansprüche und die der Familie erfüllt sowie den etwaigen Lebenssituationen gerecht wird. Über die Zeit bauen Immobilienbesitzer eine emotionale Bindung zu ihrer Immobilie auf, sodass ein Verkauf oft bereits aus emotionalen Gründen ausscheidet. Zusätzlich assoziieren diverse Verbraucher auch etwaige Wertsteigerungen mit ihrer Immobilie, weshalb sie davon ausgehen, dass sie im Alter finanziell unabhängiger sind.

Während bei einer fremdvermieteten Immobilie neben etwaigen Wertsteigerungen zusätzlich steuerliche Vorteile wie z. B. Abschreibung oder Ansatz von Fremdkapitalkosten zu berücksichtigen sind, ergibt sich die Rendite der Immobilieninvestition in ein eigengenutztes Objekt maßgeblich durch die Wertsteigerung (vgl. u. a. Jakob/Pitschke, 2020, S. 152 ff.).

Ziel dieses Beitrags ist es, aufzuzeigen, inwieweit sich eine Immobilie als Baustein der persönlichen Altersvorsorge bzw. zur Wertsteigerungsoption eignet, um im Rentenalter finanziell unabhängig zu sein und um sich eigene Wünsche zu erfüllen. Hierbei geht es vordergründig um die eigengenutzte Immobilie und nicht um die Fremdvermietung. Es sollen vor allem Alternativen zu einem klassischen Verkauf der Immobilie aufgezeigt werden. Somit liegt der Fokus auf den sog. Immobilienverrentungsprodukten. Immobilienverrentungsprodukte werden aus Sicht der Verbraucherschützer teilweise als zu teuer, zu risikoreich und zu kompliziert bewertet. Ziel des Beitrags ist es, aufzuzeigen, inwieweit für Immobilieneigentümer im Alter Alternativen existieren, wie etwa klassische Bankprodukte, um an zusätzliches Geld zu kommen. Soweit Alternativen existieren, soll weiterer Gegenstand der Untersuchung sein, ob diese Alternativen seitens der Eigenheimbesitzer überhaupt gewollt sind. Soweit keine Alternativen zur Verfügung stehen oder aber diese nicht gewollt sind, verbliebe das Angebot zur Immobilienverrentung als alternativloses Mittel, das nach Wahl genutzt werden kann.

6.2 Aktuelles Marktumfeld

Ob attraktive finanzielle Wertsteigerungen mit einem Immobilieninvestment zu erzielen sind, hängt ähnlich wie bei anderen Assetklassen unmittelbar mit dem jeweiligen Kauf- und Verkaufszeitpunkt zusammen. Ein möglicher Gewinn oder Verlust bzw. eine Wertsteigerung oder Wertminderung wird in der Regel bereits beim Kauf realisiert.

Emotionale Faktoren bleiben im Folgenden unberücksichtigt. Ein Immobilienerwerb kann immer lohnend sein, wenn es um das Erfüllen subjektiver Werte geht. Hier steht aber eine objektive Betrachtung des Themas im Vordergrund.

Während in den vergangenen Jahren Bieterverfahren oder Kaufpreise, welche stark von fundamentalen Immobilienbewertungen abwichen, den Immobilienmarkt charakterisiert haben, könnte sich nun die Situation am Immobilienmarkt ausgehend von steigenden Zinsen ändern (vgl. u. a. Koetter/Noth, 2022).

Das veränderte Zinsniveau betrifft zunächst Investoren mit einem hohen Fremdkapitalanteil. Fremdkapitalgehebelte Transaktionen, auch als »geleveragte« Geschäfte zu titulieren, werden zunehmend uninteressant, sodass solche Investoren zuerst ihre Projekte stoppen. Nichtsdestotrotz sind nach wie vor ausreichend Investoren mit einer hohen Liquidität im Markt, die sie in den Jahren mit niedrigen Zinsen gebildet haben.

Ausgehend von der Finanzmarktkrise 2007/2008 sowie der anschließenden hohen Verschuldung südeuropäischer Staaten waren sämtliche Märkte mit den Auswirkungen niedriger Zinsen in den Industrieländern konfrontiert (vgl. IDW, 2019). Infolgedessen haben auch deutsche Verbraucher, deren Anlage- und Investitionsverhalten im Wesentlichen als risikoavers charakterisiert werden kann, in risikoreichere Assetklassen investiert (vgl. u. a. Kaiser, 2016). So hat sich beispielsweise die Anzahl der deutschen Aktionäre seit 2020 erhöht (vgl. DAI, 2020).

Dennoch dominieren bei deutschen Haushalten nach wie vor risikoärmere Finanzprodukte wie etwa Versicherungen, Bausparverträge oder Spar- und Sichteinlagen. Der Kapitalmarkt ist eher für jüngere Generationen interessant. Der Erwerb einer eigengenutzten Immobilie ist für viele deutsche Haushalte eine zusätzliche Investition, um an vermeintlichen Wertsteigerungen zu partizipieren und im hohen Alter von einer Mietersparnis zu profitieren. Wie eingangs erwähnt, sind Verkaufszeitpunkt, Marktlage sowie Mikrolage für die langfristige Wertsteigerung, aber auch für einen langfristigen Werterhalt entscheidend (vgl. Arentz, 2020, S. 243–244).

Während niedrige Leitzinsen zu einer erhöhten Immobiliennachfrage geführt haben, ist seit Mitte des Jahres 2022 ein Anstieg der Anzahl der inserierten Immobilien zu beobachten. Zwar befinden sich die derzeitigen Immobilienpreise nach wie vor auf einem stabilem Niveau, dennoch ist bei aktuellen Baufinanzierungskonditionen bei einer Zinsbindung von 10 Jahren von um die 3,5 bis 3,8 Prozent sowie perspektivisch von steigenden Unterhaltskosten und von sinkenden Immobilienpreisen auszugehen. In diesem Zuge wird vom sog. Zinsänderungsrisiko gesprochen (vgl. Arentz, 2020, S. 245 ff. i. V. m. Lerbs, 2020, S. 199 ff.).

Bedeutung des monatlichen Cashflows

Es bedarf jedoch genau dieses monatlichen Cashflows, um auch im Rentenalter den gegenwärtigen Lebensstandard bzw. einen aufs Alter angepassten Lebensstandard aufrechtzuerhalten bzw. entsprechend liquide zu sein. Während viele Verbraucher davon ausgehen, dass eine abbezahlte Immobilie oder andere Vermögensgegenstände im Alter genügen, um auch im Rentenalter ein Darlehen zu erhalten, wird dies von Banken häufig abgelehnt (vgl. u. a. Schürnbrand, 2014).

Im Rahmen des Kreditvergabeprozesses schauen Banken vorrangig auf die laufenden Zahlungseingänge und erst anschließend auf mögliche Kreditsicherheiten, wie zum Beispiel eine abbezahlte Immobilie. Sprich, die Bonität des Kreditnehmers und nicht die zur Verfügung stehenden Sicherheiten sind größtenteils entscheidend. Der klassische Kreditvergabeprozess basiert im Wesentlichen auf vier Prozessschritten:

1. **Antragsprüfung**: Zunächst prüft die Bank das jeweilige Kreditvorhaben. Infolgedessen würde eine Kreditaufnahme zur Begleichung des monatlichen Lebensstandards in der Regel abgelehnt.
   Sofern das Vorhaben plausibel ist und im Einklang mit den institutionsindividuellen Antragsvoraussetzungen wie beispielsweise dem Ausschluss einzelner Kreditvorhaben steht, erfolgt im zweiten Schritt die Kreditwürdigkeitsprüfung.
2. **Kreditwürdigkeitsprüfung** (vgl. u. a. Korczak, 2005, S. 45 ff.): Dieser Prüfungsschritt untergliedert sich in die materielle und immaterielle Kreditwürdigkeitsprüfung. Während für die immaterielle Kreditwürdigkeit die Geschäftsfähigkeit sowie eine ordnungsgemäße Kreditvergangenheit altersunabhängig ist, tangiert die materielle Kreditwürdigkeit mitunter das individuelle Alter des Kreditantragstellers. Ausgehend von der materiellen Kreditwürdigkeitsprüfung bewertet ein Kreditinstitut die Wahrscheinlichkeit eines Kreditausfalls eines

jeweiligen Kreditnehmers. Diese Wahrscheinlichkeit betrifft sowohl einen Teil- als auch den Gesamtausfall des Kreditnehmers.
Bei der Bonitätsprüfung zahlt mitunter der monatliche Unter- bzw. Überschuss auf die Kreditwürdigkeit ein. Infolgedessen kommt es im Falle einer signifikanten Unterdeckung automatisch zu einer Kreditablehnung (vgl. u. a. Noosten, 2021, S. 41 ff.).
3. **Überprüfung der Kreditauszahlungsvoraussetzungen**: Vor der Kreditvalutierung überprüft das jeweilige Institut die vertragsindividuellen Voraussetzungen, ehe der Kredit valutiert wird.
4. **Kreditkontrolle bzw. -überprüfung**: Auch nach der vollständigen Kreditvalutierung überprüft das Kreditinstitut die Bonität des jeweiligen Kreditnehmers. Somit kann dies zur Einleitung etwaiger Maßnahmen führen, sofern sich die Kreditwürdigkeit im Laufe der Darlehenslaufzeit negativ verändert. Diese negative Veränderung geht in den meisten Fällen mit einer Reduzierung laufender monatlicher Zahlungsströme oder einem negativen Eintrag, z. B. bei der SCHUFA, einher.

Wie der obige Prozess darstellt, kommt dem monatlichen Cashflow ein hoher Stellenwert im Zuge der Kreditaufnahme zu. Angesichts dessen genügen Vermögenswerte in der Regel nicht, um ein klassisches Bankdarlehen aufzunehmen (vgl. Haas, 2015). Dennoch gibt es Finanzprodukte, die es Verbrauchern ermöglichen, auf der Grundlage des reinen Immobilienvermögens ein Darlehen zu beantragen. Die sog. Umkehrhypothek ist jedoch in Deutschland bisher noch relativ unbekannt und wird nicht von vielen Anbietern angeboten. Details zur Umkehrhypothek werden im Nachfolgenden aufgezeigt.

6.3 Regulatorische Besonderheiten bei der Kreditvergabe

Um Verbraucher vor Zinsänderungsrisiken zu schützen, wurde im Frühjahr 2016 die Wohnimmobilienkreditrichtlinie eingeführt (vgl. BaFin, 2016). Durch diese Verordnung sind Banken angehalten, ein verstärktes Augenmerk auf die zukünftige Kapitaldienstleistungsfähigkeit zu legen.

In der konkreten Umsetzung fußt dies auf einem umfangreicheren Beratungsgespräch sowie der Analyse des zu erbringenden Kapitaldiensts. Im Rahmen der Kreditvergabe wird seitdem eine fiktive jährliche Annuität unterstellt, die das aktuelle Zinsniveau übersteigt. Hierdurch kann in der Kalkulation ein mögliches Zinsänderungsrisiko berücksichtigt werden. Der Begriff Annuität umfasst die zu zahlenden Zins- und Tilgungsleistungen (vgl. u. a. Noosten, 2021, S. 9).

Durch das historisch niedrige Zinsniveau der vergangenen Jahre war die reale Belastung der Haushalte vergleichsweise niedrig. Bei dem jetzigen Zinsniveau im 10-Jahres-Bereich von mehr als 3 Prozent fällt die Belastung nun häufig höher aus (vgl. u. a. Noosten, 2021, S. 9). Infolgedessen distanzieren sich bereits die ersten Haushalte vom Immobilienkauf. Überdies belastet die hohe Inflation, die maßgeblich auf steigenden Energiekosten sowie Lebensmittelpreisen basiert, die finanziellen Spielräume zahlreicher Haushalte und schränkt die Möglichkeiten der Kreditfinanzierung ein (vgl. Sewing, 2022).

Eine weitere Gefahr stellen Anschlussfinanzierungen dar. Zwar sind die Auswirkungen hier aktuell noch nicht unmittelbar im Markt spürbar, da die meisten Kreditverträge noch mit einer Zinsfestschreibung von mehreren Jahren ausgestattet sind. Allerdings drohen neue Marktbewegungen, wenn diese auslaufen und eine Anschlussfinanzierung aufgrund des höheren Zinsniveaus zu scheitern droht. Aufgrund einer meist 10-jährigen Zinsfestschreibung ist hiermit vor allem ab dem Jahr 2024 zu rechnen (vgl. Deutsche Bank, 2022).

Angesichts der immens ansteigenden Energiekosten bedarf es nun der zwingenden Einreichung des Energieausweises i. S. d. des Gebäudeenergiegesetzes (GEG) bei der Aufnahme eines Immobiliarkredits. Auch dies stellt ein Baustein des Verbraucherschutzes dar, um Verbraucher nicht nur vor Zinsänderungsrisiken, sondern auch vor hohen laufenden Kosten zu schützen bzw. darüber zu informieren. Gleichwohl führen u. a. diese regulatorischen Bestimmungen zu einer restriktiveren Kreditvergabe, ausgehend von einer konsequenten Überprüfung der jetzigen und zukünftigen Kreditfähigkeit der jeweiligen Schuldner.

Zusätzlich spielt das Alter der Kreditnehmer bei der Darlehensaufnahme eine wesentliche Rolle. So stehen ältere Verbraucher beim Immobilienerwerb vor der Herausforderung, dass die zu erwerbende Immobilie in der Regel bis zum Renteneintritt abzubezahlen ist. Sprich, je kürzer die noch verbleibende Dauer der Erwerbstätigkeit, desto höher die Tilgungsleistung und somit die monatliche Belastung. Auch wenn diese Aussage nicht zu pauschalisieren ist, sollten Verbraucher im Zuge des Erwerbs einer privat genutzten Immobilie vorrangig eine frühzeitige Finanzierung anstreben.

Mit Blick auf diese regulatorischen sowie makroökonomischen Entwicklungen ist davon auszugehen, dass sich in der nächsten Zeit Immobilieneigentümer von Bestandsimmobilien trennen werden, um die aktuell noch hohen Verkaufspreise zu realisieren. Schlussendlich führt dies zu einem zahlenmäßigen Anstieg der zu verkaufenden Immobilien. Kombiniert mit der dargestellten Kreditvergabe ist zukünftig von einer Immobilienpreisreduktion auszugehen. Somit unterstreicht die aktuelle Entwicklung, dass eine eigengenutzte Immobilie nicht zwingend zum Werterhalt bzw. zur Werterhöhung beiträgt, sofern bei der Veräußerung ein kurzfristiger Verkaufsdruck besteht (vgl. Hintze, 2019, S. 155).

Doch auf welche alternativen Möglichkeiten können Verbraucher zurückgreifen, um kurzfristig Liquidität aufzunehmen?

6.4 Veräußerungsmöglichkeiten sowie deren Vor- und Nachteile

6.4.1 Klassisches Bankdarlehen

Selbstverständlich bietet es sich an, Vermögenswerte wie beispielsweise eine Immobilie bei einem Kredit als Sicherheit zu nutzen. Hierbei ist jedoch zu berücksichtigen, dass Sicherheitswerte im Kreditvergabeprozess zweitrangig sind.

Vorrangig beruht die Kreditvergabe auf der nachhaltigen monatlichen Liquidität. Somit dienen Kreditsicherheiten weitestgehend zur Gewährung einer geringeren Tilgungsleistung, jedoch nicht zur Begleichung eines Darlehens.

Bei dem Immobilienkauf ist zu berücksichtigen, dass mit einem derartigen Investment auch laufende Kosten verbunden sind. Zwar bedeuten laufende Gebühren wie zum Beispiel die Grundbesitzabgaben eine geringe Belastung, dennoch sind sie bei einem Immobilienkauf zu berücksichtigen. Eine höhere und zum Großteil unbekannte Aufwandssumme stellen Reparatur- sowie Instandhaltungskosten dar. So belaufen sich die Instandhaltungskosten während der Nutzungsdauer in der Regel auf rund ein Viertel der Gesamtkosten (vgl. Arentz, 2020, S. 237). Zwar gibt es praxisorientierte Faustregeln, die eine monatliche Rücklagenbildung in Höhe von 1 Euro pro Quadratmeter vorschlagen (vgl. Verband privater Bauherren, 2014), dennoch sind dies nur Indikationen und sie sind abhängig von den jeweilig anfallenden Leistungen. In den vergangenen Jahren haben sich auch die Rohstoff- sowie Handwerkerkosten deutlich erhöht, sodass zahlreiche Haushalte von Renovierungsmaßnahmen absehen bzw. einen Renovierungskredit in Anspruch nehmen.

Da in der Regel derartige Reparaturen mit einem zunehmenden Alter der Immobilie einhergehen, fallen diese Aufwendungen häufig im Rentenalter an. Dabei ist kritisch zu berücksichtigen, dass insbesondere im Rentenalter die monatlichen Zahlungseingänge, verglichen mit denen der Erwerbstätigkeit, geringer ausfallen. Infolgedessen stehen viele Immobilienbesitzer vor der Herausforderung der Finanzierung solcher Kosten. Reparaturaufwendungen können zum Verzehr der Ersparnisse im Rentenalter führen, sodass geplante Reisen oder auch die finanzielle Unterstützung von Familienangehörigen nicht mehr umsetzbar sind. In einzelnen Fällen kann dies zur Verschlechterung des Immobilienzustands infolge von nicht durchgeführten Reparaturen oder zum erzwungenen Verkauf der Bestandsimmobilie führen. Darüber hinaus kann, wie bereits erörtert, der kurzfristige Kapitalbedarf und/oder ein ungünstiger Verkaufszeitpunkt zu geringeren Verkaufserlösen führen.

6.4.2 Verkauf innerhalb der Familie

Daher sind manche Immobilienbesitzer vorrangig an einem Verkauf innerhalb der Familie, etwa an die Kinder, interessiert und präferieren dies gegenüber einem Verkauf an Dritte (vgl.

u. a. Kommer, 2022). Hier können sich jedoch Umsetzungsherausforderungen ergeben. Häufig kommt es zu Streitigkeiten zwischen mehreren (Enkel-)Kindern oder weiteren Verwandten. So muss beispielsweise geklärt werden, wer von den Erben zum Kauf der Immobilie berechtigt ist bzw. wie der Ausgleich der anderen Erben erfolgt. Auch kann der Verkaufspreis, den der Veräußernde erzielen möchte, von dem abweichen, den der Käufer zu zahlen bereit ist. Deshalb wollen zahlreiche Immobilienbesitzer ihre Bestandsimmobilie lieber nicht an die eigenen Kinder veräußern, um vermeintlichen oder tatsächlichen Liquiditätsengpässen zu begegnen.

Überdies sind Familienangehörige nicht unbedingt am Immobilienerwerb interessiert, wenn sie aufgrund beruflicher Verpflichtungen weggezogen sind und eine Fremdvermietung aufgrund des zeitlichen Aufwands sowie der Entfernung nicht infrage kommt.

Positiv schlägt bei dem Verkauf einer Immobilie an (Enkel-)Kinder zu Buche, dass keine Grunderwerbsteuer zu bezahlen ist. Zudem sind etwaige Mängel sowie das Umfeld der Bestandsimmobilie den Käufern bereits bekannt, sodass sich im Gegensatz zu einem anderen Immobilienkauf etwaige Informationsasymmetrien reduzieren (vgl. u. a. Verband Wohneigentum).

Aus Verkäufersicht fallen bei einer Veräußerung innerhalb der Familie die Verkaufsgebühren durch den Wegfall von Maklern und der zeitliche Aufwand durch die nicht notwendigen Besichtigungstermine geringer aus.

6.4.3 Verkauf an Dritte

Im Gegensatz dazu ist bei einem Verkauf an Dritte zunächst zu entscheiden, ob der Verkauf eigenständig oder durch einen Makler abgewickelt werden soll.

Während bei einem Maklervertrag abhängig vom Bundesland bis zu 7,14 Prozent des Verkaufserlöses an Provision anfallen kann (vgl. u. a. finanz-tools, o.J.), ist beim Verkauf in Eigenregie insbesondere der zeitliche Aufwand zu berücksichtigen (vgl. Wurzel, 2021). Die Maklerprovision ist in der Regel durch den Verkäufer und den Käufer hälftig zu begleichen. Die Verteilung sowie die Höhe der Provision kann jedoch nach Vertrag variieren. Die Vorteile der Hinzuziehung eines Maklers sind dessen Verkaufserfahrung sowie das vorhandene Netzwerk. So wird eine zu verkaufende Immobilie häufig zunächst den Bestandskunden des Maklers angeboten, ehe die Immobilie auf der Maklerhomepage oder auf gängigen Immobilienplattformen inseriert wird. Dies führt zu einer zeitlich effizienteren Verkaufsabwicklung.

Im Rahmen des Verkaufs sind vor allem die Unterlagenbereitstellung, die Beantwortung der Fragen potenzieller Käufer sowie durchzuführende Besichtigungstermine mit einem hohen zeitlichen Aufwand verbunden. Um einerseits diesen zeitlichen Aufwand zu reduzieren und andererseits im Zuge des Immobilienverkaufs auf Fachexpertise zurückzugreifen können, beauftragen zahlreiche Verkäufer ein Maklerbüro. Statistiken zeigen, dass der Branchenumsatz der vermittelten Immobilien an Dritte durch Makler von aktuell rund 14,31 Milliarden Euro bis 2025 auf 15,15 Milliarden Euro ansteigen wird (vgl. Statistisches Bundesamt, 2021).

Im Vergleich zum Verkauf innerhalb der Familie ist der zeitliche Aufwand beim Verkauf an Dritte in der Regel größer. Zusätzlich kann der Verkaufserlös durch die vom Verkäufer zu zahlende Grunderwerbsteuer (vgl. u. a. immoverkauf24, 2022) zuzüglich möglicherweise anfallender Maklerprovisionen geringer ausfallen. Daher ist in den meisten Fällen ein Verkauf innerhalb der Familie zur Generierung kurzfristiger Liquidität zu präferieren.

6.5 Alternativen zum Immobilienverkauf

Neben den klassischen Verkaufsmöglichkeiten können Immobilieneigentümer auch auf Immobilienverrentungsprodukte zurückgreifen. Zur Generierung kurzfristiger Liquidität käme sowohl ein Immobilienteilverkauf als auch eine Umkehrhypothek infrage.

6.5.1 Teilverkauf

Beim ersten Produkt wird ein Teil der Immobilie an die Bank bzw. an den Anbieter verkauft. Im Gegenzug erhält der Verkäufer ein monatliches Nutzungsentgelt, das je nach Immobilienart, -zustand und -lage sowie je nach Anbieter zwischen 3 und 4 Prozent p. a. des Auszahlungsbetrags beträgt. Die Zahlungen werden in der Regel monatlich beglichen. Neben dem Erhalt der Liquidität haben die Immobilieneigentümer nach wie vor die Möglichkeit des mietfreien Wohnens.

Das Risiko zukünftiger Instandhaltungsaufwendungen für den Immobilieneigentümer wird dahingehend reduziert, dass derartige Aufwendungen gemeinsam mit der Bank getragen werden. Daher eignet sich ein Immobilienteilverkauf maßgeblich für Personen, die kurzfristig Liquidität benötigen, jedoch aufgrund geringer monatlicher Zahlungseingänge nicht auf einen klassischen Bankkredit zurückgreifen können und darüber hinaus in der Regel nicht über alternative Vermögenswerte verfügen, die zeitnah liquidierbar sind.

Aus Bankensicht beziehungsweise aus Sicht des jeweiligen Anbieters besteht der Vorteil des Immobilienteilverkaufs darin, dass er anteilig an einer möglichen Wertentwicklung partizipiert. Da Anbieter eines Immobilienteilverkaufs eine hohe Marktexpertise vorweisen können, können ausgehend von der prozentualen Beteiligung an den Wertsteigerungen attraktive Renditen erwirtschaftet werden. Die meisten Anbieter ermöglichen es dem Immobilieneigentümer, ein Vorkaufsrecht für die jeweiligen Erben einzuräumen. Hierdurch kann sichergestellt werden, dass, sofern Interesse an einem Erwerb besteht, dies durch den Teilverkauf nicht konterkariert wird. Zusätzlich besteht aus Sicht der potenziellen Erben die Möglichkeit, die Immobilie nach

Erhalt vollständig an die Gegenpartei zu veräußern. Folglich ist ein weiterer Vorteil aus Anbietersicht der Erhalt attraktiver Immobilien, die zukünftig gewinnbringend veräußert werden können. Gleichzeitig besteht die Möglichkeit, frühzeitig potenzielle Käufer zu akquirieren.

Die Frage, ob die Nutzung eines Teilverkaufs aus Verkäufersicht vor- oder nachteilhaft ist, kann nicht pauschal beantwortet werden. Kritiker führen an, dass das monatliche Nutzungsentgelt zu gering ausfällt, da die Bewertung des Teileigentums stets mit Bewertungsabschlägen einhergeht. Dies geht jedoch unmittelbar mit der Dauer des Nutzungsentgelts einher. Ähnlich wie bei einer Leibrente ist die Zahlungsverpflichtung nämlich nicht an eine zuvor definierte Dauer, sondern an die Lebzeit des Verkäufers gekoppelt. Infolgedessen kann die Summe des zu leistenden Nutzungsentgelts den rechnerischen Immobilienwert des prozentualen Anteils übersteigen. Dies stellt dementsprechend aus Käufersicht den potenziell größten Nachteil des Immobilienteilverkaufs dar.

Folglich ist zu unterstreichen, dass sich der Immobilienteilkauf vorrangig für Personen eignet, die zeitnah Liquidität zur Begleichung etwaiger Verbindlichkeiten benötigen sowie auf andere Finanzierungsquellen aufgrund geringer monatlicher Zahlungseingänge nicht zurückgreifen können. Hierzu zählen u. a. Pensionäre, Rentner, erwerbslose wohlhabende Privatkunden oder auch Personen, die ihre Bestandsimmobilie nicht vererben wollen (zu den Details des Teilverkaufs siehe u. a. Krahnhof/Marotta, 2022). Ebenso eignet sich dieses Produkt für Immobilien, die u. a. aufgrund ihrer Lage nur mit großem zeitlichen Aufwand zu veräußern sind.

6.5.2 Umkehrhypothek

Ein im Grundkonstrukt sehr ähnliches Finanzprodukt ist die Umkehrhypothek. Hierbei dient die verbriefte Grundschuld als Sicherheit für einen Kredit. Im Gegensatz zu einer klassischen Hypothek bzw. zu einem Darlehen erfolgen jedoch keine monatlichen Zins- und Tilgungsleistungen. Die Rückzahlung erfolgt durch den Verkaufserlös bei Ableben der Immobilieneigentümer oder alternativ zum Zeitpunkt des Immobilienverkaufs.

Analog dem Teilverkauf erhalten die Eigentümer ein lebenslanges Wohnrecht (vgl. Lang, 2008), und es besteht wie bei dem zuvor skizzierten Finanzprodukt die Möglichkeit, dass die Erben ein Vorkaufsrecht erhalten. Infolgedessen sind die Vorteile dieses Finanzprodukts zum Großteil identisch mit denen des oben genannten. Zusätzlich wird kein Immobilienanteil veräußert, sodass etwaige Wertsteigerungen nicht weitergegeben werden. Hierbei ist jedoch zu berücksichtigen, dass der Eigentümer sämtliche zukünftig anfallende Instandhaltungskosten selbst trägt (vgl. Westerheide, 2017, S. 505 ff.).

Je nach Objekt ist mit Immobilienbewertungsabschlägen von 40 bis 60 Prozent zu rechnen, sodass der Wert der Umkehrhypothek deutlich unterhalb des Marktwerts liegt (vgl. Jakob/Pitschke, 2020, S. 158 f.). Trotz dieses Abschlages eignet sich eine Umkehrhypothek für Privatpersonen, die kurzfristig Liquidität benötigen und nicht genügend monatliche Liquidität für die Zahlung der Kreditannuität vorweisen können und daher kein klassisches Bankdarlehen erhalten. Somit ist eine Umkehrhypothek auch für die Personenkreise, die bereits im Kontext des Immobilienteilverkaufs angesprochen wurden, von Interesse.

6.5.3 Erbbaurecht

Sofern Verbraucher ein Grundstück besitzen, wäre auch das Erbbaurecht interessant. Große Vorteile hierbei sind einerseits die Einräumung des Wohnrechts für den Immobilien- bzw. Grundstückseigentümer sowie der Erhalt einer Erbpacht, die vom Erbbaurechtnehmer bezahlt wird. Außerdem handelt es sich beim Erbbaurecht um ein bereits seit Langem in Deutschland etabliertes Finanzprodukt (vgl. Verbraucherzentrale, 2021, S. 23 i.V.m. Deutscher Bundestag, 2021).

Trotz dieser Vorteile aus Sicht des Erbbaurechtgebers ist mit dem Erbbaurecht ein entscheidender Nachteil verbunden: Nicht für jede Immobilienart kann das Erbbaurecht genutzt werden. Eigentumswohnungen sind beispielsweise kategorisch ausgenommen (vgl. Verbraucherzentrale, 2021, S. 23 ff.).

6.5.4 Realteilung eines Gebäudes

Im Falle des Besitzes eines großen Gebäudes mit ausreichender Wohnfläche kann eine Realteilung dieser Immobilie infrage kommen. Die Voraussetzungen hierfür sind, dass die Immobilie über mehrere abgeschlossene Wohneinheiten verfügt sowie dass der Bebauungsplan mehrere Wohneinheiten auf demselben Grundstück nicht ausschließt.

6.5.5 Realteilung eines Grundstücks

Diese Alternative setzt einerseits ein großes Grundstück voraus, die in Ballungsgebieten weniger oft vorhanden sind. Zusätzlich müssen geltende Baurechte auch nach der Teilung eingehalten werden. Beispielsweise kann die Einhaltung von Erschließungswegen dazu führen, dass eine Realteilung des Grundstücks nicht in Betracht kommt (vgl. Verbraucherzentrale, 2021, S. 23 f.)

Aus Verbrauchersicht ist jedoch bei der Realteilung sowohl des Gebäudes als auch des Grundstücks zu beachten, dass u. U. die Ruhe durch die neuen Mitbewohner gestört und die nahezu uneingeschränkte Flexibilität bei der Nutzung der Immobilie bzw. des Grundstücks gemindert wird.

6.6 Fazit und Ausblick

Wie der Beitrag hervorhebt, kann eine eigengenutzte Immobilie u. U. ein sinnvoller Bestandteil der privaten Altersvorsorge darstellen. Neben der gängigen Option des Immobilienverkaufs können vor allem die Umkehrhypothek und der Teilverkauf eine Alternative im Kontext einer Immobilienverrentung und Generierung von Liquidität darstellen.

Gleichwohl ist zu unterstreichen, dass die Vorteilhaftigkeit dieser beider Finanzprodukte maßgeblich von der individuellen Situation der Immobilieneigentümer abhängt. So eignen sich beide Produkte insbesondere für Personengruppen, die alternative Finanzierungsquellen bzw. Verkaufsmöglichkeiten nicht nutzen wollen oder können. Das Wollen ist oftmals emotional begründet. Bei einem Immobilienverkauf innerhalb der Familie ist insbesondere die psychologische Komponente eines Verkaufs bei der Evaluierung der Verkaufsoptionen kritisch zu berücksichtigen, da diverse private Haushalte hinsichtlich einer finanziellen Unterstützung ungern auf Kinder oder andere Familienangehörige zugehen.

So kann vor allem ein geringer monatlicher finanzieller Spielraum zur Inanspruchnahme des Teilverkaufs oder der Umkehrhypothek führen. Neben Personen im Rentenalter verfügen auch Elternteile, die sich auf die Kindererziehung fokussieren, in der Regel über ein geringeres monatliches Einkommen. Dieser Liquiditätsengpass kann gegebenenfalls durch ein hohes Einkommen des Partners kompensiert werden. Entfällt jedoch das Einkommen eines Partners, genügt die monatliche Liquidität in den meisten Fällen lediglich zur Begleichung der monatlichen Kosten, jedoch nicht zur Deckung unerwarteter Kosten wie etwa für ein neues Auto, Reparaturen oder mögliche Instandhaltungsaufwendungen für die eigene Immobilie. Für diesen Personenkreis können die skizzierten Alternativen zur Liquidierung des Eigenheims daher eine sinnvolle Option darstellen.

Verbrauchern, die keinen kurzfristigen Liquiditätsbedarf oder keine emotionale Bindung zu ihrer Immobilie haben, ist ein Immobilienverkauf oder die Aufnahme eines Bankdarlehens bei vorhandener Bonität anzuraten, da die Verkaufserlöse aufgrund der unveränderten Eigentümerverhältnisse, verglichen mit den dargestellten Finanzprodukten, höher ausfallen, und die Flexibilität grundsätzlich höher ist.

Quellenverzeichnis

Arentz, O. (2020): Sicherung des Alterskonsums durch Wohneigentum. In: Depenhauer, O./Hertzsch, E./Voigtländer, M. (Hrsg.), Wohneigentum für breite Schichten der Bevölkerung. Wiesbaden, S. 233–254.

BaFin (2016): Wohnimmobilienkreditrichtlinie, abrufbar unter www.bafin.de (zuletzt abgerufen am 19.07.2022).

DAI (2021): Deutschland und die Aktie. Eine neue Liebesgeschichte? Abrufbar unter https://www.dai.de/fileadmin/user_upload/210225_Aktionaerszahlen_2020.pdf (zuletzt abgerufen am 09.09.2021).

Deutsche Bank (2022): Infodienst: Zinswende 2022, abrufbar unter www.deutsche-bank.de (zuletzt abgerufen am 01.08.2022).

Deutscher Bundestag (2021): Die Gestaltung von Erbbauzinsvereinbarungen auf kommunalen Grundstücken, abrufbar unter https://www.bundestag.de/resource/blob/826082/20d475984e1252b3b0184dd32c1ca2cd/WD-7-006-21-pdf-data.pdf (zuletzt abgerufen am 01.08.2022).

finanz-tools (o.J.): Grunderwerbsteuer Bundesländer, abrufbar unter www.finanz-tools.de. (zuletzt abgerufen am 19.07.2022).

Hintze, C. (2019): Finanz-Petits-Fours. So erreichen (nicht nur) Frauen Wohlstand und finanzielle Freiheit. Wiesbaden.

IDW (2019): Zunahme der Staatsverschuldung und mögliche Auswirkungen auf den Finanzsektor. Düsseldorf.

immoverkauf24 (2022): Grunderwerbsteuer 2022: Höhe, Fälligkeit & Online-Rechner, abrufbar unter www.immoverkauf24.de (zuletzt abgerufen am 19.07.2022).

Jakob, R./Pitschke, C. (2020): Immobilien in der Ruhestandsplanung. In: Schiereck, D./Ruß, J./Tilmes, R./Haupt, T. (Hrsg.), Ruhestandsplanung – Beratungsansatz für die Zielgruppe 50plus. Wiesbaden, S. 149–169.

Kaiser, H. (2016): Investieren im Zeitalter exzessiver Staatsschulden, ultraexpansiver Geldpolitik und zunehmender Schuldenschnitte. Norderstedt.

Koetter, M./Noth, F. (2022): Aktuelle Trends: Immobilienpreise in Deutschland steigen seit Pandemiebeginn im EU-Vergleich am stärksten. In: Wirtschaft im Wandel, Jg. 28, Nr. 1, S. 4–5.

Kommer, G. (2022): Immobilien – Kauf und Finanzierung für Selbstnutzer: Geld sparen und Fehler vermeiden beim Kauf der eigenen vier Wände. Frankfurt am Main.

Korczak, D. (2005): Verantwortungsvolle Kreditvergabe. GF Forschungsgruppe, Institut für Grundlagen- und Programmforschung. Bernau.

Krahnhof, P./Marotta, G. (2022): Immobilienverrentung: Innovativer Baustein für die private Altersvorsorge. In: Die Bank, Nr. 5, S. 14–17.

Lang, G. (2008): Reverse Mortgage als Alterssicherungsinstrument in Deutschland. Baden-Baden.

Lerbs, O. (2020): Immobilienfinanzierung und Finanzmarktstabilität. In: Depenhauer, O./Hertzsch, E./Voigtländer, M. (Hrsg.), Wohneigentum für breite Schichten der Bevölkerung. Wiesbaden, S. 199–212.

Noosten, D. (2021): Die private Bau- und Immobilienfinanzierung: Eine Einführung für Planer und Anbieter von Bauleistungen. 2. Aufl., Wiesbaden.

Schürnbrand, J. (2022): Die Richtlinie über Wohnimmobilienkreditverträge für Verbraucher. Zeitschrift für Bankrecht und Bankwirtschaft, Vol. 26, No. 3, 2014, S. 168–178. https://doi.org/10.15375/zbb-2014-0302.

Sewing, C. (2022): Presse-Statement von Christian Sewing anlässlich der Vorstandssitzung des Bankenverbandes, abrufbar unter www.bankenverband.de (zuletzt abgerufen am 01.08.2022).

Statistisches Bundesamt (2021): Umsatz der Branche Vermietung, Verpachtung von Immobilien in Deutschland von 2012 bis 2019 und Prognose bis zum Jahr 2025 (in Milliarden Euro) [Graph]. https://de.statista.com/prognosen/925093/vermietung-verpachtung-von-immobilien-umsatz-in-deutschland (zuletzt abgerufen am 29.08.2023).

Statistisches Bundesamt (2019): Umsatz der Branche Vermittlung von Immobilien für Dritte in Deutschland von 2012 bis 2019 und Prognose bis zum Jahr 2025 (in Milliarden Euro), abrufbar unter www.statista.com (zuletzt abgerufen am 20.07.2022).

Verband privater Bauherren (2014): Denken Sie eigentlich an die Rücklagen? Abrufbar unter www.vpb.de (zuletzt abgerufen am 28.07.2020).

Verband Wohneigentum (o.J.): Keine Grunderwerbsteuer bei Verkäufen innerhalb der Familie? Abrufbar unter www.wohneigentum.nrw (zuletzt abgerufen am 04.08.2022).

Verbraucherzentrale (2021). Immobilienverrentung: Umkehrdarlehen – Leibrente – Teilverkauf. eBook Verbraucherzentrale.

Westerheide, P. (2017): Immobilien und Altersvorsorge. In: Rottke, N. B./Voigtländer, M. (Hrsg.), Immobilienwirtschaftslehre – Ökonomie. Wiesbaden, S. 493–510.

Wurzel, R. (2021): Privat Immobilien verkaufen. In acht Schritten zum erfolgreichen Notartermin. Wiesbaden.

7 Warum gibt es in Deutschland keinen Markt für Umkehrhypotheken? – Hemmnisse auf Angebots- und Nachfrageseite und potenzielle Marktgröße[1]

Dr. Karolin Kirschenmann

Abstract

Ausreichend Kapital für die Altersvorsorge aufzubauen, ist für private Haushalte oft eine Herausforderung. Eigentümer von Immobilien haben dabei die Möglichkeit, mittels sog. Immobilienverzehrprodukte wie Umkehrhypothek oder Leibrente Alterseinkommen aus illiquidem Immobilienvermögen zu generieren. Allerdings ist in Deutschland der Markt für Umkehrhypotheken quasi nicht existent. In diesem Kapitel werden die Gründe für das Fehlen eines solchen Markts beleuchtet und die potenzielle Marktgröße geschätzt und erörtert. Dazu werden Daten aus Umfragen unter Finanzmarktexperten und -expertinnen und Haushalten wie auch Informationen aus ausführlichen Telefoninterviews mit (ehemaligen) Anbietern von Immobilienverzehrprodukten ausgewertet. Auf der Anbieterseite spielen insbesondere Langlebigkeits-, Verwertungs-, Reputations- und Rechtsrisiken eine wichtige Rolle. Auf der Nachfrageseite sind die Hemmnisse vielfältig und hängen u. a. mit der emotionalen Bindung an das Eigenheim, der Komplexität der Produkte und mangelndem Vertrauen in potenzielle Anbieter zusammen. Nichtsdestotrotz ist Wachstumspotenzial für den Markt für Immobilienverzehrprodukte vorhanden. Ein regulatorischer Rahmen für Umkehrhypotheken im Speziellen und Immobilienverzehrprodukte im Allgemeinen erscheint dabei sinnvoll.

7.1 Einleitung

Die Herausforderungen, die mit dem demografischen Wandel einhergehen, haben viele europäische Volkswirtschaften dazu veranlasst, ihre Rentensysteme zu reformieren, indem sie ihre umlagefinanzierten Rentensysteme mit privaten, kapitalgedeckten Altersvorsorgeprodukten ergänzen. Für private Haushalte kann es jedoch schwierig sein, ausreichend Kapital für die Altersvorsorge aufzubauen. Eine mögliche Lösung ist der Kauf einer Immobilie. Immobilienvermögen ist wegen seiner Illiquidität allerdings nur schwer für den täglichen Konsum zu verwenden, da ein Verkauf des Hauses und der Umzug in eine günstigere Eigentumswohnung oder

---

1 Dieses Kapitel basiert weitgehend auf Bartsch et al. (2021).

eine Mietwohnung von Immobilieneigentümern und -eigentümerinnen oft nicht gewünscht wird und Transaktionskosten (z. B. Transaktionssteuern) verursacht. Um im Alter Einkünfte aus illiquidem Immobilienvermögen zu generieren, bieten sich Produkte zur Kapitalfreisetzung, sog. Immobilienverzehrprodukte, an. So zum Beispiel Umkehrhypotheken, die vor allem in den USA und Großbritannien populär sind. In Deutschland hingegen waren 2015 nur 200 Umkehrhypotheken auf dem Markt (Ben-Shlomo, 2015). Derzeit gibt es keinen großen Anbieter von Umkehrhypotheken mehr.

Immobilienverzehrprodukte sind Finanzinstrumente, die es älteren Immobilieneigentümern und -eigentümerinnen ermöglichen, illiquides Vermögen, das in ihren Immobilien gebunden ist, in einen regelmäßigen Zahlungsstrom oder eine Einmalzahlung umzuwandeln. Bei einer Umkehrhypothek nehmen Senioren und Seniorinnen bei einer Bank ein Darlehen auf, das monatlich oder als Einmalzahlung ausbezahlt wird. Als Sicherheit dient die Immobilie. Im Gegensatz zu einer klassischen Hypothek wird der Kredit erst zurückgezahlt, wenn der Kreditnehmer/die Kreditnehmerin stirbt oder endgültig auszieht. Die Senioren bzw. Seniorinnen bleiben dabei verantwortlich für die Instandhaltung. Daneben ist die Leibrente ein gängiges Immobilienverzehrprodukt. Hier verkaufen Senioren bzw. Seniorinnen ihr Eigenheim gegen ein lebenslanges Wohnrecht und eine lebenslange oder begrenzte monatliche Rente.

7.2 Versuche, Umkehrhypotheken in Deutschland zu etablieren

Bereits 2006 berieten der Deutsche Sparkassen- und Giroverband (DSGV) und der Bundesverband Öffentlicher Banken Deutschlands (VÖB) über die Einführung eines Umkehrhypothekenprodukts, verwarfen diese Idee aber letztlich. 2009 bot die Deutsche Kredit Bank (DKB) in Kooperation mit der Immokasse erstmals ein Umkehrhypothekenprodukt deutschlandweit an. Das Produkt war mit einer Reihe von Bedingungen und Einschränkungen verbunden: Kreditnehmer und -nehmerinnen mussten mindestens 65 Jahre alt sein, die maximale Höhe eines Darlehens wurde auf 35 Prozent des aktuellen Verkehrswerts der Immobilie begrenzt, die Verzinsung wurde auf 6,9 Prozent festgelegt und die Kreditnehmer und -nehmerinnen erhielten eine Einmalzahlung. Gleichzeitig schützte die DKB die Kreditnehmer und -nehmerinnen jedoch vor Überschuldung. Die Immokasse meldete 2013 Insolvenz an und die DKB verließ den Markt, nachdem sie nur etwa 100 Verträge geschlossen hatte.

Die Investitionsbank Schleswig-Holstein, eine öffentlich-rechtliche Bank, begann 2010 damit, Umkehrhypotheken anzubieten, die denen der DKB ähnlich waren. Allerdings konnten Kreditnehmer und -nehmerinnen hier zwischen einer Einmalzahlung, einer monatlichen Rente oder einer Kombination aus beiden wählen. Außerdem hafteten die Kreditnehmer und -nehmerinnen mit ihrem Gesamtvermögen für die Rückzahlung des Kredits. Mit einem Effektivzins von rund 10 Prozent wurde besonders dieses Umkehrhypothekenprodukt als sehr teuer empfunden (Ben-Shlomo, 2015). Bis zum Marktaustritt im Jahr 2013 verkaufte die Investitionsbank Schleswig-Holstein 44 Umkehrhypotheken.

Ab 2011 bot die Versicherungsgesellschaft R+V ein Umkehrhypothekenprodukt an. Das Darlehen selbst wurde aufgeteilt in mehrere Zahlungsströme. Ein Teil davon ging direkt an den Kreditnehmer/die Kreditnehmerin als Einmalzahlung oder monatliche Rente. Der Rest floss in zwei Rentensparkonten und eine Restschuldversicherung. So wurde den Kreditnehmern und -nehmerinnen ein lebenslanger Zahlungsstrom garantiert und sie waren vor Überschuldung geschützt. Potenzielle Kreditnehmer und -nehmerinnen mussten zwischen 65 und 80 Jahre alt sein und über schuldenfreies Immobilieneigentum mit einem Mindestverkehrswert von 250.000 Euro verfügen. Obwohl das Produkt nominell bundesweit angeboten wurde, war es daher fast ausschließlich in Metropolregionen verfügbar. Wegen mangelnder Nachfrage nahm R+V das Produkt 2015 schließlich vom Markt (Versicherungsbote, 2016). Stand heute existiert kein großer bundesweiter Anbieter von Umkehrhypotheken.[2]

7.3 Hemmnisse auf der Angebots- und Nachfrageseite

Um die Gründe für das weitgehende Fehlen eines Umkehrhypothekenmarkts in Deutschland zu beurteilen, werden im Folgenden die Erkenntnisse aus (i) ausführlichen Telefoninterviews mit zwei Anbietern von Leibrentenprodukten (Deutsche Leibrenten Grundbesitz AG und Stiftung Liebenau) und einem früheren Anbieter eines Umkehrhypothekenprodukts, (ii) einer Befragung von Finanzmarktexperten und -expertinnen im Rahmen des Finanzmarkttests des Leibniz-Zentrums für Europäische Wirtschaftsforschung Mannheim (ZEW) sowie (iii) einer repräsentativen Haushaltsbefragung durch das ZEW dargestellt.

7.3.1 Telefoninterviews

Die Interviews zeigen, dass bei der Einführung eines Umkehrhypothekenprodukts besonders Langlebigkeits-, Verwertungs-, Reputations- und Rechtsrisiken eine wichtige Rolle spielen. Das Management dieser Risiken war offensichtlich nicht trivial und trug zu relativ komplexen und teuren Produkten bei, die dann für potenzielle Kunden und Kundinnen wenig attraktiv waren.

Langlebigkeitsrisiken sind bei Umkehrhypotheken besonders problematisch, da die Höhe des Darlehens über die Laufzeit ansteigt. Theoretisch ist dieses Risiko mittels Verbriefung oder Rückversicherung zu managen, in der Praxis scheint dies jedoch wegen hoher Kosten und unvollständiger Wertpapiermärkte schwierig zu sein (Denuit/Devolder/Goderniaux, 2007; Lang, 2008). In der Praxis begrenzte beispielsweise die DKB daher das Risiko der Langlebigkeit durch die Auszahlung eines Festdarlehens. Die Umkehrhypothek der R+V wiederum beinhaltete eine Rentenversicherung, in die ein Teil des Kreditbetrags floss und die die monatlichen Zahlungen übernahm, wenn die Kreditgrenze erreicht war. Bei der Investitionsbank Schleswig-Holstein

2 Es gibt jedoch vereinzelte regionale Anbieter. Zudem scheinen sich gerade Sparkassen und Genossenschaftsbanken wieder vermehrt mit der Einführung eines Umkehrhypothekenprodukts zu beschäftigen.

hafteten die Kunden und Kundinnen mit ihrem Gesamtvermögen und nicht nur mit der Immobilie für die Rückzahlung des Kredits.

Auch **Verwertungsrisiken** spielen für Umkehrhypothekenanbieter wegen der langen Laufzeit der Umkehrhypothekenverträge und des Anstiegs der ausstehenden Schulden im Laufe der Zeit eine wichtige Rolle. Die Interviews ergaben, dass Verwertungsrisiken am besten mittels einer Restschuldversicherung zu managen sind, die jedoch nur bei einem fixen Kreditbetrag sinnvoll ist. Die Lösung der R+V bestand darin, einen maximalen Kreditbetrag zu fixieren, diesen teilweise in eine Rentenversicherung einzuzahlen, um eine lebenslange monatliche Rente sicherzustellen, und das Konstrukt mit einer Restschuldversicherung abzusichern. Am Ende erhielten Kunden und Kundinnen also mindestens drei verschiedene Produkte.

Daneben wurden laut den Interviews **Reputationsrisiken** bei der Gestaltung und Einführung der Umkehrhypothekenprodukte besonders berücksichtigt. Ein Interviewpartner erklärte, nichts sei schlimmer für den Ruf eines Unternehmens, als in der Zeitung erwähnt zu werden mit der Schlagzeile, es werfe ältere Menschen aus ihrem Haus, weil ein Konzept für ein Finanzprodukt nicht aufgegangen sei. Um eine solche Situation zu vermeiden, mussten das Langlebigkeits- und das Verwertungsrisiko effektiv gesteuert werden.

Rechtliche und regulatorische Unsicherheiten sind weitere Hindernisse für einen funktionierenden Markt für Umkehrhypotheken. Kein Gesetz regelt beispielsweise ausdrücklich Vertragsbedingungen für Umkehrhypotheken oder Mindeststandards und (Beratungs-)Pflichten für Anbieter. Stattdessen unterliegen Umkehrhypotheken implizit denselben Bestimmungen und Gesetzen zur Regulierung von Krediten, Eigentum und Schulden im Allgemeinen. Die Umsetzung der Europäischen Hypothekarkreditrichtlinie in deutsches Recht (»Wohnimmobilienkreditrichtlinie«) verschärfte die Situation offensichtlich zusätzlich. Auch wenn Immobilienverzehrprodukte ausdrücklich nicht unter dieses Gesetz fallen, scheinen die damit entstandenen Unsicherheiten dennoch der Grund für das vorläufige Aus für den kleinen und fragilen deutschen Umkehrhypothekenmarkt gewesen zu sein.

Letztendlich trugen die Strategien zur Steuerung und Minderung der oben genannten Risiken dazu bei, dass relativ komplexe und teure Produkte entstanden. Diese waren nicht nur wenig attraktiv für potenzielle Kunden und Kundinnen, sondern auch schwer zu beraten. So verkaufte R+V sein Produkt vor allem über die Filialen von Genossenschaftsbanken. Die Kreditsachbearbeiter und -sachbearbeiterinnen in diesen Filialen kannten sich mit dem Kreditaspekt von Umkehrhypotheken gut aus, hatten aber viel weniger Erfahrung im Versicherungsbereich. Da die Gesamtzahl der Anfragen zu Umkehrhypotheken gering war, hatten die Mitarbeiter und Mitarbeiterinnen auch wenig Gelegenheit, Erfahrungen zu sammeln und sich mit dem Produkt vertraut zu machen. Selbst für das an sich viel einfachere Produkt Leibrente zeigt eine Umfrage der Deutschen Leibrenten AG unter Banken, dass der hohe Beratungsaufwand für das Produkt sowie die Kosten für die Schulung der Mitarbeiter und Mitarbeiterinnen die Hauptgründe sind, nicht als Makler tätig zu werden (Deutsche Leibrenten, 2019).

7.3.2 ZEW-Finanzmarkttest

Die Ergebnisse einer Umfrage unter 192 Finanzmarktexperten und -expertinnen im Rahmen des ZEW-Finanzmarkttests im Juni 2019 (veröffentlicht im Juli 2019) untermauern die Erkenntnisse aus den Telefoninterviews. Der ZEW-Finanzmarkttest wird seit Dezember 1991 monatlich durchgeführt. An der Umfrage nehmen regelmäßig Analysten und Analystinnen von Banken, Versicherungen und großen Industrieunternehmen teil. Die Umfrage besteht aus zwei Teilen: einem festen Befragungsteil zu den Erwartungen der deutschen Finanzmarktexperten und -expertinnen an die Entwicklung wichtiger internationaler Finanzkennzahlen (Inflationsraten, Zinsen, Aktienindizes, Wechselkurse sowie Ölpreis) und Sonderfragen zu aktuellen Themen (eine detaillierte Beschreibung des Datensatzes bietet Brückbauer/Schröder, 2022).

Gemäß dieser Umfrage denken weniger als 30 Prozent der Befragten, dass die Bedeutung von Umkehrhypotheken als Instrument der Altersvorsorge stark oder sehr stark zunehmen wird, während rund 45 Prozent der Befragten keine oder nur eine geringe Zunahme der Bedeutung sehen. Gleichzeitig identifizieren die Finanzmarktexperten und -expertinnen drei wesentliche Hemmnisse auf der Angebotsseite, die sich mit den Erkenntnissen aus den Telefoninterviews decken (vgl. Abb. 1): das **Langlebigkeitsrisiko** mit seinen zwei Teilaspekten »Schwierige Abschätzung der Langlebigkeit« (66 Prozent) und »Risikoaverse Selektion von Kunden mit sehr langer Lebensdauer« (50 Prozent), das **Verwertungsrisiko** mit seinen zwei Teilaspekten »Ungewisse Entwicklung von Immobilienpreisen« (45 Prozent) und »Ungewissheit über die Instandhaltung der Immobilie durch den Eigentümer« (53 Prozent) sowie das **Rechtsrisiko** (40 Prozent).

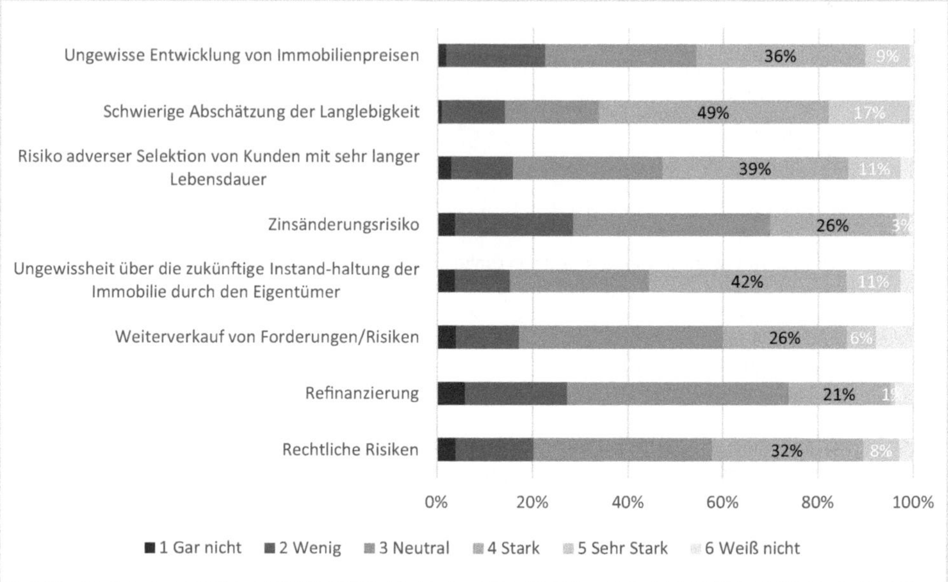

Abb. 1: Einflussfaktoren bezüglich der Akzeptanz von Umkehrhypotheken: Angebotsseitig

Die Hemmnisse auf der Nachfrageseite (vgl. Abb. 2), wie sie von den Finanzmarktexperten und -expertinnen wahrgenommen werden, scheinen noch deutlich größer bzw. vielfältiger zu sein. Insbesondere gibt die Mehrheit der Umfrageteilnehmer (86 Prozent) an, dass die emotionale Bindung an das Zuhause ein starkes oder sehr starkes Hemmnis für die Akzeptanz von Umkehrhypotheken darstellt. Darüber hinaus sehen 79 Prozent der Befragten Verständnisprobleme aufgrund der hohen Komplexität der Produkte als starkes oder sehr starkes Hemmnis an. Zwei weitere wichtige Hemmnisse auf der Nachfrageseite scheinen ein befürchteter Kontrollverlust über das Zuhause und mangelndes Vertrauen in potenzielle Umkehrhypothekenanbieter zu sein (jeweils 77 Prozent). Schließlich glauben zwei Drittel der Finanzmarktexperten und -expertinnen, dass Haushalte Schwierigkeiten haben, ihre verbleibende Lebensdauer korrekt abzuschätzen. Interessanterweise spielen die Produktkosten eine untergeordnete Rolle. Nur 42 Prozent der Finanzmarktexperten und -expertinnen glauben, dass die Haushalte aus Kostengründen vor der Aufnahme einer Umkehrhypothek zurückschrecken würden.

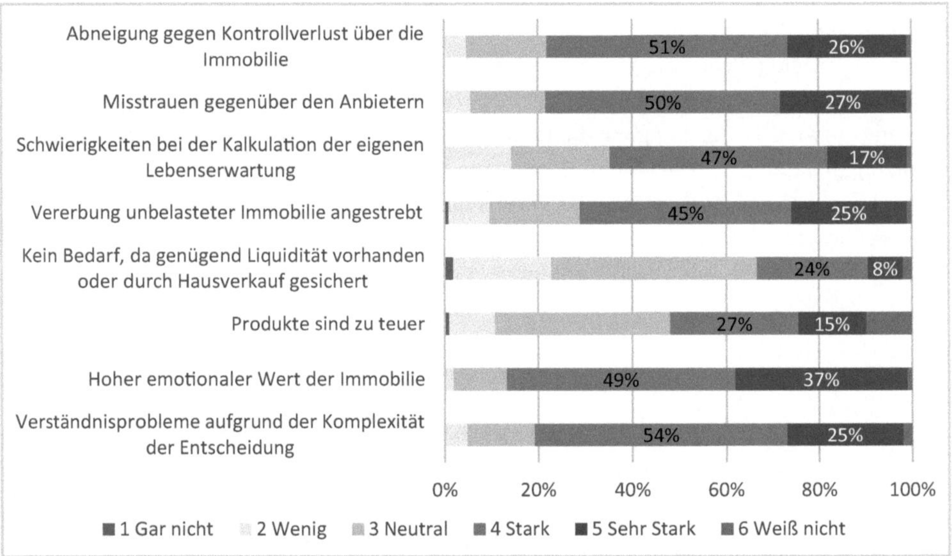

Abb. 2: Einflussfaktoren bezüglich der Akzeptanz von Umkehrhypotheken: Nachfrageseitig

7.3.3 ZEW-Haushaltsbefragung

Es ist hervorzuheben, dass die im vorigen Abschnitt dargestellten Nachfrageaspekte von Finanzmarktexperten und -expertinnen vorgebracht und bewertet wurden. Die Ergebnisse aus einer repräsentativen Umfrage des ZEW unter Haushalten tragen daher zu einem umfassenderen Verständnis der Nachfrageseite bei. Die Umfrage wurde mittels Onlinebefragung zwischen Oktober und Dezember 2020 durchgeführt und ist repräsentativ für die deutsche Gesamtbevölkerung ab 30 Jahre. Den 2.660 Teilnehmern und Teilnehmerinnen wurde eine hypothetische Situation eines Rentnerehepaars, das über die Nutzung seiner Immobilie im Alter nachdenkt, geschildert. Anschließend sollte eine Empfehlung bezüglich verschiedener Immobilienverzehrprodukte gegeben werden, die den Teilnehmerinnen und Teilnehmern ausführlich vorgestellt wurden. Zur Auswahl standen eine Umkehrhypothek und eine Leibrente. Alternativ konnten die Teilnehmer und Teilnehmerinnen auch kein Finanzprodukt empfehlen. Die Ergebnisse zeigen, dass die Leibrente etwa doppelt so oft empfohlen wurde wie die Umkehrhypothek (25 Prozent vs. 12 Prozent), für die Mehrheit der Befragten (63 Prozent) aber die Option »Kein Finanzprodukt« als einfacher Ausweg zu dienen schien. So wurde die Entscheidung zwischen den beiden Verzehrprodukten als deutlich schwieriger empfunden im Vergleich zur Entscheidung, bei der auch die Option »Kein Finanzprodukt« zur Verfügung stand. Weitere Analysen zeigen, dass Befragte mit einer höheren Risikobereitschaft, niedrigerem Haushaltseinkommen, geringerem Finanzvermögen, geringerem Finanzwissen und einem schlechteren Gesundheitszustand eher ein Verrentungsprodukt empfahlen.

7.4 Potenzielle Marktgröße

Im nächsten Schritt soll die potenzielle Marktgröße für Umkehrhypotheken in Deutschland abgeschätzt werden.[3] Dazu werden Daten aus der 2017 durchgeführten 34. Welle des Sozioökonomischen Panels (SOEP) verwendet (für weitere Details zum Datensatz s. SOEP, 2019). Dabei können detaillierte Informationen zu Einkommen, Immobilienvermögen und Finanzvermögen mit Fragen zur Einkommenszufriedenheit und zur Altersvorsorge verknüpft werden. Der verwendete Datensatz enthält Informationen von ca. 19.000 Haushalten mit mehr als 30.000 erwachsenen Personen.

Das Marktpotenzial in seiner weitesten Definition umfasst alle Haushalte mit Personen ab 65 Jahren, die eine schuldenfreie Immobilie besitzen. Dies entspricht etwa 6 Millionen Haushalten. Werden nur Haushalte betrachtet, die mit ihrer Einkommenssituation unzufrieden sind, dann verbleiben noch 420.000 Haushalte.[4] Diese Haushalte benötigen am ehesten regelmäßig zusätzliche Liquidität und könnten mithilfe einer Umkehrhypothek ihre monatliche Rente aufstocken. Allerdings gibt es auch vielfältige Gründe, warum ein Haushalt, der mit seiner finanziellen Situation grundsätzlich zufrieden ist, zusätzliche Liquidität aus der Immobilie benötigt bzw. wünscht.

Umkehrhypotheken (und andere Immobilienverzehrprodukte) können in Form einer monatlichen Zahlung nicht nur für den notwendigen Konsum verwendet werden, sondern auch dazu dienen, sich regelmäßig etwas zu gönnen und das Leben zu genießen, oder auch dazu, Pflegeleistungen zu bezahlen, um trotz Pflegebedürftigkeit im eigenen Heim verbleiben zu können.

3 Insofern die getroffenen Annahmen und zugrunde liegenden Produktcharakteristika vergleichbar sind, lassen sich die folgenden Erkenntnisse auch auf andere Immobilienverzehrprodukte übertragen.

4 Davon sind 90.000 Haushalte Eigentümer einer Immobilie mit einem Wert von mindestens 250.000 Euro, was bei einigen früheren Anbietern von Umkehrhypotheken ein Mindestkriterium war. Von diesen 90.000 Haushalten wiederum haben nur 41.636 kein Finanzvermögen, das sie für zusätzliche Liquidität nutzen könnten, anstatt eine Umkehrhypothek auf ihre Immobilie zu laden.

In Form einer Einmalzahlung können Umkehrhypotheken außerdem dafür verwendet werden, sich im Alter einen Traum zu erfüllen (z. B. eine große Reise) oder notwendige Renovierungsarbeiten durchzuführen. Letztlich können Umkehrhypotheken Senioren und Seniorinnen auch dazu dienen, ihre Finanzen im Alter besser zu steuern und den Zeitpunkt von Vermächtnissen zu bestimmen (Dillingh et al., 2017). Wenn ältere Menschen in ihrer Immobilie wohnen bleiben und ihre Eigentumsrechte behalten möchten, können sie Umkehrhypotheken nutzen, um ihren Kindern oder Enkeln schon frühzeitig Geld zu vermachen, um ihnen beim Bau eines eigenen Hauses, der Gründung eines Unternehmens oder der Finanzierung ihrer Ausbildung zu helfen. Wie viele der Haushalte, die grundsätzlich mit ihrer Einkommenssituation zufrieden sind, Umkehrhypotheken für andere Ziele als die Aufstockung der monatlichen Rente verwenden möchten, lässt sich mittels der SOEP-Daten leider nicht ermitteln.

Ein weiterer Grund, Umkehrhypotheken (oder andere Immobilienverzehrprodukte) zu nutzen, ist das sinkende Rentenniveau. Hier können die SOEP-Daten Auskunft geben, indem Haushalte in der Altersgruppe knapp unter dem Rentenalter, d. h. Haushalte, in denen das jüngste Mitglied über 55 und unter 65 Jahre alt ist, untersucht werden. In dieser Gruppe besitzen 2,7 Millionen Haushalte ein schuldenfreies Eigenheim. Dabei sind etwa 12 Prozent der Haushalte knapp unter dem Rentenalter sehr besorgt um ihre Altersvorsorge und rund 51 Prozent sind mäßig besorgt. Insgesamt gibt es in dieser Altersgruppe also etwa 1,7 Millionen Haushalte, die mindestens etwas besorgt um ihre Altersvorsorge sind. Darunter haben etwa 135.000 Haushalte kein Finanzvermögen und eine Immobilie im Wert von über 250.000 Euro. Da zu erwarten ist, dass die staatlichen Rentenzahlungen für jüngere Altersgruppen noch weiter sinken werden, ergibt sich hier ein steigendes Marktpotenzial für Umkehrhypotheken und andere Immobilienverzehrprodukte.

Auch wenn grundsätzlich eher wohlhabende Immobilieneigentümer und -eigentümerinnen für Umkehrhypotheken infrage kommen, gibt es einige Haushalte, die von einem zusätzlichen monatlichen Einkommen besonders profitieren könnten. So zeigen die SOEP-Daten, dass es mehr als 200.000 Haushalte über 65 Jahren mit schuldenfreiem Eigenheim gibt, deren Einkommen unterhalb der Armutsgrenze[5] liegt. Der Wert ihrer Immobilie beträgt im Durchschnitt 176.000 Euro, was beträchtlich ist, aber unter den Mindestwerten früherer Anbieter von Umkehrhypotheken in Deutschland liegt. Hier bietet sich ein weiterer Ansatzpunkt zur Verwendung von Umkehrhypotheken. Eine zusätzliche Rente von nur 100 Euro pro Monat würde das Einkommen dieser Haushalte, das durchschnittlich bei 11.260 Euro p. a. liegt, um nicht unerhebliche 9,3 Prozent im Durchschnitt steigern. Dies würde etwa ein Drittel der Haushalte aus der Armut befreien.

Für einen umfassenderen Überblick über die potenzielle Marktgröße für Umkehrhypotheken bzw. Immobilienverzehrprodukte im Allgemeinen sollen die Berechnungen mittels der SOEP-Daten im Folgenden von zwei weiteren Datenquellen flankiert werden. Hierfür werden zunächst

5 In Deutschland gilt ein Haushalt als arm, wenn sein äquivalenzgewichtetes Einkommen weniger als 13.200 Euro pro Jahr beträgt, was 60 Prozent des Medianeinkommens sind.

Daten aus der 2015er-Welle des Survey of Health, Ageing and Retirement in Europe (SHARE) verwendet, einer regelmäßigen repräsentativen Umfrage unter Haushalten mit Personen älter als 50 Jahre (s. Malter/Börsch-Supen, 2017 und Börsch-Supan, 2019 für weitere Informationen zum Datensatz). Unter Einbeziehung der Mindestkriterien früherer Anbieter von Umkehrhypotheken ergibt sich hier ein Marktpotenzial zwischen 0,53 Millionen und 1,98 Millionen Haushalten (s. Bartsch et al., 2021 für Details). Engel & Völkers Liquid Home, ein Anbieter des Immobilienteilverkaufs, schätzt die eigene Zielgruppe auf ca. 2 Millionen Haushalte (Kuppig, 2022).

7.5 Zusammenfassung und Schlussfolgerungen

Zusammenfassend lässt sich festhalten, dass es sowohl auf Anbieter- als auch auf Nachfrageseite erhebliche Hemmnisse gibt, die dazu geführt haben, dass mehrere Versuche, Umkehrhypotheken in Deutschland zu etablieren, gescheitert sind und es heute keinen großen bundesweiten Anbieter von Umkehrhypotheken mehr gibt. Auf der Anbieterseite spielen insbesondere Langlebigkeits-, Verwertungs-, Reputations- und Rechtsrisiken eine wichtige Rolle. Das Management dieser Risiken war nicht einfach und trug zu relativ komplexen und teuren Produkten bei, die für potenzielle Kunden wiederum wenig attraktiv waren. Auf der Nachfrageseite sind die Hemmnisse vielfältig und hängen u. a. mit der emotionalen Bindung an das Eigenheim, Verständnisproblemen aufgrund der Komplexität der Produkte, mangelndem Vertrauen in potenzielle Anbieter und der Abneigung gegenüber einem Kontrollverlust über die eigene Immobilie zusammen.

Nichtsdestotrotz ist ein Wachstumspotenzial für den Markt für Immobilienverzehrprodukte vorhanden. Dabei wird es auch entscheidend sein, dass Senioren und Seniorinnen die diversen Verwendungsmöglichkeiten dieser Produkte kennen und sie nicht auf ein Mittel für die Aufstockung der monatlichen Rente reduzieren. Die erwartete zukünftige Entwicklung der staatlichen Renten wird außerdem den Fokus auf Immobilienverzehrprodukte als Mittel für die Altersvorsorge verstärken. Daher verwundert es auch nicht, dass sich aktuell wieder vermehrt Banken und Sparkassen mit der Einführung eines Umkehrhypothekenprodukts oder eines Darlehensprodukts für Senioren und Seniorinnen befassen. Zu überlegen wäre auch, ob ein staatlicher Eingriff, z. B. in Form von Garantien für Anbieter, zur Schaffung von Immobilienverzehrprodukten für ärmere Haushalte und zur Verringerung von Altersarmut sinnvoll wäre.

Schlussendlich erscheint ein regulatorischer Rahmen – beispielsweise über Mindestanforderungen an die Produktstandards, die Beratung und die Anbieter – für Umkehrhypotheken im Speziellen und Immobilienverzehrprodukte im Allgemeinen sinnvoll. Immerhin wurden von den Anbietern selbst Rechtsrisiken als Hemmnis bei der Einführung eines Umkehrhypothekenprodukts genannt. Und dass gerade Personen mit einem geringeren Finanzwissen eher Immobilienverzehrprodukte empfehlen (und damit vermutlich auch für sich eher in Betracht ziehen), zeigt ebenfalls, dass eine rechtlich-regulatorische Regelung dieser Finanzprodukte wichtig ist.

Quellenverzeichnis

Bartsch, F./Buhlmann, F./Kirschenmann, K./Schmidt, C. (2021): Is There a Need for Reverse Mortgages in Germany? Empirical Evidence and Policy Implications. EconPol Policy Report 31.

Ben-Shlomo, J. (2015): Reverse Mortgages – Ein integrativer Ansatz zur Erklärung der Nachfrage nach Umkehrhypotheken. Freiburg.

Börsch-Supan, A. (2019): Survey of Health, Ageing and Retirement in Europe (SHARE) Wave 6. Release version: 7.0.0. SHARE-ERIC. Data set. DOI: 10.6103/SHARE.w6.700.

Brückbauer, F./Schröder, M. (2022): The ZEW Financial Market Survey Panel. Jahrbücher für Nationalökonomie und Statistik. Berlin.

Denuit, M./Devolder, P./Goderniaux, A. C. (2007): Securitization of Longevity Risk: Pricing Survivor Bonds With Wang Transform in the Lee-Carter Framework. In: The Journal of Risk and Insurance, Jg. 74, H. 1, S. 87–113.

Deutsche Leibrenten (2019): Banken-Studie Altersfinanzierung. Frankfurt am Main.

Dillingh, R./Prast, H./Rossi, M./Urzì Brancati, C. (2017): Who wants to have their home and eat it too? Interest in reverse mortgages in the Netherlands. In: Journal of Housing Economics 38, H. 1, S. 25–37.

Kuppig, C. (2022): Der Immobilien-Teilverkauf. Vortrag auf dem 3. Liebenauer Fachtag Immobilienverrentung.

Lang, G. (2008): Reverse Mortgage als Alterssicherungsinstrument in Deutschland. Baden-Baden.

Malter, F./Börsch-Supan, A. (Hrsg.) (2017): SHARE Wave 6: Panel innovations and collecting Dried Blood Spots. München.

Sozio-oekonomisches Panel (SOEP) (2019): Daten für die Jahre 1984–2017, Version 34. DOI: 10.5684/soep.v34.

Versicherungsbote (2016): R+V Versicherung macht Schluss mit Umkehrhypotheken, abrufbar unter www.versicherungsbote.de (zuletzt abgerufen am 13.02.2023).

8 Gründe und Bedeutung des Immobilienwerts für die alternative Altersvorsorge

Prof. Dr. Alexander Zureck/Dr. Philippe Krahnhof

Abstract

Während deutsche Verbraucher tendenziell risikoarme Investmentstrategien forcieren, sind andere Nationen wie u. a. die USA deutlich kapitalmarktaffiner. Einhergehend mit diesem unterschiedlichen Anlageverhalten ist die Bereitschaft zur Nutzung neuartiger Produkte ebenfalls höher, verglichen mit Deutschland. Im Zuge der Liquiditätsaufnahme gibt es immer mehr deutsche Anbieter, die sog. Immobilienverrentungsprodukte anbieten. Trotz ansteigender Bekanntheit bleiben bislang hohe Wachstumsraten auf dem deutschen Markt aus. Der nachfolgender Beitrag eruiert kritisch, für welche Personenkreise bzw. im Zuge welcher Fallbeispiele ein Immobilienverrentungsprodukt aus Verbrauchersicht sinnvoll sein kann und warum dieses u. U. eine Alternative zu anderen Finanzierungsquellen darstellt.

8.1 Einleitung

Während sich früher ein Großteil der deutschen Bevölkerung auf die gesetzliche Rente hinsichtlich der Altersvorsorge verlassen konnte, reichen diese Einkünfte heute nur noch in den wenigsten Fällen aus für ein einigermaßen auskömmliches Lebensalter (vgl. Roppel, 2020, S. 25 ff.).

Folglich sorgen immer mehr Haushalte privat vor, um ihren Lebensstandard auch im hohen Alter aufrechtzuerhalten. Hierfür gibt es diverse Finanzprodukte, die sich mehr oder weniger für die Altersvorsorge eignen. Während sich deutsche Verbraucher nach wie vor, auch während der Niedrigzinsphase bis Mitte 2022, auf risikoarme Investments wie zum Beispiel Spar- und Sichteinlagen fokussiert haben (vgl. u. a. Hartmann, 2020), investieren andere Nationen stärker am Kapitalmarkt (vgl. Krahnhof/Zureck, 2020). So sind deutsche Aktionäre im internationalen Vergleich unterrepräsentiert. Die Aktienquote in Deutschland ist beispielsweise deutlich kleiner als diejenige in Nordamerika (DAI 2021), obwohl die langfristige Rendite risikoreicherer Finanzprodukte wie Aktien größer ausfällt als diejenige risikoarmer Finanzprodukte.

Außer auf Spar- und Sichteinlagen vertrauen zahlreiche deutsche Haushalte auch auf die privat genutzte Immobilie als Altersvorsorge (vgl. Braun, 2020, S. 213 ff.). Mit Blick auf die aktuellen Immobilienpreise erscheint dies für viele Verbraucher ein sinnvoller Bestandteil der privaten Altersvorsorge zu sein (vgl. Schiereck et al., 2020, S. VIII). Dennoch kann dies nicht pauschal gelten. So müssen zur Beurteilung des Investitionserfolgs neben dem reinen Immobilienwert anfallende Instandhaltungs- und Renovierungskosten sowie anfallende Gebühren berücksichtigt werden. Maßgeblich entscheidend dafür, ob sich eine Immobilie für den Vermögensaufbau eignet, sind die laufenden Kosten sowie der Wertzuwachs der Immobilie (vgl. Westerheide, 2017, S. 493 ff.). Diese Kosten werden von zahlreichen Haushalten unterschätzt. Sie assoziieren mit einem Immobilienerwerb vorrangig die Option des mietfreien Wohnens im Alter sowie die Wertsteigerung der Bestandsimmobilie.

Trotz einer möglichen positiven Rendite ist aus Verbrauchersicht jedoch zu berücksichtigen, dass eine privat genutzte Immobilie im Rentenalter keinerlei Zahlungsströme, also keinen Cashflow generiert. In der Regel sind mit dem Immobilienbesitz auch im Rentenalter hohe laufende Kosten verbunden. Infolgedessen verfügen zwar zahlreiche deutsche Haushalte über ein hohes Vermögen, vor allem in Form einer abbezahlten Immobilie, verfügen u. U. jedoch nur über geringe laufende monatliche Zahlungseingänge (vgl. Gayer, 2008, S. 139 ff.).

Mit diesem Beitrag soll die Bedeutung des Immobilienwerts als Komponente der persönlichen Altersvorsorge in Form der Inanspruchnahme eines Immobilienverrentungsprodukts unterstrichen werden. Der Fokus des Beitrags liegt daher auf der Herausarbeitung möglicher Interessengruppen in Bezug auf Immobilienverrentungsprodukte. Hierdurch kann aufgezeigt werden, dass trotz deutlicher Kritik an den angesprochenen Finanzprodukten (vgl. Verbraucherzentrale, 2021) diese für ausgewählte Immobilien sowie Personenkreise eine interessante Alternative zum Immobilienverkauf darstellen.

8.2 Mögliche Interessengruppen

Während zahlreiche Verbraucher mit einer abbezahlten Immobilie vorrangig den Vorteil ausbleibender Mietzahlungen im Alter assoziieren, lassen sie gleichzeitig häufig außer Acht, dass mit einer Immobilie grundsätzlich laufende Kosten verbunden sind. Dies gilt auch für abbezahlte Immobilien. Gleichwohl verzichten diverse private Haushalte auf Konsumausgaben, wie beispielsweise lange Urlaubsreisen oder andere Aktivitäten, um die Immobilie zügig abzubezahlen. Aufgrund anstehender Renovierungsarbeiten lassen sich Konsumausgaben jedoch auch im Alter häufig nicht nachholen. Renovierungsarbeiten können eine hohe finanzielle Belastung mit sich bringen. Bei der Finanzierung notwendiger Investitionen in die eigene Immobilie und der Erfüllung etwaiger Konsumwünsche denken die meisten Verbraucher an eine Kreditaufnahme inklusive Sicherheitenbereitstellung mithilfe der abbezahlten Immobilie. Hierbei wird jedoch häufig außer Acht gelassen, dass Sicherheiten bzw. Vermögenswerte nicht genügen, um ein Bankdarlehen zu erhalten.

Eine Darlehensvergabe durch die Banken hängt explizit vom monatlich frei verfügbaren Einkommen ab. Somit kann bei zu geringen monatlichen Einnahmen trotz des Vorhandenseins von Vermögenswerten die Vergabe eines Darlehens abgelehnt werden. Da die Renteneinkünfte zur nachhaltigen Kredittilgung häufig nicht ausreichen, müssen Privatpersonen im Rentenalter ihre Bestandsimmobilien u. U. veräußern, um beispielsweise unerwartete Kosten begleichen zu können.

Nach der groben Skizzierung des Kreditvergabeprozesses stellt sich nun die Frage, für welche Personengruppen monatliche Zahlungsaufwendungen trotz hoher Vermögenswerte ein Problem darstellen können.

Wie bereits eingangs erwähnt, stellt dies vorrangig für Rentner, die nicht oder nur unzureichend privat für das Rentenalter vorgesorgt haben, eine Herausforderung dar. Statistiken belegen, dass rund 17 Prozent der deutschen Haushalte trotz des Vorhandenseins von Vermögenswerten unter Altersarmut leiden (vgl. Generali, o.J.). Nach der Begleichung der monatlichen Kosten können sich so manche Rentnerhaushalte keine individuellen Träume wie etwa große Urlaubsreisen erfüllen oder sich einfach nur ein Auto leisten (vgl. Westerheide, 2017, S. 507). Eine abbezahlte Immobilie generiert auch keinerlei Einkünfte, mit denen beispielsweise anfallende Pflegekosten beglichen werden können (vgl. Brozio, 2012, S. 1). Insbesondere Ausgaben rund um die Gesundheit nehmen im Alter zu oder werden dann überhaupt erst relevant. Zudem fallen solche Ausgaben einerseits meist unerwartet und spontan an, andererseits sind sie oft hoch. So können sich die Kosten für ein Gebiss oder andere medizinische Zahneingriffe schnell auf mehrere Tausend Euro belaufen. Die Begleichung derartiger Verbindlichkeiten stellt diverse Verbraucher vor große Herausforderungen.

Darüber hinaus versuchen Großeltern oft, ihre Kinder oder Enkelkinder finanziell zu unterstützen. Diese Unterstützung kann durchaus vielseitig sein, von der Bezahlung der Führerscheinkosten bis zu monatlichen Zahlungen während des Studiums. Solche finanziellen Zuwendungen sind bei nicht ausreichenden monatlichen Zahlungseingängen nicht möglich. Unerwartete Instandhaltungskosten einer eigengenutzten Immobilie führen ebenfalls häufig zu einem Liquiditätsbedarf/-problem (vgl. Arentz, 2020, S. 237 ff.). Auch diese Szenarien sind sehr vielfältig, sie reichen von einer zu erneuernden Heizungsanlage über ein neues Dach bis zu Umbaumaßnahmen zwecks Sicherstellung eines altersgerechten Wohnraums. Mit Blick auf die aktuell stark steigenden Rohstoffpreise zzgl. der hohen Handwerkerkosten belaufen sich derartige Renovierungskosten schnell auf beachtliche Summen. Wie bereits eingangs skizziert, geht die Möglichkeit einer Kreditaufnahme für solche Ausgaben jedoch maßgeblich mit der Höhe der laufenden monatlichen Zahlungseingänge einher.

Neben Personen im Rentenalter verfügen auch Elternteile, die sich auf die Kindererziehung fokussieren, in der Regel über geringe monatliche Zahlungseingänge. Dieser Liquiditätsengpass kann während der Erziehungszeit gegebenenfalls durch ein hohes Einkommen des Partners kompensiert werden. Entfällt jedoch das Einkommen eines Partners, genügt die monatliche Liquidität in den meisten Fällen lediglich zur Begleichung der monatlichen Kosten, jedoch nicht zur Deckung unerwarteter Kosten wie etwa ein neues Auto, Reparaturen oder mögliche Instandhaltungsaufwendungen bei einer Immobilie im Eigenbesitz.

Auch Personen, die über ein hohes Vermögen verfügen, können u. U. nur auf geringe oder gar keine monatlichen Einkünfte zurückgreifen. So gibt es Menschen, die viel geerbt haben und nicht oder nicht mehr erwerbstätig sind. Auch sie sind bei der Kreditaufnahme vor Beantragungsprobleme gestellt. Sofern die Vermögensgegenstände illiquide Assets sind, können selbst wohlhabende Privatkunden u. U. unerwartete Rechnungen nicht begleichen oder die monatlichen Lebenshaltungskosten nicht decken. In diesen Fällen kann eine werthaltige Immobilie ebenfalls ein Baustein zur Generierung liquider monatlicher Einkünfte darstellen.

Die Gründe für einen Liquiditätsbedarf können vielfältig sein. Im Gegensatz dazu sind die Optionen der Liquiditätsbeschaffung begrenzt, sofern die monatlichen Einnahmen nicht zur Kreditaufnahme genügen.

8.3 Überblick über Immobilienverrentungsprodukte

Während viele private Immobilienbesitzer vorrangig an eine Kreditaufnahme denken, um Liquiditätsengpässe zu überbrücken, haben die vorigen Darstellungen aufgezeigt, dass dies mitunter nicht trivial ist.

Selbstverständlich käme die Immobilienveräußerung infrage, jedoch gehen hiermit die Anmietung einer adäquaten Alternativimmobilie sowie mitunter hohe monatliche Mietzahlungen einher. Außerdem ist der emotionale Wert einer langjährig bewohnten Immobilie nicht zu unterschätzen, sodass der Verkauf in zahlreichen Fällen eher als »Notlösung« zu charakterisieren ist.

Neben einer vollständigen Veräußerung könnten Immobilienbesitzer auch auf einen Immobilienteilverkauf zurückgreifen (vgl. u. a. Benölken, 2021, S. 225 ff.). Ein derartiger Teilverkauf ist zwar bis dato bei deutschen Verbrauchern noch relativ unbekannt, doch die Anzahl der Anbieter und auch die Nachfrage steigen kontinuierlich an. Bei einem Teilverkauf tritt der Verbraucher einen prozentualen Anteil an die Bank beziehungsweise an das interessierte Unternehmen ab. Im Gegenzug erhält der Verbraucher entweder einen Einmalbetrag oder regelmäßige Zahlungen für die Teilabtretung.

Die Höhe der zu leistenden Zahlungen variiert einerseits je nach Anbieter, andererseits ist sie stark vom Immobilienwert abhängig. Im Kontext der Option eines Gesamt- bzw. Teilverkaufs sind manche Verbraucher darauf bedacht, in gewissen Zyklen den Wert der eigenen Immobilie indikativ bewerten zu lassen. Diese Erstbewertung kann bei Anbietern wie Immowelt oder ImmobilienScout24 innerhalb kürzester Zeit vorgenommen werden. Da dieser Prozess sehr standardisiert ist, gibt es bereits erste Anbieter, die diesen Prozess auf Elementen der künstlichen Intelligenz (KI) aufbauen (vgl. AssCompact, o.J.).

Im Falle eines Ablebens des Immobilienbesitzers wird den Hinterbliebenen in der Regel ein Vorkaufsrecht eingeräumt, damit sie die abgetretenen Bestände zurückerwerben können. Alternativ besitzt die Bank bzw. die Gegenpartei des Immobilienteilverkäufers die Option des Gesamterwerbs. Die Option der Immobilienübernahme ist der große Vorteil aus Anbietersicht. Durch die frühzeitige Teilhaberschaft erfährt die Bank von etwaigen Immobilienmängeln und ist in der Lage, das Objekt nach Übergang zeitnah und reibungslos in die Weiterveräußerung zu geben.

Der Immobilienteilverkäufer hingegen erhält Liquidität, um laufende Ausgaben zu begleichen oder sich kostspielige Wünsche zu erfüllen. Folglich ist der Immobilienteilverkauf für sämtliche skizzierten Personengruppen interessant. Überdies kann der Immobilienteilverkäufer in der Bestandsimmobilie wohnen bleiben.

Jedoch bringt dieses Finanzprodukt nicht nur für Eigentümer eigengenutzter Immobilien Vorteile. Auch fremdvermietete Immobilien bieten sich für einen Teilverkauf an. So kann die erhaltene Liquidität zum Erwerb weiterer Immobilien genutzt werden und dadurch zum langfristigen Vermögensaufbau beitragen.

Ein sehr ähnliches Finanzprodukt stellt die Leibrente dar. Die Besonderheit der Leibrente ist, dass der Immobilieneigentümer analog dem Teilverkauf die Immobilie weiterhin bewohnen kann und eine monatliche Leibrente erhält. Im Gegensatz zum Immobilienteilverkauf geht die Immobilie nach Ableben des Eigentümers vollständig an die Gegenpartei über. Daher eignet sich dieses Finanzprodukt vorrangig für Immobilieneigentümer, die Liquidität benötigen, jedoch die Immobilie nicht vererben wollen.

Die Höhe der zu zahlenden Leibrente richtet sich primär nach dem nachhaltigen Wert der Immobilie sowie nach der zu erwartenden Sterblichkeit des Eigentümers. Während ein nach Vertragsabschluss frühes Ableben des Eigentümers aus betriebswirtschaftlicher Sicht für die Gegenpartei durchaus attraktiv ist, führt eine lange Lebenserwartung des Eigentümers zu hohen Zahlungsaufwendungen.

Das in diesem Zusammenhang letzte zu erwähnende Produkt stellt die sog. Umkehrhypothek dar. Hier unterscheiden sich jedoch das Vorgehen sowie die damit einhergehenden Vor- und Nachteile von den beiden anderen Finanzprodukten (vgl. u. a. Dietrich, 2013).

Bei der Umkehrhypothek wird im ersten Schritt die zu betrachtende Immobilie analog den beiden vorherigen Finanzprodukte bewertet und, ausgehend von diesem Wert, ein Auszahlungsbetrag festgelegt. Im Gegensatz zu den beiden anderen Finanzprodukten erfolgt hier jedoch keine Abtretung der Eigentumsanteile. Der durch die Umkehrhypothek erhaltene Betrag wird in Form einer klassischen Hypothek gewährt, sodass der Erhalt an die Rückzahlung gekoppelt ist. Dadurch erhalten Verbraucher zwar eine Einmalzahlung, jedoch wird diese inklusive Zinsen zurückgezahlt. Der wesentliche Unterschied zu einem klassischen Bankdarlehen ist, dass die

Rückzahlung nicht monatlich, sondern nach Ableben des Immobilieneigentümers erfolgt. Je nach Vertragsausgestaltung erfolgt der Verbindlichkeitsausgleich durch den Immobilienverkauf oder durch Rückzahlung seitens der Erben.

Wie bereits mehrfach erwähnt, ist in allen Fällen der Immobilienwert maßgeblich für die Höhe des Auszahlungsbetrags. Bei der Bewertung werden insbesondere zwei Komponenten berücksichtigt: einerseits der Grundstückswert, der mithilfe des Bodenrichtwerts zu bestimmen ist, andererseits der konkrete Gebäudewert. Je nach Art der Immobilie kommen hierbei unterschiedliche Bewertungsansätze infrage (vgl. u. a. Müthlein/Hoffmann, 2017; Petersen/Schnoor/Seitz, 2019).

Während bei einer fremdvermieteten Immobilie der Barwert der zukünftigen Zahlungsströme auf der Basis der prognostizierbaren Mieteinnahmen berechnet wird, erfolgt die Bewertung von eigengenutzten Immobilien durch das Sachwertverfahren. Hierbei werden u. a. die Wohnfläche, die Restnutzungsdauer, ausgehend vom Baujahr, sowie der Zustand der Immobilie herangezogen. Aus Verbrauchersicht ist jedoch zu berücksichtigen, dass dieser rechnerische Wert durchaus von aktuellen bzw. zu erzielenden Marktpreisen (Vergleichswerte) abweichen kann.

Somit ist aus Sicht der Verbraucher kritisch einzukalkulieren, dass die Immobilienbewertung maßgeblich auf den Vorschriften der Beleihungswertermittlung (BelWertV) basiert und die Ausgangsbasis für die Höhe des Auszahlungsbetrags darstellt. Infolgedessen könnte ein Gesamtverkauf u. U. einen höheren Verkaufspreis erzielen, dabei sind jedoch etwaige Maklergebühren zu berücksichtigen. Darüber hinaus belaufen sich die Transaktionskosten eines Immobilienverkaufs nicht ausschließlich auf monetäre Komponenten, sondern werden ebenfalls signifikant durch den erheblichen Zeitaufwand charakterisiert.

Wie eingangs erwähnt, kann der Immobilienstandort zu Herausforderungen bei der Weiterveräußerung führen, sodass der Verkauf u. U. nicht zur kurzfristigen Liquiditätsgenerierung geeignet ist. Im Gegensatz dazu können die dargestellten Finanzprodukte Verbrauchern helfen, die kurzfristig auf Liquidität angewiesen sind.

8.4 Fazit und Ausblick

Resümierend ist zu postulieren, dass sich alle drei dargestellten Finanzprodukte primär für Verbraucher eignen, die Liquidität benötigen und nur über geringe monatliche Zahlungseingänge verfügen, sodass die Aufnahme eines klassischen Bankkredits mit unüberwindbaren Herausforderungen verbunden ist (vgl. Richter, 2010).

Die Vorteilhaftigkeit aus Verbrauchersicht kann jedoch nicht pauschalisiert, sondern muss im Einzelfall bewertet werden. So könnte ein Immobilienverkauf gegebenenfalls einen höheren

Verkaufserlös bringen, jedoch sind die anfallenden Transaktionskosten inklusive der Gegebenheiten der Nachfrage bei der Beurteilung einzubeziehen.

Für die genannten Personenkreise können die Finanzprodukte somit als eine interessante Alternative zu anderen Finanzprodukten oder zum Immobilienverkauf angesehen werden. Da die Produkte rund um die Immobilienverrentung in Deutschland jedoch noch als neu anzusehen sind, bleiben Wachstumsraten sowie die Verbraucherakzeptanz abzuwarten.

Quellenverzeichnis

Arentz, O. (2020): Sicherung des Alterskonsums durch Wohneigentum. In: Depenhauer, O./Hertzsch, E./Voigtländer, M. (Hrsg.), Wohneigentum für breite Schichten der Bevölkerung. Wiesbaden, S. 233–254.

AssCompact (o.J.): Deutsche Teilkauf: KI-basierte Plattform zur Immobilienbewertung, abrufbar unter www.asscompact.de (zuletzt abgerufen am 19.07.2022).

Benölken (2021): Altersvorsorge am Scheideweg: Erfolgreiche Strategien gegen Altersarmut. 2. Aufl., Wiesbaden.

Braun, R. (2020): Bedeutung des Wohneigentums für die Altersvorsorge. In: Depenheuer, O./Hertzsch, E./Voigtländer, M. (Hrsg.), Wohneigentum für breite Schichtender Bevölkerung. Wiesbaden, S. 213–232.

Brozio, T. (2012): Das Instrument der Umkehrhypothek als Altersvorsorge – Ein Praxisbeispiel. Recklinghäuser Beiträge zu Recht und Wirtschaft Nr. 10.

DAI (2021): Deutschland und die Aktie. Eine neue Liebesgeschichte? Abrufbar unter www.dai.de (zuletzt abgerufen am 09.09.2021).

Dietrich, M. (2013): Reverse Mortgage: Chancen und Einführungshemmnisse für Kreditinstitute in Deutschland. Köln.

Gayer, R. (2008): Investitionen in Immobilien. In: Lindmayer, K. H., Geldanlage und Steuer. Wiesbaden, S. 139–196.

Generali (o.J.): Altersvorsorge Generation Y – früher an später denken, abrufbar unter www.generali.de (zuletzt abgerufen am 20.07.2022).

Haas, H. (2015): Bankenregulierung und die Folgen für die Immobilienwirtschaft. Köln.

Hartmann, R. (2020): USA: effiziente Altersvorsorge mit Aktien – und Deutschland schläft, abrufbar unter www.gevestor.de (zuletzt abgerufen am 15.10.2022).

Korczak, D. (2005): Verantwortungsvolle Kreditvergabe. GF Forschungsgruppe, Institut für Grundlagen- und Programmforschung. Bernau.

Krahnhof, P./Zureck, A. (2020): Einfluss eines Migrationshintergrundes auf das Anlageverhalten. In: bdvb, abrufbar unter www.bdvb.de (zuletzt abgerufen am 14.10.2020).

Müthlein, T./Hoffmann, T. (2017): Objektprüfung. In: Müthlein, T./Hoffmann, T., Immobiliengeschäft: Sicher durch die Prüfung zum Bankfachwirt. Wiesbaden, S. 91–111.

Noosten, D. (2021): Die private Bau- und Immobilienfinanzierung: Eine Einführung für Planer und Anbieter von Bauleistungen. 2. Aufl., Wiesbaden.

Petersen, H./Schnoor, J./Seitz, W. (2019): Marktorientierte Immobilienbewertung. 10. Aufl., Stuttgart.

Richter, J. (2010): Die US-amerikanische Reverse Mortgage: Zur Übertragbarkeit der umgekehrten Hypothek ins deutsche Recht. In: Hanse Law Review Vol. 6 No. 1.

Roppel, C. (2020): Der demografische Wandel und die gesetzliche Rentenversicherung in Deutschland – Kapitaldeckungsverfahren, Erhöhung des Bundeszuschusses oder die Anhebung des Renteneintrittsalters als Lösung? In: Rebeggiani, L./Wilke, C. B./Wohlmann, M. (Hrsg.), Megatrends aus Sicht der Volkswirtschaftslehre. Demografischer Wandel – Globalisierung & Umwelt – Digitalisierung. Wiesbaden, S. 25–44.

Schiereck, D./Ruß, J./Tilmes, R./Haupt, T. (Hrsg.) (2020): Ruhestandsplanung – Beratungsansatz für die Zielgruppe 50plus. Wiesbaden.

Verbraucherzentrale (2021): Immobilienverrentung: Umkehrdarlehen – Leibrente – Teilverkauf. eBook Verbraucherzentrale.

Westerheide, P. (2017): Immobilien und Altersvorsorge. In: Rottke, N. B./Voigtländer, M. (Hrsg.), Immobilienwirtschaftslehre – Ökonomie. Wiesbaden, S. 493–510.

9 Immobilienverrentung als strategische Entscheidung für die gemeinnützige Vermögensverwaltung einer Stiftung

Dr. Markus Nachbaur

Abstract

Für als gemeinnützig anerkannte Stiftungen gibt es eine besondere Verantwortung bezüglich des Umgangs mit den Finanzen. Dies gilt sowohl für laufend eingenommene Mittel als auch für die Vermögensverwaltung und wird, zu Recht, meinen wir, engmaschig kontrolliert. Schließlich erhalten gemeinnützige Einrichtungen ein Steuerprivileg. Vor diesem Hintergrund gilt es genau zu betrachten, ob eine Immobilienverrentung zur Vermögensverwaltung einer gemeinnützigen Stiftung, die im Sozialsektor tätig ist, passt. Wir sind überzeugt davon, dass einige Charakteristika einer Stiftung, beispielsweise die langfristige Ausrichtung, die präzise gemeinnützige Zwecksetzung und ein Gebot zur achtsamen Vermögensverwaltung, eine ideale Grundlage für ein Angebot von Immobilienverrentungen aus dem gemeinnützigen Sektor bilden.

9.1 Einleitung

Vor etwa 20 Jahren wurde in der Stiftung Liebenau, einer operativ tätigen gemeinnützigen Sozial-Stiftung, ein Modell zur Immobilienverrentung entwickelt. In Zusammenarbeit mit der Initium AG, mit der zuvor bereits ein Produkt zum Verkauf lebenslanger Wohnungsrechte in Seniorenwohnanlagen an den Markt gebracht worden war, haben wir im Rahmen einer konkreten Anfrage einer Seniorin ein Angebot ausgearbeitet. Dabei stand für uns die Kombination aus Finanzprodukt (Verrentung) und Sozialprodukt (bedürfnisgerechtes Wohnen im Alter) und damit die Beförderung des gemeinnützigen Satzungsauftrags der Stiftung Liebenau im Fokus. Dieser beinhaltet unmittelbar die Hilfe für ältere Menschen, ebenso wie mittelbar das Fundraising und die Vermögensverwaltung.

Mit diesem neuartigen Angebot sind wir damals vorsichtig an den Markt gegangen, haben erste Erfahrungen gesammelt, das Produkt iterativ weiterentwickelt, Varianten erarbeitet und konnten damit zufriedene Verrenter für uns gewinnen. Dabei wurde im Laufe der Zeit deutlich, dass die angebotene Immobilienverrentung sehr gut zu einer gemeinnützigen Organisation passt, den Stiftungszweck fördert und in Teilen auch die Umsetzung des unmittelbaren Stiftungszwecks darstellt.

Es ist uns ein Anliegen, für unser satzungsgemäßes Handeln als gemeinnützige Stiftung den Blick auch auf bewährte und erfolgreiche Produkte und Angebote aus dem Gewerblichen zu richten. Wir können es uns nicht leisten, das Rad für den gemeinnützigen Bereich neu zu erfinden. Oft genügt eine Adaption auf unseren Sektor und unsere Organisation. So sind beispielsweise unsere Organisationsstruktur (Holding) und viele IT-Anwendungen bewährte Strukturen und Produkte aus dem gewerblichen Sektor, die wir übernehmen und anpassen konnten. Der Austausch mit gewerblichen Anbietern ist für uns neben dem Austausch mit anderen gemeinnützigen Anbietern sozialer Dienste wichtig. Wir sind überzeugt davon, dass wir als Gemeinnützige auch ins Gewerbliche wichtige Impulse und Lösungsansätze liefern können.

9.2 Das Produkt »Zustifterrente«

Die Stiftung Liebenau erwirbt die selbst genutzte Immobilie von Senioren. Es wird ein Kaufvertrag geschlossen mit Besonderheiten in der Gegenleistung des Käufers. Während in der Regel beim Kauf allein ein Kaufpreis entrichtet wird, erhalten die Verkäufer (Senioren) bei der Zustifterrente drei dinglich gesicherte Kaufpreisbestandteile: eine laufende Zahlung, ein lebenslanges Wohnungsrecht und bei frühzeitiger Aufgabe des Wohnungsrechts ein Auszahlungsversprechen über den Restwert dieses Rechts. Inzwischen werden von uns auch Varianten angeboten wie z. B. eine Einmalzahlung kombiniert mit einer laufenden Zahlung oder nur eine Einmalzahlung – das Wohnungsrecht wird immer lebenslang vereinbart und dinglich gesichert.

Ein wesentlicher Bestandteil der Zustifterrente ist es, dass die Ansprüche der Senioren, soweit möglich, dinglich gesichert werden. Dies erfolgt zum einen über die Eintragung eines lebenslangen starken dinglichen Wohnungsrechts, wie auch über eine Höchstbetragssicherungshypothek, die alle Zahlungsansprüche der Senioren absichert. Um den Vertragsbeteiligten ein Handwerkszeug für eventuell notwendige Veränderungen der Vertragsbestandteile oder auch im Falle einer vertraglichen Beendigung aufgrund des Todes an die Hand zu geben, sind notarielle Vollmachten vorgesehen, die lediglich unter Mitwirkung des beurkundenden Notars ausgeübt werden können.

Zu Beginn der 2000er-Jahre gab es noch keinen Markt für die Immobilienverrentung. Bei den potenziellen Kunden war ein solches Produkt in Deutschland fast unbekannt, die Finanzbranche, insbesondere Banken und Versicherungen haben sich damit beschäftigt, aber aus unterschiedlichen Gründen kein Angebot auf den Markt gebracht oder ihre Angebote wieder zurückgezogen.

Ein schwieriges Umfeld für »Branchenfremde« wie eine gemeinnützige Stiftung. Und vielfach unsere Überlegungen: Passt das Produkt zu uns, sind wir der richtige Anbieter? Schließen unsere Gemeinnützigkeit und unsere soziale Tätigkeit ein solches Angebot aus?

In einer ersten Analysephase haben wir zahlreiche Erkenntnisse gewonnen und unser Angebot weiter verbessert, vor allem im Hinblick auf die Bedürfnislage der Senioren, die eine Verrentung abgeschlossen haben. Und diese Bedürfnislage ändert sich laufend.

Wir bieten unser Verrentungsmodell für Senioren den Interessenten meist in mehreren Varianten an. Dabei achten wir aber seit Beginn darauf, ob unser Angebot zu den Lebensumständen und Bedürfnissen der Interessenten passt. Gegebenenfalls passen wir das Angebot an oder müssen offen kommunizieren und von einer Verrentung abraten. Auch eine Anpassung unterliegt klaren Grenzen. So ist beispielsweise eine Darlehensvergabe oder eine spekulative Kalkulation der ferneren Lebenserwartung gewerblichen Anbietern (Banken und Versicherungen) schon aus regulativen Gründen vorbehalten. Nicht die Anzahl der jährlichen Abschlüsse oder das Volumen der verrenteten Immobilienwerte stehen bei der Beratung von Interessenten in unserem Fokus, sondern die Ausgewogenheit des Angebots und die dauerhafte Zufriedenheit des Verrenters. Dieses behutsame Vorgehen hat sich bewährt. Bis heute kam es zu keinerlei Beschwerden oder gar Rechtsstreitigkeiten bezüglich einer abgeschlossenen Verrentung.

Im Ergebnis spricht vieles dafür, dass wir als gemeinnützige Sozial-Stiftung eine Immobilienverrentung anbieten. Wir sind überzeugt davon, einerseits den Markt für Immobilienverrentungen mit unserem Angebot zu bereichern, andererseits eben genau in unserem Kontext der Stiftungssatzung einen zusätzlichen Nutzen zu generieren.

9.3 Organisatorische Voraussetzungen

Wir konnten uns als Organisation nur deshalb an eine Verrentung wagen, da umfangreiches Know-how zur Immobilie insgesamt vorhanden ist und wir schon seit vielen Jahrzehnten mit entsprechender Manpower ausgestattet sind.

Eine Bauabteilung mit Ingenieur:innen und Techniker:innen, ein Facility-Management mit Ingenieuren, Techniker:innen und Handwerker:innen, eine Haus- und Wohnungsverwaltung sowie zahlreichen Ausbildungs-Handwerksbetriebe zu vielen Baugewerken sind Bestandteil des Verbundes der Stiftung Liebenau. Zwar sind sie alle seit jeher spezialisiert auf die im Kerngeschäft notwendigen Immobilien wie Wohnheime für Menschen mit Behinderung oder ältere Menschen, Ausbildungsstätten und Schulen sowie Krankenhäuser. Seit langer Zeit aber rückt im Zuge der sog. Normalisierung und Inklusion in der Begleitung von alten und behinderten Menschen ein herkömmliches Wohnen in üblichen, kleinen Einheiten in den Mittelpunkt auch dieser Fachabteilungen rund um die Immobilie. Die zahlreichen unterschiedlichen Wünsche von Senioren zum Wohnen im Alter, von »Einen alten Baum verpflanzt man nicht« bis zum generationenübergreifenden Wohnen von Jung und Alt zusammen, sind uns bekannt und wir bieten vielfältige Lösungen an.

Durch das Angebot von zahlreichen Wohnheimen und den Betrieb von Land- und Forstwirtschaft in vielen Bundesländern und etlichen Staaten in Europa sind auch die Finanzabteilung und die Rechtsabteilung mit dem Erwerb, dem Verkauf, der Errichtung und dem Erhalt von Immobilien sehr vertraut.

Das Thema »Wohnen« wird in allen unseren sozialen Tätigkeitsfeldern zunehmend wichtiger. In früheren Zeiten war das Wohnen nur Bestandteil der »Versorgung« hilfebedürftiger Menschen. Inzwischen ist die angebotene Wohnform eng gekoppelt mit den sozialen Bedürfnissen des Einzelnen. Wohnen in kleinen Wohngemeinschaften im Quartier löst vielerorts das Wohnheim für behinderte Menschen ab. Auch Senior:innen haben ihre eigenen, individuellen Vorstellungen bezüglich des Wohnens. Einige wünschen ein Wohnen gemeinsam mit ihresgleichen (»Senioren-WG«), andere exklusives Wohnen (Seniorenresidenz). Generationenübergreifendes Wohnen hat Charme für manche junge wie ältere Menschen. Die Stiftung Liebenau bietet eine breite Palette verschiedenster Wohnformen für ältere wie junge Menschen an, ebenso für gesunde wie unterstützungsbedürftige. Die Angebotspalette wird stetig den Bedürfnissen und der Nachfrage entsprechend weiterentwickelt und verbreitert. Bei der Immobilienverrentung steht bezüglich des Wohnens der Verbleib in der lieb gewonnenen und gewohnten Umgebung im Zentrum. Eine Verrentung ermöglicht eventuell diesen Verbleib finanziell und schafft erst die Möglichkeit, auch im Alter ein Haus oder die bisherige Wohnung zu halten und ggf. ambulante Hilfen in Anspruch nehmen zu können.

Nicht zuletzt hat die Stiftung Liebenau einen Ruf als finanziell solide Einrichtung sowie ausreichend freie Rücklagen, um aus freien Mitteln Verrentungen anbieten zu können. Dabei gilt seit jeher, bezogen auf die Verwaltung des Stiftungsvermögens, ein langer Anlagehorizont. Kurzfristige Überschüsse müssen nicht erzielt werden, wenngleich das Stiftungskapital erhalten und mindestens um den Kaufkraftverlust mit der Zeit aufgestockt werden muss.

9.4 Fundraising als Satzungsaufgabe und Notwendigkeit

Fachliche und organisatorische Voraussetzungen sind, wie oben geschildert, umfangreich in der Stiftung Liebenau vorhanden. Die angebotene Immobilienverrentung soll am Ende in jedem einzelnen Fall Mittel für ihren Stiftungszweck generieren. Das Erwirtschaften von Mitteln zum anschließenden Einsatz für die gemeinnützigen Zwecke der Stiftung ist Satzungsauftrag. Die Immobilienverrentung, wie sie die Stiftung anbietet, ist also ein modernes Fundraising-Instrument das langfristig dazu dient, die Leistungsfähigkeit der Stiftung in ihrer gemeinnützigen und sozialen Tätigkeit zu stärken. So verhält es sich im Übrigen auch in den USA mit der »gift annuity«, die dort von vielen hundert gemeinnützigen Organisationen angeboten wird.

Das Fundraising ist überwiegend eine »analoge« Tätigkeit. Die Begegnung und Interaktion zwischen Spendern und Empfänger erfolgt in weiten Teilen auf herkömmliche Art. Auch hier ist ein persönliches Zugehen auf spendenbereite Menschen, das Zuhören und das Suchen nach individuellen Lösungen gefragt. So verhält es sich auch bei Angelegenheiten bezüglich der Immobilie von Senioren. Das Zuhause, oft der größte Vermögensgegenstand und Lebenswerk, erfordert es, dass in persönlicher Zuwendung nach passgenauen dauerhaften Lösungen gesucht wird.

Der Spenden- und Zustiftermarkt in Deutschland ist mittlerweile groß (2021: 5,8 Milliarden Euro, lt. GFK »Bilanz des Helfens« und im Wachstum (6,8 Prozent gegenüber 2020) begriffen. Zahlreiche gemeinnützige Organisationen, seien es Katastrophenhilfe, Kultur, Sport, Soziales und weitere, bemühen sich um einen Anteil an der im Gesamten nur sehr langsam wachsenden Spendenbereitschaft. Neue Ideen und Wege sind hier gefragt, um Menschen zu gewinnen, die bereit sind, eine gemeinnützige Sache zu unterstützen.

Mit der Zustifterrente ist uns das gelungen. Eine echte Win-win-Situation.

9.5 Erfolge und Schwächen

Was kann eine gemeinnützige Stiftung mit über 150 Jahren Erfahrung in der Begleitung von behinderten und alten Menschen besonders gut im Hinblick auf eine Immobilienverrentung?

In unserem Falle ist es neben den zuvor genannten fachlichen und organisatorischen Voraussetzungen der verantwortliche und sensible Umgang mit der Beziehung zwischen Senior und der Institution.

Zuhören, Varianten entwickeln, die auf die Bedürfnisse des Einzelnen zugeschnitten sind, das Wissen um die Besonderheiten der dritten und vierten Lebensphase und eine rasche Reaktion auf veränderte Lebenssituationen – all das gehört quasi zur DNA einer Sozialeinrichtung. Ebenso verhält es sich mit der Verantwortung für vulnerable Personenkreise. Neben der entsprechenden Fachlichkeit sind hier vor allem Zuverlässigkeit und Dauerhaftigkeit gefragt, aber auch viel Flexibilität, um passgenau auf die Bedürfnisse der Senioren eingehen zu können.

So konnten bisher durchweg für beide Seiten zufriedenstellende Verrentungen durchgeführt werden. Nach 20 Jahren ist uns auch geläufig, welche Besonderheiten nach dem Auszug oder Versterben der Verrenter auftreten können – ein großer Vorteil, da wir hier auch auf der Basis der Erfahrungen rasch und den individuellen Fall betrachtend handeln können.

Es war zu erwarten und ist immanent für ein derartiges Geschäft: Als Investor in Immobilien, die von Senioren weiterhin bewohnt bleiben, ist in finanzieller Hinsicht ein langer Atem von Nöten.

In den ersten Jahren fallen ausschließlich Kosten an. Einmalzahlungen, laufende Zahlungen, Vertriebs- und Abschlusskosten sowie ggf. Instandhaltungsaufwendungen, aber auch Abschreibungen auf das Gebäude belasten die Bilanz und GuV. Ebenso findet eine Bilanzverlängerung statt; die Fremdkapitalquote steigt auch ohne Fremdfinanzierung der Verrentung allein ob der Tatsache der notwendigerweise zu bildenden Rückstellungen für das Wohnungsrecht. Erst nach vielen Jahren entstehen naturgemäß auch Einnahmen aus den Investitionen. Mieterträge, Erbbauzinsen und vereinzelt Verkaufserlöse mindern dann die jährliche Liquiditätsbelastung. Bilanziell entstehen Überschüsse.

Von Beginn an war uns bewusst, dass der Vertrieb ein Schwachpunkt sein wird. Wir können, wollen und dürfen als gemeinnützige Stiftung nicht am Markt auftreten, wie es Gewerbliche üblicherweise tun. Produktwerbung, Veranstaltungen, aufwendige Web-Präsentationen, wie in der Finanz- und Versicherungsbranche üblich, sind aus der gemeinnützigen Vermögensverwaltung heraus nicht statthaft. Diese Tatsache erfordert zusätzliche Geduld. Vor 20 Jahren bestand keinerlei Markt, potenzielle Kunden wussten nicht um ein solches Angebot. Behutsam konnten wir darüber redaktionell informieren und haben so zunehmend Bekanntheit für unser Angebot geschaffen. Inzwischen kooperiert die Stiftung bundesweit bezüglich des Vertriebs mit der Immobilien-Tochtergesellschaft des Wüstenrotkonzerns, Wüstenrot Immobilien GmbH. Etliche weitere Vertriebsvereinbarungen gibt es darüber hinaus auf lokaler Ebene mit Banken. Die echte Marktentwicklung ist aber den gewerblichen Anbietern zu verdanken. Inzwischen gibt es eine Vielzahl von Anbietern mit unterschiedlichen Verrentungsvarianten, vom Teilkauf über die Umkehrhypothek bis zur Leibrente. Jeder Anbieter trägt seinen Teil dazu bei, die Möglichkeit des »Immobilienverzehrs« als Teil der Altersversorgung bekannter zu machen. Die Kehrseite der Medaille ist, dass alle Anbieter hinsichtlich der Zuverlässigkeit und Seriosität in einem Boot sitzen. Gute wie schlechte Vorkommnisse in der Branche färben auf alle Anbieter ab. Für den gemeinnützigen Sozialkonzern ist hier besondere Vorsicht geboten – ein Reputationsschaden unbedingt zu vermeiden.

Als früher Marktteilnehmer und erster institutioneller Akteur, der dauerhaft am Markt geblieben ist, hat die Stiftung ein Branchentreffen geschaffen. »Der Liebenauer Fachtag Immobilienverrentung« konnte 2022 bereits zum dritten Mal stattfinden und dient dem Austausch der Anbieter und dem gemeinsamen Überblick über deren Produkte.

Was uns als gemeinnütziger Anbieter als größte Achillesferse derzeit bleibt, ist die körperschaftsteuerrechtliche Einordnung einer Verrentung aus der Vermögensverwaltung heraus, die nach wie vor nicht abgeschlossen ist. Wir plädieren für eine Einordnung innerhalb der Abgabenordnung.

9.6 Fazit

Die Entwicklung der Zustifterrente war für die Stiftung Liebenau aus heutiger Sicht ein Erfolg. Die strategische Entscheidung zum Markteintritt war richtig, auch wenn es kein »Selbstläufer« ist. Viele Voraussetzungen müssen gegeben sein und dennoch verbleiben Unsicherheiten. Es gilt unbedingt, mögliche Reputationsschäden aus dem gesamten Spektrum der Anbieter, ausgelöst durch deren Wirken, zu vermeiden.

Zentral für ein dauerhaftes Angebot durch die gemeinnützige Stiftung ist es, dass die Stiftung das Produkt weiterentwickeln und anbieten will, die notwendigen Voraussetzungen dafür schafft und beibehält und es damit einen festen Platz in der Strategie der Stiftung erhält. Die Idee, als Stiftung ein Immobilienverzehrprodukt zu etablieren, wurde von der Stiftung angepasst auf die satzungsgemäßen Anforderungen, wenngleich solche »Hybride« zwischen gemeinnützig und gewerblich vom Steuerrecht bisher nicht abgebildet werden.

Mit einer Immobilienverrentung durch einen gemeinnützigen Anbieter kann die Vielfalt der Angebote zum Kundennutzen erweitert und bereichert werden. Inzwischen können wir nachweisen, dass exakt ein solches Angebot von Kunden gewünscht wird. Die Stiftung Liebenau ist und bleibt ein großer Anbieter sozialer Dienstleistungen. Ein wichtiger Bestandteil ihres Fundraisings ist dabei die Zustifterrente.

10 Immobilienverrentung: Ein Höchstmaß an Sicherheit ist oberstes Gebot

Otto Kiebler

Abstract

Das abbezahlte Eigenheim ist ein großer Vermögenswert, der häufig brach liegt. Mit einer Verrentung der Immobilie können Familien diesen Wert nutzen. Vor allem für Ruheständler bietet die Immobilienverrentung eine ideale Möglichkeit, ihren Betonschatz in Barvermögen umzuwandeln und gleichzeitig lebenslang und unentgeltlich im eigenen Zuhause wohnen zu bleiben – mit Ausschluss jeglicher Bevormundung durch die Vertragspartner. Die Gesellschaft HausplusRente hat dazu vor 15 Jahren ein Konzept entwickelt, das genau diesem Prinzip folgt: Auf Basis des Nießbrauchrechts erhalten Eigentümer ein Höchstmaß an Sicherheit und Flexibilität. Dieses Konzept findet großen Zuspruch unter Immobilieneigentümern und wird heute an vielen Standorten in Deutschland sehr erfolgreich angeboten. Die Vor- und Nachteile der verschiedenen Verrentungsmodelle sollen hier ebenso aufgezeigt werden wie weitere Alternativen auf dem Markt.

10.1 Ausgangslage

Hohe Inflation und tendenziell sinkende Renteneinkommen bereiten vielen Menschen in Deutschland große Sorge. Sowohl Mieter als auch Wohneigentümer befürchten Wohlstands- und Vermögensverluste. Sinkt die Finanzkraft, kann nicht nur der gewohnte Lebensstandard gefährdet sein. Es schwindet auch das Potenzial, größere Projekte in Angriff zu nehmen, etwa den altersgerechten Umbau des Eigenheims oder die energetische Sanierung. Auch lang gehegte Wünsche wie die Anschaffung eines Wohnmobils können auf der Strecke bleiben.

Viele Ruheständler genießen zwar den Komfort einer wertvollen und abbezahlten Immobilie, müssen jedoch mit einer kleinen Rente ihren Lebensunterhalt bestreiten. Trotz Immobilieneigentum ist bei vielen Senioren das Geld knapp. Wie lässt sich dieses Dilemma lösen? Eine Möglichkeit ist der klassische Hausverkauf und der damit einhergehende Umzug in eine kleinere Wohnung. Doch wer will schon im Alter aus seinem Haus ausziehen und die gewohnte Umgebung samt Nachbarschaft verlassen? Deutlich angenehmer für Eigentümer ist die Verrentung des Eigenheims. Damit können Ruheständler in den gewohnten vier Wänden wohnen bleiben, ihr Barvermögen steigern und sich gleichzeitig finanziell bis zum Lebensende absichern.

10.2 Immobilienverrentung in vielen Fällen die beste Lösung

Auch für Ruheständler, die keine Geldsorgen plagen, kann die Immobilienverrentung die ideale Lösung sein. Dies gilt vor allem dann, wenn innerhalb der Familie überlegt wird, wer später einmal die Immobilie übernehmen soll. Die eigenen Kinder möchten nur noch selten in das Elternhaus ziehen. Beruflich bedingt oder wegen Heirat ziehen sie oft weg und werden an einem anderen Ort heimisch.

Um aber am neuen Wohnort ebenfalls Wohneigentum zu erwerben, fehlt oft das nötige Eigenkapital. Hier kann die Immobilienverrentung weiterhelfen. Der benötigte Kapitalstock kann durch eine frühzeitige Bargeldschenkung dank Verrentung aufgebaut werden. Meist ist den Kindern damit mehr geholfen als mit einer großen Erbschaft in einigen Jahrzehnten. Denn junge Familien wünschen sich nichts sehnlicher als ein eigenes Zuhause mit großem Garten für die Kinder. Auch um spätere Erbstreitigkeiten unter den Geschwistern zu vermeiden, kann die Verrentung mit anschließender Bargeldschenkung die beste Lösung sein. Bargeld lässt sich einfacher und gerechter aufteilen als Immobilienbesitz.

Das Gleiche gilt, wenn Ruheständler bestimmten Institutionen wie beispielsweise dem örtlichen Tierheim oder sozialen Einrichtungen Geld zukommen lassen möchten. Dabei ist häufig eine unterschiedliche Aufteilung des Vermögenswerts auf verschiedene Institutionen gewünscht. Auch für diesen Fall bietet die Verrentung mit anschließender Überlassung von Bargeldbeträgen eine einfache und attraktive Lösung.

Für die Immobilienverrentung sprechen zudem steuerliche Gründe. So wird die Idee, die Immobilie später Nichten und Neffen zukommen zu lassen, wegen der hohen steuerlichen Belastungen oft wieder fallen gelassen. Der Freibetrag beträgt gerade mal 20.000 Euro. Die Differenz zum Marktwert ist mit 30 Prozent Erbschaftssteuer belastet. Meist kann nur durch den schnellen Verkauf der Immobilie die Steuerlast bedient werden.

10.3 Erste Schritte für die Immobilienverrentung in Deutschland

Das Prinzip der Immobilienverrentung in Deutschland entwickelte sich etwa ab den Jahren 2005/2006. Maßgeblich daran beteiligt war die HausplusRente GmbH. In diesen Jahren tauchte in Kundengesprächen immer häufiger die Fragestellung auf: Wie kann ich meine Immobilie, die mittlerweile erheblich an Wert gewonnen hat, gewinnbringend verrenten, ohne aus meinem Haus oder der Wohnung ausziehen zu müssen? Anders gesagt: Welche Möglichkeit besteht bereits zu Lebzeiten, auf den Immobilienwert zurückzugreifen und das Kapital nutzbar zu machen und trotzdem weiterhin in den eigenen vier Wänden wohnen zu bleiben? Ein Haus ist schließlich mehr als eine Immobilie. Es ist Heimat für seine Bewohner.

Um eine überzeugende Antwort zu finden, war eine Bestandsaufnahme unter folgender Fragestellung notwendig: Welche Verrentungsmodelle sind am deutschen Markt vorhanden und warum finden diese Angebote – im Gegensatz zum angelsächsischen Raum – keinen größeren Zuspruch? Bei der Analyse wurden auch entsprechende Angebote aus den USA, Frankreich und Großbritannien untersucht. Eine spannende Frage war: Inwieweit ist es möglich, die dortigen Modelle auf Deutschland zu übertragen?

Das Ergebnis: Keines der Modelle war auf Deutschland übertragbar, da diese Konzepte emotional nicht den Vorstellungen deutscher Immobilieneigentümer entsprechen. Die Basis dieser Verrentungskonzepte ist stets ein Immobilienkredit mit der Besonderheit, dass weder Zinsen noch Tilgung geleistet werden müssen. Die berechneten Zinsen erhöhen jedoch permanent die Darlehensschuld. Der Gedanke, sich mittels Schulden einen höheren Lebensstandard zu gönnen, ist zumindest für die jetzige Seniorengeneration in Deutschland nicht vorstellbar. Eine Immobilienverrentung in Deutschland findet nur ohne Verschuldung der Eigentümer breite Akzeptanz.

10.4 Grundvoraussetzung für die Immobilienverrentung: Maximale Sicherheit

Die eigene Immobilie ist häufig der mit Abstand größte Vermögensteil vieler Haushalte. Für die ältere Generation stellt das Eigenheim oft sogar die finanzielle Lebensleistung dar. Der Bau bzw. Kauf der Immobilie und anschließend die meist über Jahrzehnte andauernden Annuitätenzahlungen gehen oft mit erheblichen Konsumeinschränkungen einher. Verständlich ist es daher, dass nur ein Verrentungskonzept infrage kommt, das ein Höchstmaß an Sicherheit gewährleistet. Die vereinbarte Kapitalzahlung muss absolut garantiert erfolgen und es muss weiterhin das Recht bestehen, das Eigenheim uneingeschränkt und unentgeltlich nutzen zu können – also ohne Zahlung einer Miete oder eines Nutzungsentgelts.

Selbst im Extremfall, wenn der neue Eigentümer beispielsweise in wirtschaftliche Schwierigkeiten kommt – was niemand für einen solch langen Zeitraum mit absoluter Sicherheit ausschließen kann –, und das Objekt im Rahmen einer Zwangsversteigerung einen neuen Eigentümer findet, selbst in diesem Fall darf das lebenslange, unentgeltliche Nutzungsrecht nicht gefährdet sein.

Vor diesem Hintergrund ergeben sich folgende Grundvoraussetzungen für ein breit akzeptiertes Verrentungsmodell in Deutschland:

- 100-prozentige Sicherheit, dass die Geldzahlung sofort erfolgt.
- 100-prozentige Sicherheit, dass das Nutzungsrecht auch im Falle einer Insolvenz des Erwerbers nicht verloren gehen kann.
- 100-prozentige Sicherheit, dass jegliche Bevormundung bezüglich der Immobilie ausgeschlossen ist.

10.5 Nießbrauch garantiert ein Höchstmaß an Sicherheit

Das stärkste Recht im Immobilienbereich ist das Nießbrauchrecht gemäß §§ 1070 ff. BGB. Im Gegensatz zum rechtlich wesentlich schwächeren Wohnungsrecht, das lediglich ein Nutzungsrecht zur Folge hat, ist das Nießbrauchrecht ein »Eigentumsrecht«. Der bisherige Eigentümer bleibt als Nießbrauchbegünstigter der wirtschaftliche Eigentümer seiner Immobilie.

Im Gegensatz zum Wohnrecht endet das Nießbrauchrecht nicht mit dem Auszug aus der Immobilie, sondern bleibt bis zum Lebensende des Nießbrauchbegünstigten bestehen. Im Falle eines Auszugs stehen ihm daher die »Früchte« der Immobilie, also die erzielbare Miete, lebenslang zu. Diese entsprechen in ihrer Höhe der Miete, die zu diesem Zeitpunkt am Markt erzielbar ist. Diese zusätzlichen Erträge sind insbesondere dann sehr notwendig, wenn zu einem späteren Zeitpunkt ein Umzug in eine Seniorenresidenz oder betreutes Wohnen erforderlich sein sollte. Optional kann der Nießbrauchbegünstigte mit dem Erwerber eine weitere steuerfreie Einmalzahlung zur Ablösung des Restnießbrauchs vereinbaren.

Mit diesen Optionen ist ein hohes Maß an Flexibilität für die Senioren verbunden. Sie können täglich entscheiden, ob sie die Immobilie weiterhin selbst nutzen wollen oder ob sie sich wohnungsmäßig verändern möchten. Auch die Wahlmöglichkeit zwischen laufenden Mietzahlungen oder einer weiteren Einmalzahlung zur Ablösung des Nießbrauchrechts schafft die gewünschte Flexibilität.

Ein weiterer großer Vorteil des Nießbrauchrechts ist der Inflationsschutz. Bei einem vorzeitigen Auszug wird die Miete bzw. die weitere Einmalzahlung der dann gegebenen Währungs- und Geldwertentwicklung angepasst. Dies ist vor allem in Zeiten erhöhter Inflationsraten und der Risiken hinsichtlich der weiteren mittel- bis langfristigen Entwicklung des Euros für viele Senioren von großer Bedeutung.

10.6 Berücksichtigung emotionaler Faktoren

Neben maximaler Sicherheit spielt die Berücksichtigung emotionaler Faktoren bei der Immobilienverrentung eine entscheidende Rolle. Auch hier ist das Nießbrauchrecht von großer Bedeutung. Da der oder die Eigenheimbesitzer weiterhin wirtschaftlicher Eigentümer ihrer Immobilie bleiben, sind sie weiterhin alleiniger Herr/alleinige Herrin ihres Immobilienbesitzes. Niemand darf – ungefragt – ihre Immobilie betreten, jegliche Bevormundung durch den neuen juristischen Eigentümer ist ausgeschlossen. Im notariellen Kaufvertrag wird lediglich vereinbart, dass der Nießbrauchbegünstigte verpflichtet ist, notwendige Reparaturen ausführen zu lassen. Da er in der Regel weiterhin für die Instandsetzung seiner Immobilie selbst aufkommt, hat er es auch selbst in der Hand, welche Instandsetzungen oder Ausbesserungen zu welchem Zeitpunkt von welchen Handwerkern entsprechend seinen persönlichen Vorgaben ausgeführt werden. Die Erfahrung zeigt, dass bisherige Eigentümer ihre selbst genutzte Immobilie weiterhin wie »ihr« eigenes Eigentum pflegen.

Sind bereits vor Vertragsabschluss größere Instandsetzungsmaßnahmen, zum Beispiel bei Flachdächern, Tiefgaragensanierungen, Heizung usw., mit ungewissen hohen Kosten absehbar, so kann diesbezüglich eine Kostenübernahme oder Kostenaufteilung vertraglich vereinbart werden.

Das Konzept, den Immobilieneigentümern die gewünschte 100-prozentige Sicherheit durch die Einmalzahlung und die Eintragung des lebenslangen unentgeltlichen Nießbrauchrechts an erster Rangstelle im Grundbuch zu gewährleisten, ermöglicht der »Immobilienverrentung« in Deutschland die breite Akzeptanz und große Nachfrage. Wichtig für eine erfolgreiche Umsetzung in der Praxis ist, dass es sowohl für Immobilieneigentümer als auch für Erwerber ein echtes Win-win-Modell ist.

10.7 Verrentungsangebote im Vergleich

Das **Nießbrauchkonzept** wird neben der **Leibrente** von Immobilieneigentümern mit Abstand am häufigsten gewählt, da sie tatsächlich das »Betongold« in eine Einmalzahlung oder eine monatliche Rente wandeln. Daneben finden sich unter dem Begriff »Verrentung« weitere Angebote am Markt, die allerdings keine tatsächliche Verrentung im eigentlichen Sinn darstellen. Dazu gehören:

- Verkauf mit anschließender Rückmietung (Sale and lease back)
- Teilverkauf
- Senioren-Darlehen

Auch diese Alternativen werden im Folgenden mit Vor- und Nachteilen näher dargestellt.

10.8 Immobilienverrentung mit Nießbrauch

10.8.1 Das Konzept

Nießbrauch ist – bezogen auf Immobilien – der Verkauf der Immobilie unter dem Vorbehalt, dass der bisherige Eigentümer seine Immobilie weiterhin als wirtschaftlicher Eigentümer nutzt. In der Regel wird das Nießbrauchrecht auf Lebenszeit der begünstigten Person abgeschlossen. Der Nießbrauch kann auch für einen befristeten Zeitraum abgeschlossen werden. Die Mindestlaufzeit sollte in diesem Fall 10 Jahre betragen. Nach Ablauf dieser Frist hat der Begünstigte zwei Möglichkeiten: entweder Auszug aus dem Objekt oder – bei Zustimmung des Erwerbers – Abschluss eines Mietvertrags zu den entsprechend gültigen Mietkonditionen. Der befristete Nießbrauch ist in der Praxis eher die Ausnahme, nur etwa 10 Prozent der Kunden wählen diese Variante.

Nach Vorliegen des Gutachtens eines unabhängigen Sachverständigen, der vom Eigentümer selbst beauftragt wird, können die für die Verrentung erforderlichen rechnerischen Werte ermittelt werden.

Die Formel dazu lautet: Auszahlungsbetrag + Nießbrauchwert = Marktwert

Der Nießbrauchwert ergibt sich aus dem Mietwert gemäß dem Gutachten, multipliziert mit der mittleren Lebenserwartung gemäß der Rententafel der Deutschen Aktuarvereinigung e. V. (DAV), abzüglich einer Abzinsung entsprechend dem Liegenschaftszins oder den Marktgegebenheiten. Der Eigentümer erhält also den vollen Marktwert aufgeteilt in zwei Leistungen: in die Einmalzahlung und in den Wert der unentgeltlichen Nutzung seiner Immobilie.

Wichtig ist, dass die rechnerische Ermittlung der Einmalzahlung und des Nießbrauchwerts dem Interessenten plausibel und ausführlich erklärt wird. Die Berechnung soll für die Immobilieneigentümer gut nachvollziehbar sein. Die häufig von Journalisten geäußerte Vermutung, dass bei einer Verrentung hohe Abschläge hingenommen werden müssen, ist vor allem darauf zurückzuführen, dass eine ausführliche Auseinandersetzung mit dieser Thematik nur bedingt stattgefunden hat.

10.8.2 Das Nießbrauchkonzept aus Investorensicht

Die Immobilienverrentung mit Nießbrauch hat nicht nur für Eigentümer viele Vorteile, sie bietet auch Investoren und Kapitalanlegern erstklassige Chancen.

Die wesentlichen Vorteile

- Kapitalanleger erhalten Zugang zu Wohnimmobilien, die noch nicht am Markt angeboten werden. Der Einkaufspreis liegt – in Abhängigkeit vom Alter der Immobilieneigentümer – zwischen 50 und 60 Prozent des heutigen Marktwerts, der von einem unabhängigen Gutachter festgestellt wird.
- Alle üblichen Immobilienkosten, die z. B. ein Vermieter einer Wohnimmobilie zu tragen hat, die sog. nicht umlegbaren Nebenkosten, fallen nicht an, da sie weiterhin vom bisherigen Immobilieneigentümer und künftigen Nießbrauchnehmer übernommen werden.
- Alle Mietrisiken entfallen. Das Risiko des Leerstands, der Mieterreklamationen, der Mietminderungen wegen angeblicher Mängel und der staatlichen Reglementierungen wie etwa Mietpreisbremse, Mietendeckel etc. entfällt.
- Alle Instandsetzungskosten werden weiterhin vom Nießbrauchbegünstigten übernommen.
- Jegliche Verwaltungsarbeit, Nebenkostenabrechnungen, Mahnwesen, Objektbesichtigungen, Angebotseinholung, Prüfung und Überwachung von Instandsetzungsarbeiten, Teilnahme an Eigentumsversammlungen etc. entfallen.

- Der Investor hat den besten Bewohner seiner Immobilie, den er sich vorstellen kann: den bisherigen Eigentümer. Psychologisch ist die Immobilie weiterhin »sein« Eigentum, denn der bisherige Besitzer bleibt der wirtschaftliche Eigentümer der Immobilie.

Hohes Wertsteigerungspotenzial

Ein weiterer wichtiger Punkt ist das Wertsteigerungspotenzial. Investoren bieten sich gleich in dreifacher Hinsicht enorme Renditechancen:

- Bei einer Wertsteigerung der Immobilie von z. B. 3 Prozent pro Jahr beträgt die Wertsteigerung für den Nießbrauchinvestor bereits 5 Prozent jährlich, da sein Einkaufspreis lediglich ca. 60 Prozent des Marktwerts betrug.
- Der Nießbrauchabschlag von z. B. 40 Prozent reduziert sich permanent mit zunehmendem Alter des Begünstigten und führt zu einer weiteren jährlichen Wertsteigerung von über 4 Prozent pro Jahr bei einer Laufzeit von 15 Jahren.
- Im Ergebnis erhöht sich die jährliche Wertsteigerung gegenüber dem normalen Immobilienerwerb um das Dreifache, und zwar von 3 Prozent auf über 9 Prozent pro Jahr.

Hinzu kommt, dass das Baurecht der erwerbbaren Grundstücke häufig nicht ausgeschöpft ist, sodass durch eine entsprechende Nachverdichtung nach Ablauf des Nießbrauchs eine zusätzliche Ertragschance gegeben ist.

Beispielrechnung

Das nachfolgende Beispiel zeigt, welche konkrete Wertsteigerung Investoren in der Vergangenheit erzielen konnten. Ein Family-Office hat im ersten Halbjahr 2019 bundesweit 23 Nießbrauchobjekte von HausplusRente erworben. Die Investoren haben bewusst die Investition auf mehrere Standorte verteilt. So wurden Objekte in Berlin, Hamburg, Frankfurt, Köln, Düsseldorf, Stuttgart und München erworben. Insgesamt waren es 23 Objekte zum Kaufpreis von 8,5 Millionen Euro.

Wie die Abbildung 1 zeigt, betrug der damalige Marktwert der Objekte gemäß Sachverständigengutachten 15,3 Millionen Euro, der Nießbrauchabschlag betrug 6,0 Millionen Euro.

Im Rahmen des jährlichen Reportings über die aktuelle Wertentwicklung ergaben sich per 31.12.2022 folgende aktuelle Werte:

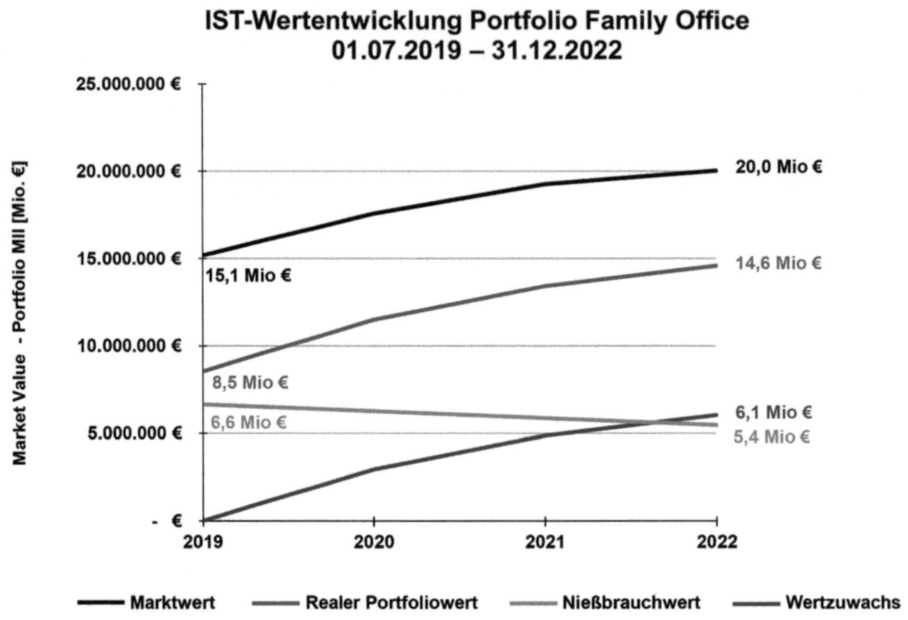

- Ankaufspreis entspricht 56% des damaligen Marktwerts
- Marktwert: +9,3 % p.a. von 15,1 Mio € auf 20,0 Mio €
- Reduzierung Nießbrauchwert: -18 % von 6,6 Mio € auf 5,4 Mio €
- Entwicklung Investment: +72 % von 8,5 Mio € auf 14,6 Mio €

→ Unter Berücksichtigung der Erwerbsnebenkosten (1,0 Mio €) ergibt sich ein Wertzuwachs von +54 %

Abb. 1: IST-Entwicklung Portfolio Family Office

Selbst wenn in naher Zukunft die Wertsteigerung von Wohnimmobilien deutlich niedriger sein sollte, lässt sich mit Nießbrauchobjekten ein deutlich höherer Wertanstieg erreichen als mit einer normalen Immobilieninvestition.

10.9 Leibrente

Eine weitere klassische Verrentung der Immobilie stellt der Objektverkauf auf Leibrentenbasis dar. Bei diesem Modell erhält der Verkäufer das lebenslange Wohnrecht an seiner Immobilie und eine monatliche Leibrente. Es kann aber auch ein größerer Einmalbetrag vereinbart werden, kombiniert mit einer entsprechend reduzierten Rente.

Im Gegensatz zu Privatinvestoren ist es gewerblichen Käufern nicht mehr möglich, Zusagen für lebenslange garantierte Renten zu erteilen. Die Bundesanstalt für Finanzdienstleistungsaufsicht (BaFin) hat dies untersagt, da die Zusage einer lebenslangen garantierten Rente in Deutschland ausschließlich Versicherungsgesellschaften gestattet ist. Derzeit können Leibrentenanbieter nur noch eine sog. Zeitrente, also eine zeitlich befristete Rente, anbieten. Für Investoren aus dem privaten Bereich gilt diese Regelung nicht. Sie dürfen auch weiterhin lebenslang garantierte Leibrente abschließen.

Vorteile
Der bisherige Eigentümer hat ein lebenslanges Wohnrecht und zusätzlich eine Zeitrente (bei gewerblichen Anbietern) oder eine lebenslange Rente (bei privaten Anbietern oder gemeinnützigen Stiftungen). Daneben gibt es die Möglichkeit einer größeren Einmalzahlung mit einer reduzierten Rente. In der Regel werden die Instandsetzungskosten vom Leibrentenkäufer übernommen.

Nachteil
Das größte Risiko bei einem Abschluss auf Leibrentenbasis ist letztlich gegeben, wenn der Erwerber seinen Leibrentenverpflichtungen z. B. wegen Insolvenz nicht mehr nachkommen kann. Eine Rückabwicklung setzt den Austausch aller erhaltenen Leistungen voraus. Dies bedeutet, dass das Eigentum erst dann rückübertragen wird, wenn der frühere Eigentümer die erhaltene Leibrente und die nicht bezahlte Miete – da er aufgrund des Wohnrechts unentgeltlich gewohnt hat – auf das Insolvenzkonto überwiesen hat. Da eine Kreditaufnahme für diesen Personenkreis aufgrund der gesetzlich vorgegebenen Wohnimmobilienkreditrichtlinie weitgehend ausgeschlossen ist, bleibt nur noch die Möglichkeit, im Rahmen der Versteigerung der Immobilie einen entsprechenden Erlös zu erhalten.

Einen Ausweg aus diesem Dilemma bieten Verträge mit Rückfallklausel. Hierbei wird das Insolvenzrisiko ausgeschlossen, indem für den Fall der Nichtzahlung der Leibrente über festgelegte Monate hinaus im Kaufvertrag eine sog. Rückfallklausel vereinbart wird, sodass das Eigentum im Falle der Nichtzahlung der Leibrente wieder an den ursprünglichen Eigentümer zurückfällt. Die Konditionen im Falle des Rückfalls – ob ersatzlos oder mit einer Restvergütung – sind vertraglich zu regeln. Gewerbliche Leibrentenkäufer akzeptieren solche Rückfallklauseln unserer Erfahrung nach nicht.

10.10 Verkauf mit Rückmietung (Sale and lease back)

Eine Verrentungsalternative kann der Verkauf mit Rückmietung sein. Diese Variante wird sehr häufig von Verbraucherschützern und Maklergesellschaften empfohlen. Sie stellt im klassischen Sinn aber keine Verrentung der Immobilie dar. Der Erwerber zahlt den vollen Kaufpreis ohne Abschlag. Im Gegenzug schließt er mit dem bisherigen Immobilieneigentümer einen Mietvertrag ab. Dieser Mietvertrag wird im Rahmen des Kaufvertrags der notariellen Urkunde als Bestandteil beigefügt. Zugleich wird im Kaufvertrag eine Kündigung des Erwerbers wegen Eigennutzung ausgeschlossen. Diese Variante eignet sich allerdings nur für Immobilieneigentümer, die nur noch einen begrenzten und absehbaren Zeitraum in ihrer Immobilie domizilieren wollen, zum Beispiel 3 bis 7 Jahre.

Vorteile

Die Vorteile sind für den Immobilieneigentümer die volle Kaufpreiszahlung sowie die Übernahme aller nicht umlegbaren Nebenkosten durch den Käufer und ein Mietvertrag, der, wenn nicht anders vereinbart, mit dreimonatiger Kündigungsfrist aufgelöst werden kann.

Nachteile

Zu den Nachteilen zählt, dass der bisherige Eigentümer das komplette Inflationsrisiko des Geldwerts trägt. Des Weiteren reduzieren die anstehenden Mietsteigerungen – häufig werden mit Mietern sog. Indexverträge abgeschlossen – den Kaufpreiserlös oft viel schneller als gedacht. Auch ist es für viele Eigentümer nur schwer vorstellbar, plötzlich nur noch Mieter ihrer eigenen Immobilie zu sein. Denn das bedeutet u. a.: Sie besitzen nur noch Mieterrechte und der neue Eigentümer kann – ungefragt – Veränderungen an »ihrer Immobilie« vornehmen.

10.11 Teilverkauf

Um die »Verbraucher« vor einer Insolvenz zu schützen, hat die EU im April 2016 die Wohnimmobilienkreditrichtlinie beschlossen. Seit diesem Zeitpunkt ist es den Banken untersagt, Ruheständlern für die selbst genutzte Immobilie Darlehen zu vergeben. Was ursprünglich dem Schutz der Eigentümer vor einer Zwangsversteigerung gedacht war, hat letztlich für alle Immobilieneigentümer im Seniorenalter bezüglich der eigengenutzten Immobilie sehr negative Auswirkungen. Der Wert der Immobilie wird bei der Kreditvergabe nicht mehr berücksichtigt, die Bank muss ausschließlich auf das derzeitige und künftige Einkommen sowie das Alter des Eigentümers abstellen. Die Folge dieser gesetzlichen Vorgabe und der stark eingeschränkten Möglichkeit der Kreditaufnahme für Eigennutzer war die neue Produktalternative zum Darlehen: der Teilverkauf.

Funktionsweise

Der Immobilieneigentümer verkauft mindestens 10 Prozent bis maximal 50 Prozent seiner Immobilie an eine Gesellschaft. Der Mindestbetrag muss 100.000 Euro betragen. Dafür erhält er eine Einmalzahlung entsprechend dem verkauften Teil seiner Immobilie – gemäß dem vorliegenden Verkehrswert eines Gutachters – und kann seine Immobilie mit einem eingetragenen Nießbrauchrecht weiter allein nutzen. Für diese Nutzung fällt ein sog. Nutzungsentgelt an, das nach derzeitiger Zinslage bei 5 bis 7 Prozent pro Jahr liegt und in der Regel für 10 Jahre fix ist. Danach erfolgt eine entsprechende Marktanpassung, die je nach Anbieter unterschiedlich hoch ausfällt.

Da die Abwicklung fast ausschließlich auf den Wert der Immobilie abstellt und eine Rückkaufmöglichkeit eingeräumt wird, hat dieses Modell am Markt schnell die Aufmerksamkeit auf sich gezogen. Nachdem das Konzept des Teilverkaufs so ausgestaltet ist, dass die Ankäufer weitestgehend risikolos und sicher erfreuliche Margen vereinnahmen können, kann von deren Seite ein hohes Werbebudget finanziert werden. Die Abwicklung erfolgt weitgehend digital, intensive und oft über einen längeren Zeitraum erfolgende Beratungsgespräche sind hier nicht üblich.

Vorteile

Der Teilverkauf bietet für einen bestimmten Personenkreis durchaus die Möglichkeit, seine finanzielle Situation zu verbessern. Insbesondere dann, wenn eine Verrentung noch nicht möglich ist, da das Mindestalter von 65 Jahren noch nicht gegeben ist und ein sog. Seniorendarlehen aus Bonitätsgründen ausscheidet, ist der Teilverkauf die oft einzige Lösung. Die Möglichkeit des Rückkaufs wird von Immobilieneigentümern als weiterer Vorteil gesehen.

Nachteile

- Das monatliche Nutzungsentgelt reduziert das verbleibende Einkommen der Senioren erheblich. Nach Ablauf der vereinbarten Festschreibungsfrist des Nutzungsentgelts ist ein signifikanter Anstieg dieser monatlichen Zahlung denkbar. Bei einigen Gesellschaften erhöht sich der Zinssatz entsprechend der Indexentwicklung der Kaufpreise – unabhängig von der Zinsentwicklung!
- Bei Rückkauf fallen erneut hohe Erwerbsnebenkosten wie Grunderwerbsteuer, Notar- und Grundbuchkosten für den Kaufvertrag und die Löschung der Grundschuld an. Darüber hinaus ist der erhaltene Betrag um die festgestellte Wertsteigerung der Immobilie, mindestens jedoch zu 117 Prozent zurückzuzahlen. Hinzu kommen – bei einem Verkauf – die Maklerkosten.
- Von Verbraucherschützern und Notaren wird diese »Darlehensalternative« sehr kritisch verfolgt. Viele Notare lehnen die Beurkundung solcher Teilverkaufsverträge sogar ab, da diese Verträge aus ihrer Sicht zu einseitig zugunsten der Teilankäufer gestaltet oder einige Regelungen aus ihrer Sicht rechtlich unwirksam sind.

10.12 Seniorendarlehen

In Deutschland ist es Banken aufgrund der Wohnimmobilienkreditrichtlinie untersagt, an Senioren Immobiliendarlehen für die selbst genutzte Immobilie auszureichen. Doch es gibt alternative Möglichkeiten. So sind zum Beispiel Versicherungsgesellschaften von dieser Regelung ausgenommen. Sie können auch an Ruheständler sog. Seniorendarlehen vergeben. Inzwischen gibt es sogar eine deutsche Bankengruppe, die über ihre Tochterbank in Luxemburg solche Seniorendarlehen am Markt anbietet.

Funktionsweise

Ausgereicht werden Darlehen bis maximal 50 Prozent des Werts der Immobilie. Der Mindestbetrag liegt bei 100.000 Euro. Die Verzinsung ist entweder variabel (bei Banken) oder auf einen längeren Zeitraum festgeschrieben (bei Versicherungsgesellschaften). Der Darlehensnehmer bezahlt lediglich die Zinsen. Eine Tilgung erfolgt nicht. Die Idee ist, dass die Erben das Darlehen, gegebenenfalls aus dem Verkaufserlös, zurückzahlen.

Vorteile

Seniorendarlehen sind erheblich günstiger als der Teilverkauf der Immobilie. Bevor ein Teilverkauf anvisiert wird, sollten Immobilieneigentümer immer prüfen, ob ein Seniorendarlehen möglich ist. In diesem Fall ist lediglich die Eintragung einer Grundschuld erforderlich und nicht die Aufnahme eines Teilkäufers als Miteigentümer. Hinzu kommt die Möglichkeit der jederzeitigen Rückzahlung oder Teilrückzahlung bei variablen Konditionen.

Nachteile

Dazu gehören die monatlichen Zinsausgaben, die bei variablen Konditionen laufend an das Zinsniveau angepasst werden. Bei Zinsfestschreibung besteht das Risiko der Zahlung einer Vorfälligkeitsentschädigung, wenn das Darlehen vorzeitig zurückbezahlt wird.

10.13 Fazit

Die Verrentung von Immobilien wird inzwischen auch in Deutschland immer häufiger von Senioren wahrgenommen und sie wird angesichts sinkender Renten künftig ein wichtiger Baustein der Altersvorsorge sein. Da das Familienheim oft die bedeutendste finanzielle Lebensleistung von Senioren darstellt, sollten bei der Verrentung keinerlei Risiken eingegangen werden. Es ist sehr wichtig, dass die Immobilieneigentümer über alle relevanten Informationen verfügen, welche Verrentungsoptionen genau zur Verfügung stehen und worin sie sich unterscheiden. Eine individuelle und ausführliche Beratung sollte daher jeder Entscheidung vorausgehen. Oberste Priorität hat dabei: ein Höchstmaß an Sicherheit. Für ihr Gesamtkonzept wurde die HausplusRente GmbH in einer ersten wissenschaftlichen Studie – bei einem unabhängigen Vergleich aller Anbieter – im Jahr 2022 als bester Anbieter Deutschlands ausgezeichnet.

11 Die Relevanz der ESG-Kriterien im Immobilienteilverkauf

Christoph Neuhaus

Abstract

Der Immobilienteilverkauf löst nicht nur ein reales Problem zahlreicher Immobilieneigentümer, er leistet auch einen wichtigen Beitrag für mehr Nachhaltigkeit. Im Folgenden wird aufgezeigt, aus welchen sozialen Aspekten der Teilverkauf entwickelt wurde und wie Teilverkaufunternehmen die Themen Umweltschutz, soziale Gerechtigkeit und gute Unternehmensführung vorantreiben und die als ESG-Ziele bekannten Faktoren in der Praxis umsetzen.

11.1 Die Entstehung des Immobilienteilverkaufs in Deutschland

Als mein Geschäftspartner Alexander Ey und ich den Immobilienteilverkauf im Jahr 2018 entwickelt haben, war unsere Inspiration, ein weit verbreitetes Problem aus der Praxis zu lösen: Aus dem Umfeld unserer Eltern bekamen wir immer öfter Folgendes zu hören: »Ich bin endlich in Rente und habe eine eigene Immobilie – aber nicht ausreichend Kapital, um meinen Ruhestand genießen zu können.«

Wie kann es sein, dass Menschen, die vor Jahrzehnten die kluge Entscheidung für eine eigene Immobilie getroffen haben, ihr Vermögen im Rentenalter nicht nutzen können? Das war in unseren Augen alles andere als fair. Schließlich haben diese Menschen ihr Leben lang hart für ihre Altersvorsorge – ihr Eigenheim – gearbeitet und zumeist viel Geld in die Tilgung der Kredite, in Renovierungen und Sanierungen gesteckt.

Der Teilverkauf als Lösung für Immobilieneigentümer mit Kapitalbedarf
Uns war schnell klar: Wir wollen eine Lösung für dieses Problem finden. Denn wir sind der festen Überzeugung, dass jeder Immobilieneigentümer die Möglichkeit haben sollte, seinen Ruhestand finanziell sorgenfrei in den eigenen vier Wänden zu genießen – und zu Lebzeiten von seinem Betonvermögen zu profitieren.

Mit der Gründung von wertfaktor im Jahr 2018 haben wir den Immobilienteilverkauf erfolgreich an den Markt gebracht und damit auch gleich den deutschen Immobilienverrentungsmarkt revolutioniert. Der Teilverkauf bietet heute – nur fünf Jahre nach dem Start – einen echten Mehrwert für Senioren mit Immobilieneigentum, und wir arbeiten weiter hart dafür, dass das Modell dort ankommt, wo es hingehört: in die Mitte der Gesellschaft.

11.2 So funktioniert der Immobilienteilverkauf

Bei einem Teilverkauf veräußern Eigentümer nur einen Teil ihrer Immobilie – ab 100.000 Euro und bis maximal 50 Prozent ist alles möglich. Sie nutzen ihr Zuhause – dank eines Nießbrauchrechts – wie zuvor allein. Der Ablauf ist denkbar einfach:

1. Voraussetzungen prüfen: Interessierte Kunden sollten mindestens 55 Jahre alt sein, um ein lebenslanges Nießbrauchrecht zu erhalten. Zudem sollte die Immobilie mindestens 200.000 Euro wert sein. Denkmalgeschützte Immobilien sowie Erbpacht-Immobilien sind von einem Teilverkauf leider ausgeschlossen.
2. Erste Preisschätzung: Erfüllen die Kunden die genannten Voraussetzungen, erhalten sie auf der Basis von detaillierten Angaben, die sie zu ihrer Immobilie machen, ein erstes unverbindliches Kaufangebot.
3. Bewertung durch einen Gutachter: Sagt den Kunden die erste Einwertung ihrer Immobilie zu, wird ein Gutachtertermin vereinbart. Die Kunden können einen zertifizierten Gutachter aus ihrer Region wählen. Es folgen ein Ortstermin und die Erstellung des Verkehrswertgutachtens.
4. Verbindliches Kaufangebot: Auf der Basis des Gutachtens wird den Kunden ein verbindliches Angebot unterbreitet. Bestätigen sie dieses, wird im Anschluss der Notar ausgewählt, der den Kaufvertrag erstellt.
5. Vertragsprüfung und Notartermin: Die Kunden erhalten den Kaufvertrag vom Notar und können ihn eingehend prüfen. Frühestens 14 Tage nach Erhalt des Vertrags erfolgt die Vertragsunterzeichnung für den Teilverkauf beim Notar.
6. Auszahlung des Kaufpreises: Sobald alle notwendigen Formalitäten mit den zuständigen Ämtern abgeschlossen sind, wird der Kaufpreis auf das Konto der Kunden überwiesen. Die Kunden zahlen für die Nutzung des verkauften Anteils ein monatliches Nutzungsentgelt.

Der Teilverkauf stellt eine schnelle und unkomplizierte Lösung für Immobilieneigentümer dar, die zu Lebzeiten von ihrem Betonvermögen profitieren wollen – aber nicht auf ihr gewohntes Umfeld verzichten möchten. Dabei ist es völlig unerheblich, wofür das Kapital benötigt wird. Ein Teilverkauf ist nicht zweckgebunden.

Einigen unserer Kunden geht es um die Erhaltung ihres Lebensstandards, sie wollen sich lang gehegte Träume wie zum Beispiel eine große Weltreise erfüllen oder ihren dritten Lebensabschnitt einfach schuldenfrei verleben, indem sie die Restschuld ihrer Immobilie ablösen. Seit dem Ukraine-Konflikt und der damit verbundenen Energiekrise setzen viele unserer Kunden auch auf das Thema energetische Sanierung. Eine energetische Sanierung schont langfristig nicht nur den Geldbeutel, sondern auch die Umwelt. Damit kommen wir zu einem sehr relevanten Thema: Nachhaltigkeit.

11.3 Die Relevanz von ESG-Kriterien bei Teilverkaufunternehmen

Welche Rolle spielt Nachhaltigkeit im Bereich des Immobilienteilverkaufs? Fakt ist: Das Thema gewinnt in der Gesellschaft zunehmend an Bedeutung und wird auch für Unternehmen zu einem unabdingbaren Faktor in Sachen Wettbewerbsfähigkeit. Gerade im Bereich der Finanzdienstleistungen, in dem der Immobilienteilverkauf angesiedelt ist, ist der Nachhaltigkeitsaspekt ein sehr wichtiger Aspekt.

Die sogenannten ESG-Kriterien spielen in diesem Zusammenhang die zentrale Rolle. ESG steht für Environmental (E), Social (S) und Governance (G) und beschreibt eine Fülle an Kriterien in den Bereichen Umwelt, Soziales und guter Unternehmensführung.

11.4 Environmental: Der Teilverkauf und der Umweltschutz

Eigentümer, die sich für den Immobilienteilverkauf entscheiden, sind in den meisten Fällen 55 Jahre und älter. Auch ihre Häuser und Wohnungen sind oftmals in die Jahre gekommen. Nicht alle Immobilien entsprechen daher den neuesten Standards in Bezug auf ihre Energieeffizienz. Hier können die Teilverkaufanbieter helfen. Denn die energetische Bilanz der angekauften Immobilien ist auch uns als Miteigentümer wichtig. Jeder Anbieter sollte seinen Kunden als Immobilienexperte beratend zur Seite stehen.

11.4.1 Energetische Sanierung durch Teilverkauf finanzieren

Wer einen Teil einer Immobilie ankauft, verfügt über eine gute Expertise und wird seine Miteigentümer natürlich auch über mögliche energetische Sanierungsmaßnahmen aufklären, den Kontakt zu Energieberatern herstellen und bei der Umsetzung geplanter Maßnahmen unterstützen, indem beispielsweise entsprechende Dienstleister empfohlen werden. Unabhängig davon, ob neue Fenster notwendig sind, eine Wärmepumpe die veraltete Heizungsanlage ersetzen oder eine Solarthermie künftig für die Warmwasserversorgung zuständig sein soll – das Wichtigste wurde allen Kunden durch den Teilverkauf ihrer Immobilie bereits an die Hand gegeben: das notwendige Kapital. Angesichts einer drohenden Sanierungspflicht vonseiten der EU im Hinblick auf die Energieeffizienz der Immobilien und angesichts der Überarbeitung des Gebäudeenergiegesetzes (GEG) in Bezug auf Heizen auf der Basis erneuerbarer Energie gewinnt die Kapitalfreisetzung für Immobilieneigentümer als neue Finanzierungsquelle mehr und mehr an Bedeutung.

Es ist die Aufgabe der Teilverkaufanbieter, bei ihren Kunden proaktiv das Bewusstsein zu schaffen, dass sich eine energetische Modernisierung nicht nur positiv auf die Umwelt, sondern langfristig auch auf den eigenen Geldbeutel auswirkt. Denn eine Investition in die Immobilie wird den Wert des Objekts erhalten oder sogar steigern können.

11.4.2 Beteiligung der Teilverkaufanbieter an Sanierungsmaßnahmen

Als guter Partner wollen wir von wertfaktor die Kunden in Bezug auf die kostspielige energetische Sanierung nicht allein lassen. Deswegen bietet wir unseren Miteigentümern im Rahmen des Immobilienteilverkaufs an, uns an Sanierungsmaßnahmen zu beteiligen, die sich positiv auf die Energieeffizienz der Immobilie auswirken. Dabei legen wir großen Wert darauf, dass alle Instandhaltungs- und Instandsetzungsmaßnahmen auf Basis der aktuellen KfW-Richtlinien durchgeführt werden. Das gewährleistet die Sinnhaftigkeit und Effizienz der Sanierung und wertfaktor trägt gemeinsam mit seinen Kunden maßgeblich zur Reduzierung des Energiebedarfs bei.

11.4.3 Nachhaltig agieren im Unternehmensalltag

Darüber hinaus kann man auch im Unternehmensalltag aktiv darauf achten, die Umwelt, so gut es geht, zu schonen. So vermeiden wir bei wertfaktor zum Beispiel Inlandsflüge und fördern das Reisen mit der Bahn oder dem E-Auto. Meetings, deren Teilnahme eine lange Anreise erfordern, halten wir digital ab. Die Mitarbeitenden arbeiten ein paar Tage pro Woche von zu Hause aus. Zudem werden Nahverkehrstickets bezuschusst und Firmenfahrräder zur Verfügung gestellt.

Ein weiterer wichtiger Schritt: Wir versenden Informationsmaterialien vermehrt digital. Diese Option wird – so zeigen es unsere persönlichen Erfahrungen – von den Kunden zunehmend gern in Anspruch genommen. Ein kleiner, aber feiner Erfolg, wenn man bedenkt, dass die Zielgruppe der Teilverkaufanbieter, die Best Ager, gern »etwas in der Hand haben.« Unabhängig davon, wie klein die Maßnahme auch sein mag: Sie erzielt immer eine Wirkung – für die Umwelt und für die Zukunft unserer Kinder.

11.5 Social: Teilverkaufanbieter und ihre soziale Verantwortung

Schon bei der Entwicklung unseres Produkts stand ein zentrales Problem im Mittelpunkt: Wie kann man in der eigenen Immobilie gebundenes Kapital freisetzen, ohne ausziehen zu müssen? Mit der Entwicklung des Teilverkaufs haben wir eine gute Lösung für dieses Problem geschaffen.

11.5.1 Verlässlicher Partner an der Seite der Kunden

Ganz wichtig ist, dass die Unterstützung der Kunden nicht mit der Auszahlung des Kaufpreises endet. Im Gegenteil: Der enge Austausch mit den Kunden sollte an oberster Stelle stehen. Wir wollen unseren Kunden jederzeit mit Rat und Tat zur Seite stehen. Dabei sollte es keine Rolle spielen, ob jemand Probleme bei seiner Grundsteuererklärung hat oder den Anbieter seiner

Wohngebäudeversicherung wechseln möchte. Bei wertfaktor legen wir größten Wert darauf, unseren Kunden ein verlässlicher Partner zu sein. Dazu zählt nicht nur die persönliche Unterstützung in allen Fragen rund um die gemeinsame Immobilie, sondern auch konkrete Hilfe, wenn es mal schwierig wird. Sollten Kunden einmal in eine finanzielle Schieflage geraten, arbeiten wir gemeinsam an einer für alle Seiten tragfähigen und guten Lösung.

11.5.2 Expertise macht sich bezahlt

Als Teilverkaufanbieter verpflichten wir uns unseren Kunden gegenüber und wollen durch Expertise punkten. Schließlich geht es bei der Immobilie dieser Menschen oftmals um ihren größten Vermögenswert. Um einen Vermögenswert, der darüber hinaus mit vielen Emotionen verbunden ist. Wir legen den Fokus entsprechend auf die Weiterbildung unserer Mitarbeitenden, um unseren Kunden die bestmögliche Beratung bieten zu können. So werden beispielsweise bei wertfaktor Kundenberater zu Immobilienmaklern ausgebildet, um erstellte Verkehrswertgutachten noch effizienter nach dem Vier-Augen-Prinzip beurteilen oder einen späteren Gesamtverkauf von A bis Z professionell für den Kunden gestalten zu können.

11.5.3 Mitarbeitende als wertvollstes Gut einer Unternehmung

In Bezug auf die soziale Verantwortung spielen aber nicht nur die Kunden eine wichtige Rolle. Die letzten Jahre waren – sowohl für große als auch für kleine Unternehmen – aufgrund von Pandemie und Inflation oft kräftezehrend. Viele Unternehmen stünden ohne loyale und motivierte Mitarbeitende heute deutlich schlechter da. Hinzu kommt der demografische Wandel, der den Arbeitergebermarkt zu einem Arbeitnehmermarkt macht. Als Unternehmen darf man sich heute glücklich schätzen, wenn sich qualifizierte Arbeitnehmer und Arbeitnehmerinnen für ein Unternehmen entscheiden. Hier wird auch Diversität immer wichtiger. Alter, Geschlecht, Religion oder sexuelle Orientierung dürfen heutzutage keine Rolle mehr spielen. Und: Die Arbeitsbedingungen müssen stimmen. »New Work« lautet das Zauberwort.

11.6 Governance: Nachhaltige Unternehmensführung in Teilverkaufunternehmen

In Deutschland leben mehr als sechs Millionen ältere Immobilieneigentümer. Sie alle sind potenzielle Kunden, das ist ein großes Potenzial für jeden Teilverkaufanbieter. Für diese Menschen trägt man Verantwortung. Daher sollte eine verantwortungsvolle Unternehmensführung im Mittelpunkt der Bestrebungen stehen. Dazu kommt: Viele der noch jungen Teilverkaufunternehmen werden noch von Investoren finanziert. Im Sinne der Geldgeber sollte man sein Unternehmen also auch wirtschaftlich führen. So können Investoren sicher sein, in die richtigen Anbieter investiert zu haben – und wissen ihr Kapital in guten Händen.

11.6.1 Verantwortungsvolle Unternehmensführung als Basis

Eine gute Unternehmensführung ist auch für potenzielle Kunden ein wichtiger Faktor. Denn größere Teilverkaufanbieter mit einem bereits gut aufgebauten Immobilienportfolio sind auch finanziell gut aufgestellt und vermitteln den Kunden ein Gefühl von Sicherheit. Schließlich geben die Eigentümer durch den Teilverkauf etwas sehr Wertvolles – zumindest zum Teil – in fremde Hände. Dazu gehört jede Menge Vertrauen, das vonseiten der Teilverkaufanbieter geschützt und gestärkt werden muss.

11.6.2 Aufbau von Vertrauen in der Öffentlichkeit

Transparenz ist auch bei der Vertragsgestaltung von Immobilien-Teilverkaufverträgen ein wichtiger Faktor. Gemeinsam mit den relevantesten Teilverkaufanbietern in Deutschland hat wertfaktor deswegen einen Code of Conduct erstellt und unterzeichnet. Interessenten finden das Dokument unter qualitaetskodex-teilverkauf.de. Da es bisher keine rechtlichen Vorgaben hinsichtlich der Ausgestaltung von Teilverkaufverträgen gibt, unterscheiden sich die Verträge in verschiedenen Punkten. Das erschwert den Kunden den Vergleich der Angebote. Mit dem Qualitätskodex wirken wir dem entgegen, da sich jeder einzelne Anbieter dadurch zur Einhaltung gewisser Standards verpflichtet.

Für mehr Vertrauen und Qualität auf dem Verrentungsmarkt wird künftig auch der jüngst gegründete Bundesverband Immobilienverrentung (BVIV) sorgen. Dieser Anbieter aus den Bereichen Teilverkauf, Leibrente und Seniorenkredit hat es sich zum Ziel gesetzt, gemeinschaftlich für eine höhere Transparenz auf dem Verrentungsmarkt zu sorgen.

Seriöse Zertifizierungen und Auszeichnungen helfen darüber hinaus dabei, Vertrauen in der Öffentlichkeit aufzubauen. In Bezug auf Datenschutzthemen sollten Kunden bei Anbietern nach einem TÜV- oder Dekra-Siegel Ausschau halten, um auf Nummer sicher zu gehen, dass alle persönlichen Daten DSGVO-konform verarbeitet werden.

11.7 Fazit

Es liegt an uns als Anbieter und als Branche, das große Potenzial, das der Immobilienmarkt für Eigentümer, Anbieter und Partner bereithält, unter Berücksichtigung der ESG-Kriterien weiter auszuschöpfen und so Mehrwerte für alle Stakeholder zu schaffen. Dazu gehört es auch, den Dialog mit der Politik zu suchen, um neue Impulse für eine noch bessere Ausgestaltung des Immobilienteilverkaufs zu geben. Der Code of Conduct der wichtigsten Teilverkaufanbieter und die Gründung des Bundesverband Immobilienverrentung sind dabei nur die ersten Schritte.

Teil IV: Vertragsgestaltung

12 Typische Vertragsbestandteile bei Immobilienverrentungsmodellen

Dr. Olaf Methner/Bénédict Schenkel

Abstract

Die Privatautonomie beinhaltet auch den Grundsatz der Vertragsfreiheit. Dies wird bei der Betrachtung von Verträgen zur Immobilienverrentung verdeutlicht. Einer Immobilienverrentung liegen verschiedene bekannte Vertragselemente wie der Kaufvertrag, der Mietvertrag oder die Vereinbarung über ein Nießbrauchrecht zugrunde, die je nach Zusammensetzung gemäß dem jeweiligen Verrentungsmodell in ihrer Gesamtheit einen »Immobilienverrentungsvertrag« eigener Art bilden.

12.1 Einleitung

Gerade ältere Immobilieneigentümer möchten aus ihrem gebundenen Immobilienvermögen zusätzliche laufende Einnahmen zur schnellen Erhöhung der Liquidität z. B. für die Altersversorgung erwirtschaften und benötigen dafür einen externen Finanzierer. Diese Finanzierer können beispielsweise Banken, Versicherungen, gewerbliche Unternehmen oder Stiftungen, aber auch Privatpersonen sein.

Um dem Eigentümer einer Immobilie gleichzeitig Besitzrechte an der eigenen Immobilie zu erhalten **und** Liquidität zu verschaffen, existieren grob eingeordnet zwei verschiedene Modellgruppen als Finanzierungsprodukte: Darlehensmodelle und Verkaufsmodelle. Darlehensmodelle in Gestalt von Immobiliendarlehen oder der Umkehrhypothek (»Reverse Mortgage«, »Lifetime Mortgage«), bei der der Eigentümer eine Hypothek auf sein weiter bestehendes Eigentum aufnimmt und das hierdurch besicherte Darlehen in Form einer monatlichen »Rente« ausgezahlt bekommt, werden in Deutschland nur vereinzelt angeboten. Dementsprechend haben die Verkaufsmodelle an Bedeutung gewonnen, mittlerweile hauptsächlich bekannt unter dem Oberbegriff »Immobilienverrentung«.

Typisch für Verkaufsmodelle ist, dass der Immobilieneigentümer sein Eigentum ganz oder teilweise an einen Dritten überträgt, sich selbst aber den Besitz vorbehält. Dieser Besitz wird über Wohnungsrechte oder Nießbrauchrechte im Grundbuch abgesichert. Gegebenenfalls können vertragliche Vereinbarungen über einmalige oder laufende Zahlungen hinzukommen.

Alle Modelle zur Immobilienverrentung bedingen den Abschluss eines Vertrags mit langer Laufzeit, häufig bis an das Lebensende des Immobilieneigentümers. Der vorliegende Beitrag widmet sich den typischen Vertragsbestandteilen. Gegenstand der Betrachtung sind dabei der Immobilienteilverkauf (s. 12.2), das Leibrentenmodell (s. 12.3), das Nießbrauchmodell (s. 12.4) sowie das Rückmietungsmodell (s. 12.5).

12.2 Teilverkaufsmodell

12.2.1 Modellbeschreibung

Beim Teilverkauf werden in der Regel maximal 50 Prozent des Immobilieneigentums zum aktuell errechneten Verkehrswert an einen Investor verkauft. Verkäufer und Investor werden dadurch Miteigentümer. Der Teilverkäufer bleibt in der Immobilie wohnen und erhält zur Absicherung, je nach Ausgestaltung, ein Nießbrauchrecht oder ein Wohnungsrecht. Im Gegenzug für das Nießbrauchrecht/Wohnungsrecht zahlt der Verkäufer ein monatliches Entgelt an den Investor. Spätestens nach dem Ableben des Verkäufers wird die gesamte Immobilie vom Investor weiterverkauft; ggf. ist ein Rückkauf durch die Erben möglich. Wesentliche Vertragsbestandteile des Teilverkaufsmodells sind demnach der Immobilienkaufvertrag, Regelungen zur Miteigentümerschaft sowie die Vereinbarung eines Nießbrauchrechts bzw. Wohnungsrechts.

12.2.2 Kaufvertrag

Zentrales Element des Teilverkaufsmodells ist ein Kaufvertrag über die Immobilie, bei dem ein Investor bis zu 50 Prozent des Eigentums erwerben kann. Der Kaufvertrag (§ 433 BGB) enthält neben den Parteien alle wesentlichen Informationen zum Verkaufsobjekt sowie die weiteren typischen Bestandteile eines Immobilienkaufvertrags wie insbesondere Regelungen zur Kaufpreisfälligkeit, Beschaffenheit der Immobilie und Gewährleistung. Die Höhe des Kaufpreises für den Immobilienanteil bestimmt sich nach dem aktuellen Verkehrswert. Anders als z. B. beim Leibrenten- oder Nießbrauchmodell wird der vereinbarte Kaufpreis dem Verkäufer sofort voll ausbezahlt.

12.2.3 Miteigentümerschaft

Durch den Teilkauf des Investors entsteht zwischen ihm und dem ursprünglichen Eigentümer anteiliges Miteigentum an der Immobilie. Das Miteigentum ist eine besondere Form des Eigentums (§§ 903 ff. BGB). Auf das Miteigentum sind zusätzlich zu den allgemeinen Vorschriften über das Eigentum[1] die spezielleren gesetzlichen Regelungen über Bruchteile (§§ 1008–1011

1 Vgl. BGH, Beschluss vom 10.05.2007, Az. V ZB 6/07.

BGB) und über die Bruchteilsgemeinschaft (§§ 741–758 BGB) anzuwenden. Die schuldrechtliche Grundlage dieses Bruchteilseigentums mehrerer Personen ist damit die Gemeinschaft. Die **ideellen**[2] Bruchteile ergeben sich aus einer Bruchrechnung. Bei Grundstücken wird dies im Grundbuch sichtbar, wo in der Abteilung »Eigentumsverhältnisse« mehrere Eigentümer gemeinschaftlich eingetragen werden. Entsteht Miteigentum, so wird zeitgleich ein gesetzliches Schuldverhältnis zwischen den Miteigentümern begründet. Soweit nicht vertraglich anders bestimmt, haften für Verbindlichkeiten die Miteigentümer als Gesamtschuldner. Miteigentum ist zudem übertragbar und belastbar (§§ 1009 Abs. 1, 1066, 1114, 1192 Abs. 1 BGB). Grundsätzlich kann jeder Miteigentümer gemäß § 747 Satz 1 BGB frei über seinen jeweiligen Anteil verfügen. Ein Käufer erwirbt dann erneut nur Miteigentum. Über die **ganze** Sache können die Miteigentümer aber nur gemeinschaftlich verfügen nach § 747 Satz 2 BGB (Münchener Kommentar zum BGB, § 747, Rn. 25).

Von den gesetzlichen Vorgaben zur Bruchteilsgemeinschaft kann im Teilverkaufsvertrag abgewichen werden. Dazu treffen Verkäufer und Investor regelmäßig zusätzliche individuelle Vereinbarungen zum Miteigentum. Diese vertraglichen Vereinbarungen können beispielsweise die Art und Weise der Immobiliennutzung, die Übernahme öffentlicher Lasten, Zustimmungsvorbehalte (insbesondere im Hinblick auf eine Verfügung über den Miteigentumsanteil oder auf Umbaumaßnahmen) sowie die Bedingungen für einen Verkauf an einen Dritten oder den Teilverkäufer bzw. dessen Erben betreffen.

12.2.4 Nießbrauchrecht oder Wohnungsrecht

Weiterer wesentlicher Bestandteil des Teilverkaufsmodells ist, dass der Verkäufer in seiner Immobilie wohnen bleiben kann. Abgesichert wird dieses Interesse durch ein Nießbrauchrecht oder ein Wohnungsrecht. Als Nießbraucher (§ 1030 BGB) kann der Teilverkäufer die Immobilie nicht nur selbst bewohnen, sondern z. B. auch vermieten und dadurch Mieteinnahmen erlangen (Ring/Grziwotz/Schmidt-Räntsch, § 1030, Rn. 41). Das Wohnungsrecht (§ 1093 BGB) beschränkt sich hingegen ausdrücklich nur auf das selbst genutzte Wohnen und ist damit restriktiver als der Nießbrauch. Hinzuweisen ist auf den Unterschied zwischen einem Wohnungsrecht (§ 1093 BGB) und dem Wohnrecht (gemäß § 1090 BGB). Die mit einem Wohnungsrecht begünstigte Person darf die Immobilie alleine, d. h. ohne Mitbenutzung eines außenstehenden Dritten, bewohnen (Ring/Grziwotz/Schmidt-Räntsch, § 1093, Rn. 6). Hingegen berechtigt ein Wohnrecht lediglich zu Mitbenutzung, z. B. zusammen mit dem Eigentümer. Die Begrifflichkeiten werden in der öffentlichen Darstellung nicht immer trennscharf verwendet. Indes ist davon auszugehen, dass im Zusammenhang mit einer Immobilienverrentung regelmäßig ein Wohnungsrecht vereinbart wird.

---

2 Eine reale Teilung der Sache ist nicht möglich, ohne sie zu zerstören.

Sowohl der Nießbrauch als auch das Wohnungsrecht werden im Grundbuch eingetragen. Beide Rechte können auf Lebenszeit bestellt werden. Gemäß § 1041 BGB hat der Nießbraucher für die Erhaltung der Sache in ihrem wirtschaftlichen Bestand zu sorgen. Ausbesserungen und Erneuerungen obliegen ihm allerdings nur insoweit, als sie zu der gewöhnlichen Unterhaltung der Sache gehören (Beck'scher Online-Kommentar zum BGB, § 1041, Rn. 4).

Sowohl für das Nießbrauchrecht als auch für das Wohnungsrecht können individuelle Regelungen vereinbart werden. Beim Teilverkauf wird im Gegenzug für die Gewährung des Rechts ein Entgelt vereinbart. Die Höhe des Entgelts kann für die gesamte Vertragslaufzeit oder für einen bestimmten Zeitraum fest vereinbart werden. Alternativ kann die Entgelthöhe variabel ausgestaltet sein und von der Entwicklung bestimmter Referenzwerte wie dem Leitzins oder dem Mietindex abhängig gemacht werden. Weitere individualvertragliche Vereinbarungen können zur Dauer des Nießbrauch- oder Wohnungsrechts geschlossen werden. Obgleich das Recht regelmäßig zunächst auf eine sehr lange Dauer oder lebenslang vereinbart wird, können Voraussetzungen für eine vorzeitige Beendigung definiert werden. Solche betreffen z.B. vertragswidrige Verhaltensweisen des Verkäufers wie etwa die ausbleibende Zahlung des vorgenannten Entgelts. Abweichend von § 1041 BGB kann auch vereinbart werden, dass der bisherige Eigentümer alleinig sämtliche Kosten für Ausbesserungen und Erneuerungen (Umbau, Sanierung, Renovierung) an der Immobilie zu tragen hat.

12.3 Leibrentenmodell

12.3.1 Modellbeschreibung

Beim Leibrentenmodell wird die Immobilie zu 100 Prozent an einen Investor verkauft. Damit der Verkäufer in seiner Immobilie wohnen bleiben kann, wird auch hier zu seinen Gunsten ein Nießbrauchrecht oder ein Wohnungsrecht im Grundbuch eingetragen. Weiter wird eine monatliche Rentenzahlung vereinbart, die der Investor an den Verkäufer zahlt. Der Wert des Nießbrauchrechts bzw. Wohnungsrechts sowie die vereinbarte (in der Regel monatliche) Rentenzahlung wirken sich auf die Höhe des Kaufpreises aus, der dem Verkäufer als Einmalbetrag ausbezahlt wird. Eine Kombination des Leibrentenmodells mit einem Teilverkauf ist, soweit dies die Vertragsgestaltung betrifft, denkbar.

12.3.2 Kaufvertrag

Wie es beim Teilverkauf der Fall ist (s. 12.2.2), stellt auch beim Leibrentenmodell der Immobilienkaufvertrag ein zentrales Vertragselement dar. Die Gegenleistung für die Eigentumsübertragung setzt sich auch hier aus verschiedenen Faktoren zusammen. Ausgangspunkt ist der aktuelle Verkehrswert der Immobilie sowie die Einigung auf einen Kaufpreis. Der Verkäufer erhält jedoch nicht, wie bei einem klassischen Immobilienverkauf der Fall, den vereinbarten

Kaufpreis vollständig in bar ausbezahlt. Vielmehr wird die Kaufpreiszahlung bereits über den (individuell zu bestimmenden) Wert des gewährten Nießbrauchrechts bzw. Wohnungsrechts sowie die vereinbarte Rentenzahlung teilweise oder auch vollständig abgegolten.

12.4 Rente

12.4.1 Der Begriff »Rente«

Der Begriff »Rente« geht auf das lateinische Wort »rendere« zurück, was »zurückgeben« oder »erstatten« bedeutet. Darunter zu verstehen ist ein regelmäßiges Einkommen, das im Prinzip ohne unmittelbare Gegenleistung erzielt wird. Der Rentenbegriff erstreckt sich auf verschiedene Sachverhalte u. a. in der Volkswirtschaftslehre (z. B. Konsumenten- und Produzentenrenten, Bodenrenten oder Informationsrenten), im Finanzwesen, in der Rechtswissenschaft oder in der Altersvorsorge. Der Rechtsbegriff »Rente« beschreibt wiederkehrende Leistungen und findet sich in verschiedenen gesetzlichen Vorschriften wieder (vgl. z. B. §§ 520, 759 ff., 843 BGB). Umgangssprachlich wird der Begriff »Rente« hauptsächlich im Sinne einer Altersrente für die Zeit nach der Erwerbstätigkeit sowie als Oberbegriff für die verschiedenen Elemente der Altersvorsorge genutzt.

12.4.2 Leibrente

Das Leibrentenmodell sieht, wie es seiner Bezeichnung bereits zu entnehmen ist, eine (in der Regel monatliche) Rentenzahlung an den Immobilienverkäufer durch den Investor vor. Die Höhe der regelmäßigen Zahlung sowie die Dauer der Zahlungsverpflichtung können individuell vereinbart werden. Rechtstechnisch ist gemäß § 759 Abs. 1 BGB für eine Leibrente als wiederkehrende Leistung kennzeichnend, dass die Rentenleistungen auf Lebzeit des Gläubigers, des Schuldners oder eines Dritten zu erbringen sind (Beck'scher Online-Kommentar zum BGB, § 759, Rn. 4). Die Leibrente kann durch einen schuldrechtlichen Vertrag begründet werden. Soweit dieser Vertrag allerdings das Ende der Rentenzahlung nicht an das Ableben knüpft, sondern an einen sonstigen, nach Jahren bemessenen Zeitablauf, liegt keine Leibrente i. S. v. §§ 759 ff. BGB mehr vor. Im Zusammenhang mit dem Angebot von Immobilienverrentungsprodukten hatte die Bundesanstalt für Finanzdienstleistungsaufsicht (BaFin) die gewerbliche Gewährung einer lebenslangen Leibrente als erlaubnispflichtiges Versicherungsgeschäft (§ 8 VAG) eingeordnet.[3] In der Konsequenz dürfte es den meisten Anbietern von Immobilienverrentungsprodukten verwehrt bleiben, ihren Kunden **lebenslange** Rentenzahlungen zu versprechen, wenn sie nicht über die erforderliche versicherungsrechtliche Erlaubnis verfügen. Die weitere

3 Vgl. entsprechend die Mitteilung der BaFin vom 19.05.2021, abrufbar unter https://www.bafin.de/SharedDocs/Veroeffentlichungen/DE/Verbrauchermitteilung/unerlaubte/2021/meldung_210519_Bergfelder.html, zuletzt abgerufen am 17.02.2023.

Verwendung des Begriffs »Leibrente« im Kontext der Immobilienverrentung ist insoweit nicht rechtstechnisch zu verstehen. Die dingliche Absicherung der vereinbarten Rentenzahlung kann durch eine Reallast (§§ 1105 f. BGB) auf dem veräußerten Grundstück erfolgen.

12.4.3 Stifterrente

Das Leibrentenmodell wird u. a. auch unter der Bezeichnung »Stifterrente« angeboten. Dies betrifft das Immobilienverrentungsangebot von gemeinnützigen Stiftungen. Neben ihren Satzungen sind Stiftungen den Stiftungsgesetzen und dem Gemeinnützigkeitsrecht unterworfen und dürfen Gewinne nur für ihren gemeinnützigen Zweck verwenden. Zum Beispiel werden solche Immobilien nach dem Auszug oder Tod des Besitzers an bedürftige Mieter vermietet. Verwertungserlöse werden dem Satzungszweck der Stiftung zugeführt.

12.5 Nießbrauchrecht oder Wohnungsrecht

Auch beim Leibrentenmodell kann der Verbleib des »Rentners«, also des Verkäufers, in der Immobilie sowohl durch ein Nießbrauchrecht als auch durch ein Wohnungsrecht im Grundbuch abgesichert werden. Insoweit gelten die obigen Ausführungen zu Nießbrauch und Wohnungsrecht entsprechend (zur Abgrenzung s. 12.2.4). Bei der Vereinbarung von Nießbrauch oder Wohnungsrecht dürfte es erneut maßgeblich auf die Beendigungstatbestände sowie die Verteilung der Kosten für Instandhaltung und Renovierung ankommen. Die Konditionen von Nießbrauch und Wohnungsrecht können sich auf andere Vertragsbestandteile wie etwa die Rentenzahlungsvereinbarung auswirken. Beispielsweise dürfte die Rente der Höhe nach sinken, wenn im Gegenzug der Investor das Instandhaltungs- und Renovierungsrisiko übernimmt.

12.6 Nießbrauchmodell

Das Nießbrauchmodell ist mit Blick auf die Vertragsgestaltung simpler als der Teilverkauf oder das Leibrentenmodell. Als zentrales Element dieses Modells wird im Rahmen einer vollständigen Immobilienveräußerung zugunsten des Verkäufers ein Nießbrauchrecht im Grundbuch eingetragen. Der Wert des Nießbrauchrechts mindert die Höhe des Kaufpreises, sodass der Verkäufer nur einen Teil des Verkehrswerts in bar ausbezahlt bekommt. Dies ist bei der Vereinbarung über den Kaufpreis im Kaufvertrag zu berücksichtigen. Der Wert des Nießbrauchrechts richtet sich im Kern nach den potenziell erzielbaren Mieteinnahmen sowie dem Alter bzw. der Restlebenserwartung des Nießbrauchers. Auch wenn der Nießbraucher vorzeitig, d. h. vor Erreichen des Lebensdurchschnittsalters, verstirbt, erlischt das Nießbrauchrecht (§ 1061 Satz 1 BGB). Der Investor kann dann über die Immobilie frei verfügen (Beck'scher Online-Kommentar zum BGB, § 1061, Rn. 9). Ausgleichszahlungen für eine verringerte Nutzungszeit, von denen dann ggf. die Erben profitieren könnten, sind beim Nießbrauchmodell in der Regel nicht Gegenstand der vertraglichen Vereinbarung.

12.7 Rückmietungsmodell

12.7.1 Modellbeschreibung

Beim Rückmietungsmodell geht das Eigentum an der Immobilie durch einen Verkauf auf den Investor über, während sich der Verkäufer durch einen in der Regel lebenslangen Mietvertrag den Verbleib in der Immobilie sichert. Der Verkäufer erhält den vollen Verkaufspreis ausgezahlt, muss aber an den Investor (den zukünftigen Vermieter) eine monatliche Miete leisten.

12.7.2 Kaufvertrag

Der im Rahmen des Verkaufsvorgangs vereinbarte Kaufpreis liegt in der Regel unter dem Verkehrswert.[4] Denn der Investor verzichtet im Gegenzug gegenüber dem Verkäufer als zukünftigem Mieter auf sein Recht, das Mietverhältnis ordentlich zu kündigen. Der Ausschluss der Kündbarkeit wegen Eigenbedarfs nach § 573 Abs. 2 Nr. 2 BGB minimiert den Nutzerkreis der Immobilie auf den aktuellen Mieter.

12.7.3 Mietvertrag

Neben dem Kaufvertrag wird zwischen dem Investor und dem ursprünglichen Eigentümer ein Mietvertrag (§ 535 BGB) abgeschlossen. Die Mietdauer ist in der Regel lebenslang, kann aber durch die Vertragsparteien auch für eine kürzere Dauer vereinbart werden.

Der vereinbarte Mietzins orientiert sich regelmäßig an der ortsüblichen Vergleichsmiete. Der Mietpreis kann je nach Vereinbarung für die Dauer der Miete Mietpreissteigerungen und weiteren Anpassungen unterliegen.

Der Investor verzichtet als Vermieter auf seine ordentlichen Kündigungsrechte. Insbesondere verzichtet er auf sein Kündigungsrecht wegen Eigenbedarfs nach § 573 Abs. 2 Nr. 2 BGB (Blank/Börstinghaus, § 573, Rn. 37 ff.). Im Fall eines Weiterverkaufs der Immobilie an einen Dritten gilt der Grundsatz »Kauf bricht nicht Miete« (§ 566 Abs. 1 BGB; Schmidt-Futterer, § 566, Rn. 9) und der ursprüngliche Mietvertrag besteht mit dem neuen Eigentümer fort. Eine außerordentliche Kündigung bleibt indes stets möglich. Insbesondere kann sich der Investor ein Sonderkündigungsrecht für den Fall einräumen lassen, dass der Mieter den Mietzins nicht mehr entrichtet.

4 Häufig nur etwa 70 bis 80 Prozent des Verkehrswerts.

Der neue Eigentümer hat als Vermieter die Mietsache während der Mietzeit in einem zum vertragsgemäßen Gebrauch geeigneten Zustand zu erhalten und die auf der Mietsache ruhenden Lasten zu tragen (§ 535 Abs. 1 Satz 2 und 3 BGB). Vertraglich kann aber auch anderes vereinbart werden, z. B. dass der Verkäufer zukünftige Investitionen, die nicht Dach und Fach betreffen, überwiegend selbst finanzieren muss.

12.8 Fazit

Die Darstellung der verschiedenen Vertragsbestandteile der einzelnen Modelle zeigt die Vielschichtigkeit, die es bei der Vertragsgestaltung zu beachten gilt. Die Privatautonomie als Bestandteil der allgemeinen Handlungsfreiheit nach Art. 2 Abs. 1 GG beinhaltet auch den Grundsatz der Vertragsfreiheit. Insoweit besteht die Freiheit, im Rahmen der Gesetze die rechtlichen Beziehungen zu anderen nach eigenem Willen zu gestalten. Bei der Vertragsgestaltung von »Immobilienverrentungsverträgen« kann auf verschiedene klassische und bekannte Rechtsverhältnisse zurückgegriffen werden, z. B. auf den Immobilienkaufvertrag, die Vereinbarung von Nießbrauch- oder Wohnungsrechten, die Vereinbarung von Rentenzahlungen, Regelungen unter Miteigentümern oder die Vereinbarung von Mietverhältnissen. Die genannten Elemente lassen sich im Rahmen der Vertragsfreiheit beliebig kombinieren und ergänzen, um den finanziellen, persönlichen und situativen Interessen von Käufer und Verkäufer gerecht zu werden. Die teilweise umfangreichen Vertragswerke für eine erfolgreiche Immobilienverrentung können aufgrund der verschiedenen zusammengefassten Regelungen eine gewisse Komplexität aufweisen. Bei der Betrachtung und rechtlichen Bewertung hilft daher auch der isolierte Blick auf die einzelnen Vertragsbestandteile.

Quellenverzeichnis

Beck'scher Online-Kommentar zum BGB (2022): 64. Edition, München.

Blank, H./Börstinghaus, U. (2020): Miete. Kommentar. 6. Aufl., München.

Münchener Kommentar zum Bürgerlichen Gesetzbuch (2020): Band 7, Schuldrecht – Besonderer Teil IV §§ 705–853. 8. Aufl., München.

Ring, G./Grziwotz, H./Schmidt-Räntsch, J. (2022): Nomos Kommentar zum BGB, Band 3, Sachenrecht. 5. Aufl., Baden-Baden.

Schmidt-Futterer, W. (2021): Mietrecht. Kommentar. 15. Aufl., München.

Teil V: Verbraucherschutz

13 Immobilienverrentung – Branchenschutz durch Verbraucherschutz

Prof. Dr. Julius Reiter

Abstract

Neue Branchen müssen sich am Markt beweisen. Neue Produkte und Dienstleistungen müssen für einen nachhaltigen wirtschaftlichen Erfolg durch die avisierte Kundengruppe aufgegriffen und schließlich dauerhaft akzeptiert werden. Soweit sich Produkte und Dienstleistungen nicht ausschließlich an Unternehmer richten, sondern auch für den Verbraucher (§ 13 BGB) gedacht sind, sind die Besonderheiten zu beachten, die sich bei Produktkonzipierung und Vertrieb stellen. Es liegt in der Natur der Sache, dass zwischen professionellen Anbietern und Verbrauchern insbesondere fachlich und wirtschaftlich ein Ungleichgewicht besteht. Einrichtungen sowie Vorschriften zum Verbraucherschutz zielen darauf ab, dieses Ungleichgewicht auszugleichen. Sie sind jedoch nur dann erforderlich, wenn Branchen das Ungleichgewicht zum Nachteil des Verbrauchers ausnutzen. Soweit Produkte oder Dienstleistungen nicht alternativlos sind, wie etwa bei bestimmten Bankgeschäften der Fall[1], können Verhaltensweisen zum Nachteil des Verbrauchers jedoch auch dazu führen, dass nach verheißungsvollem Geschäftsbeginn die Nachfrage versiegt. Für die Anbieterseite ist es daher mit Blick auf eine nachhaltige Etablierung und Entwicklung des eigenen Geschäfts einerseits, jedoch auch der gesamten Branche andererseits, beim Umgang mit Verbrauchern wichtig, sich als transparenter und zuverlässiger Vertragspartner zu zeigen. Dies gilt nicht zuletzt auch für Anbieter von Immobilienverrentungsprodukten, die seit kürzerer Zeit Verbrauchern ihre Dienste anbieten.

13.1 Einleitung

Mittlerweile werden am Markt verschiedene Modelle zur Immobilienverrentung angeboten. Der Schwerpunkt des Angebots liegt dabei auf dem Modell Immobilienteilverkauf und dem Leibrentenmodell.[2] Die Anbieter sind regelmäßig keine Banken. Sie unterliegen damit keiner spezifischen Regulierung. Unabhängig davon, ob es um ein Leibrenten- oder ein Teilverkaufsmodell geht – mit der Disposition über sein Eigenheim mit dem Ziel der (Teil-)Liquidierung verfügt der

1 Zum Beispiel werden Darlehen nur von Banken vergeben.

2 Der vorliegende Beitrag fasst unter die Bezeichnung »Immobilienverrentung« sowohl den Teilverkauf als auch das Leibrentenmodell. Die Tatsache, dass, anders als beim Leibrentenmodell, nach Durchführung des Teilverkaufs keine monatliche Rente an den Immobilienverkäufer bezahlt wird, steht dieser Einordnung nicht entgegen. Auch das durch den Teilverkauf frei gewordene Kapital kann zum Bestreiten der monatlichen Verbindlichkeiten genutzt werden.

Eigentümer in der Regel über seinen wertvollsten Gegenstand. Er erwartet daher einen zuverlässigen Partner, dem er bei diesem wichtigen Geschäft vertrauen kann, und hofft, dass dieses Vertrauen nicht enttäuscht wird. Der Verbraucherschutz steht dem Angebot Immobilienverrentung (noch) skeptisch gegenüber. Er hält das Angebot für nicht ausgewogen und sieht die Immobilieneigentümer in einer unterlegenen Position (Verbraucherzentrale Baden-Württemberg, 2022). Ob ein Angebot als ausgewogen oder nicht ausgewogen bezeichnet werden kann, hängt letztlich auch von Angebot und Nachfrage sowie existierenden oder nicht existierenden Alternativen ab. Richtig ist jedoch der Hinweis auf die unterlegene Position des Verbrauchers. Entscheidend ist demnach, dass sich Anbieter von Verrentungsprodukten am Markt transparent präsentieren und die vertraglichen Zusagen einhalten.

Insbesondere auch aus der Betätigung von Verbrauchern am Kapitalmarkt ist bekannt, welchen Verständnishorizont der durchschnittliche Verbraucher mitbringt, was Verbraucher von Anbietern in puncto Aufklärung und Beratung erwarten und für eine informierte Entscheidung benötigen. Banken und sonstige Finanzberater haben sich in der Vergangenheit gegenüber ihren Kunden nicht immer als zuverlässige Vertragspartner erwiesen. Darunter hat die Reputation von Banken, insbesondere auch des Bankmitarbeiters, gelitten. Anbieter von Immobilienverrentungsprodukten sollten einer solchen Entwicklung vorbeugen. Zu beachten ist, dass sich Immobilienverrentungsprodukte an ältere Kunden richten, die ihre Immobilie abbezahlt und häufig bereits das Rentenalter erreicht haben. Im Zeitpunkt des Renteneintritts ist diese ältere Kundschaft in der Regel noch verhandlungsstark und in der Lage, die eigenen Interessen wahrzunehmen. Dies kann sich während der (regelmäßig bis zum Ableben des Verbrauchers angelegten) Vertragslaufzeit jedoch ändern, wenn die Kunden z. B. einmal 80 Jahre und älter werden.[3] Möglicherweise ist der Ehepartner, der sich um die Finanzen gekümmert hat, bereits verstorben. Wenn sich dann nicht Dritte um die Belange kümmern, verbleibt im Zweifel ein relativ hilfloser Vertragspartner. Insoweit können alte Menschen als »verletzliche Verbraucher« angesehen werden.

Auf dieses besondere Ungleichgewicht zwischen den Vertragsparteien sollte im Zeitpunkt des Vertragsschlusses und im Laufe der Vertragsdurchführung Rücksicht genommen werden. Der Anbieter eines Immobilienverrentungsprodukts sollte zunächst über sich selbst sowie über sein Produkt transparent informieren (s. 13.2). Sodann muss sich der Anbieter als zuverlässiger Vertragspartner erweisen (s. 13.3).

3 Ältere Personen bleiben geschäftsfähig, es kann ihnen jedoch in gewisser Weise die Fähigkeit abhandengekommen sein, Sachverhalte kritisch zu hinterfragen, um die eigenen Interessen effektiv wahrnehmen zu können. Zum Beispiel sind ältere Person anfälliger für Betrugsmaschen wie etwa den sog. Enkel- oder Polizeitrick (Bundeskriminalamt, 2022).

13.2 Transparenz von Anbieter und Angebot

Bei der Frage der Transparenz geht es zum einen um das Unternehmen selbst, das ein Immobilienverrentungsprodukt anbietet (s. 13.2.1). Zum anderen kommt es für den Verbraucher maßgeblich auf die Transparenz des Angebots als solches an, indem ihm kundenorientiert und vollständig die Kosten, die Risiken oder sonstige Vertragsdetails offengelegt und erläutert werden (s. 13.2.2).

13.2.1 Anbieter

Um eine informierte Entscheidung zu treffen, sollte der Kunde seinen Vertragspartner kennen. Hierfür ist eine gewisse Transparenz des Anbieters erforderlich. Wichtige Informationen und Details zum Anbieter sind insbesondere:

- das **Gründungsdatum**, um nachvollziehen zu können, wie lange ein Anbieter schon am Markt ist;
- die (sonstigen) **Geschäftsbereiche**, um erkennen zu können, inwieweit ein Anbieter spezialisiert ist oder gar im Übrigen ganz andere Schwerpunkte verfolgt;
- die **Kundenstruktur**, d.h. beispielsweise Informationen zum Alter der Kunden sowie zur Anzahl der Bestandskunden;
- die **Beteiligungsstruktur** des Anbieters (soweit diese denn offenzulegen ist); sie kann aufschlussreiche Informationen liefern, indem z.B. aus den Angaben zu einem (in der Vergangenheit an anderer Stelle unzuverlässig handelnden) Mehrheitsgesellschafter Rückschlüsse auf die voraussichtliche Zuverlässigkeit des Anbieters gezogen werden können.

Entscheidend kommt es darauf an, dass die Angaben gegenüber dem Nutzer fair und nicht irreführend sind. Dies ist, um an dieser Stelle fiktive Beispiele zu nennen, dann nicht der Fall, wenn auf der Webseite eines jungen Anbieters auf eine 20-jährige Branchenerfahrung verwiesen wird, dies tatsächlich jedoch nur auf einige Mitarbeiter und nicht auf den Anbieter selbst (als Unternehmen) zutrifft. Entsprechendes gilt für den Verweis auf ein national eingerichtetes, engmaschiges Vertriebsnetz, wenn es letztlich nur einige wenige Mitarbeiter sind, die per Dienstwagen die Kunden aufsuchen. Für den Kunden können solche oder vergleichbare Aussagen verwirrend sein. Es entsteht ein falscher Eindruck. Denn natürlich macht es für die Bewertung eines Vertragspartners einen großen Unterschied, ob ein Unternehmen erst wenige Jahre oder bereits 20 Jahre existiert oder aufgrund des bisherigen Unternehmenserfolgs ein Vertriebsnetz mit z.B. Filialen oder festen Büroräumen eingerichtet wurden.

Neben einer klassischen Onlinerecherche können sich Kunden über das Handelsregister zum Anbieter informieren, soweit dieser dort eingetragen ist. Stiftungen sind in den Stiftungsverzeichnissen der Länder gelistet. Ein mit dem Handelsregister vergleichbares Stiftungsregister wird erst ab 2026 eingeführt.[4]

---

4 Vgl. das Stiftungsregistergesetz vom 16.07.2021 (BGBl I 2021, 2947, 2953).

13.2.2 Angebot

Neben einer transparenten Darstellung des Anbieters selbst muss auch das Angebot zur Immobilienverrentung transparent sein. Verträge sollten verständlich, im Idealfall verbrauchergerecht, formuliert sein. Das Verständnis von (längeren) Verträgen fällt dem durchschnittlichen Verbraucher, der nicht durch juristische Ausbildung oder Beruf geschult ist, in der Regel aber schwer.[5] Der Anbieter muss sich also der Tatsache bewusst sein, dass bei reiner Durchsicht des Vertrags der Kunde bestimmte, gegebenenfalls besonders wichtige Vertragsdetails nicht erfasst oder nicht verstanden hat. Diese Details, etwa zu den Kosten oder der Verteilung von Rechten und Pflichten während der Vertragslaufzeit, sollten dem Kunden daher gesondert, soweit zweckmäßig mit Beispielen veranschaulicht, dargelegt werden. Zu diesem Zweck können Informationsbroschüren verfasst werden, die das Vertragswerk kommentieren. Der Kunde wird dadurch auf die für ihn wichtigen Punkte aufmerksam gemacht.

Die Erfahrungen aus den Bereichen des Kredit- und Kapitalmarktrechts zeigen, dass es keinesfalls nachhaltig ist, mit dem Kunden (als Verbraucher) in dem Wissen einen Vertrag zu schließen, dass der Kunde sich voraussichtlich nicht über alle Regelungsinhalte im Klaren ist. Spätere Überraschungen für den Kunden bergen das Risiko für Rechtsstreitigkeiten. Der Anbieter kann dann zwar auf den Vertrag verweisen. Es stellen sich dann aber rechtliche Fragen, beispielsweise ob der Vertrag ohne Weiteres der Argumentation des Kunden standhält oder ob in Bezug auf den Streitpunkt Beratungspflichten des Anbieters bestanden haben.[6] Womöglich ist die streitige vertragliche Regelung, die regelmäßig eine allgemeine Geschäftsbedingung i. S. d. §§ 305 ff. BGB darstellen dürfte, missverständlich formuliert und dadurch angreifbar. Rechtliche Auseinandersetzungen belasten zunächst die internen Arbeitsabläufe im Haus des Anbieters. Sie können sich jedoch auch negativ auf die Reputation auswirken und im Falle vertraglicher Massenfehler sogar existenzbedrohend wirken. Rechtsstreitigkeiten lassen sich nicht gänzlich vermeiden. Jedoch kann unter Berücksichtigung des Einzelfalls das Hinwirken auf eine gütliche Streitbeilegung geboten sein. Zu diesem Zweck kann eine Ombudsstelle eingerichtet werden, die als Katalysator wirkt.[7]

13.3 Zuverlässigkeit des Anbieters

Bei der Frage der Zuverlässigkeit des Anbieters sind im Wesentlichen zwei Aspekte relevant. Zunächst ist entscheidend, wie zuverlässig die vereinbarten vertraglichen Leistungen erbracht werden (s. 13.3.1). Des Weiteren stellen Szenarien, bei denen der Anbieter als Vertragspartner

5 Aufgrund dieser Tatsache wurde in Bezug auf den Abschluss von Darlehensverträgen z. B. das »Europäische Standardisierte Merkblatt« – ESIS-Merkblatt) entwickelt, das den Bankkunden vorvertragliche Informationen zum Darlehensvertrag liefert.

6 Vgl. zu den Beratungspflichten im Bereich des Kapitalmarktrechts nur BGH vom 06.07.1993, Az. XI ZR 12/93.

7 So haben z. B. die privaten Banken, die dem Bundesverband deutscher Banken angehören, eine Ombudsstelle eingerichtet, die bis zu einem Streitwert von 10.000 Euro verbindlich entscheiden kann, vgl. unter www.bankenombudsmann.de.

wechselt oder bestehende Ansprüche gegenüber dem Kunden an Dritte abgetreten werden, die Zuverlässigkeit des Anbieters als Vertragspartner auf die Probe (s. 13.3.2).

13.3.1 Zuverlässige Leistung

Zur Wahrung der eigenen Reputation (sowie gegebenenfalls derjenigen der gesamten Branche) hat ein Anbieter alle Vorkehrungen zu treffen, damit die vertraglichen Hauptbestandteile eingehalten werden bzw. nicht ausfallen. Das Eintreten etwaiger »Worst-Case-Szenarien« für den Kunden als Verbraucher muss verhindert werden.

Grundlegender Bestandteil eines jeden Immobilienverrentungsmodells ist das Recht des Kunden, in der Immobilie wohnen zu bleiben. Dieses Recht wird per Wohnrecht oder Nießbrauch im Grundbuch abgesichert. Unter engen Voraussetzungen kann der Kunde beim Teilverkauf jedoch sein Nießbrauchrecht verlieren, wenn er z. B. das vereinbarte Nutzungsentgelt nicht mehr zahlt. Unter Berücksichtigung des Umstands, dass es sich bei den Kunden von Immobilienverrentungsprodukten um ältere Personen handelt (die womöglich vergesslich werden oder wo der für Finanzsachen zuständige Ehepartner verstorben ist), sollte der Anbieter im Idealfall Mechanismen und Regelungen vorsehen, die verhindern, dass die ältere Kundschaft unbewusst Fehler macht, die dann streng genommen eine Räumung rechtfertigen. Beispielsweise sollte mit ausreichend bemessener Frist wiederholt gemahnt werden. Härtefallregelungen können im Zweifel zugunsten des Kunden ausgelegt werden. Weitere Mechanismen, wie eine vorsorgliche Verpfändung von Guthabenkonten an den Anbieter zur zeitweisen Erfüllung der Zahlungspflichten im Notfall, kommen in Betracht.

Ein wesentlicher Bestandteil des Leibrentenmodells sind die monatlichen Rentenzahlungen an den Kunden. Auch diese Zahlungen dürfen nicht ausfallen. Praktisch wird diese Zahlungspflicht über das Grundbuch besichert. Der Anbieter muss bei der Vertragsgestaltung zum einen mit dem Kunden sowie zum anderen mit seinen sonstigen Geschäftspartnern (insbesondere Investoren) unbedingt darauf achten, dass eine Insolvenz des Anbieters nicht dazu führt, dass der Kunde im Ergebnis schlechter gestellt ist, als dies ohne seine Entscheidung für das Verrentungsprodukt der Fall gewesen wäre.

13.3.2 Forderungsabtretung, Vertragspartnerwechsel, Immobilienweiterverkauf

Die Zuverlässigkeit des Anbieters wird auf die Probe gestellt, wenn auf seiner Seite als Vertragspartner (faktisch) ein Wechsel erfolgt, Ansprüche gegen den Kunden abgetreten oder erworbene Immobilien weiterverkauft werden. Die Erfahrungen aus dem Darlehensrecht haben gezeigt, dass sich entsprechende Szenarien für den Kunden nachteilig auswirken können. In der Folge haben Banken erheblich an Reputation eingebüßt. Anbieter von Immobilienverrentungsprodukten sollten daher bei ihren geschäftlichen Entscheidungen auch insoweit besondere Sorgfalt walten lassen.

Das Thema **Forderungsabtretung** spielte in der Vergangenheit im Darlehensrecht eine unrühmliche Rolle. Ansprüche aus Darlehensverträgen wurden auf andere Banken oder sonstige Finanzinvestoren, die sog. Heuschrecken, übertragen. Teilweise kam es zu Kettenabtretungen mit fatalen Problemstellungen für den Darlehensnehmer (Tagesspiegel, 2008). Beispielsweise fand eine erste Abtretung noch innerhalb von Deutschland statt. Später erhielt der Bankkunde aber auch Nachricht aus dem Ausland. Sodann kam es unter den Banken zu Streitigkeiten über die Vertragsübernahmen. Die Kunden erhielten teils widersprüchliche Informationen, an welche Stelle nun die Darlehensraten gezahlt werden sollten. Neben diesen Unklarheiten sah sich der Bankkunde mit einem neuen Gläubiger konfrontiert, der an einer längerfristigen Geschäftsbeziehung kein Interesse hatte und sich entsprechend verhielt. Selbst ohne belastbare rechtliche Begründung wurden Darlehensverträge gekündigt und fällig gestellt. Konnte das Darlehen dann nicht abgelöst werden, wurde ohne weiteres Zögern die Zwangsvollstreckung eingeleitet. Der Gesetzgeber hat 2008 über das sog. Risikobegrenzungsgesetz[8] einige Schutzmechanismen für Darlehensnehmer eingeführt. Forderungsabtretungen waren jedoch auch später noch gängige Praxis (Focus Online, 2016).

Die Vertragskonstellationen der verschiedenen Immobilienverrentungsmodelle unterscheiden sich vom klassischen Darlehensrecht. Gleichwohl existieren Parallelitäten, wenn z. B. ein Anbieter den Kaufpreis finanziert und diese Finanzierung über eine Sicherheit im Grundbuch des Kaufobjekts abgesichert wird. Beim Teilverkauf erhält der Ankäufer einen Anspruch auf Nutzungsersatz, der, soweit dies vertraglich nicht ausgeschlossen ist, abgetreten werden kann. Auch in diesem Fall würde ein Gläubigerwechsel stattfinden. Forderungsabtretungen müssen sich nicht zwangsläufig nachteilig für den Schuldner auswirken. Sie stellen jedoch mindestens in der Wahrnehmung des Kunden einen Unsicherheitsfaktor dar, der das Vertrauen in das Verrentungsprodukt nachhaltig stören kann.

Weiter ist es möglich, dass die Mehrheit der **Beteiligungen eines Anbieters verkauft** werden und damit ein neuer Anteilseigner hinter dem Verrentungsangebot steht. Zwar behält der Kunde formal seinen Vertragspartner, der faktische Entscheidungsträger ist aber ein anderer. Gleichermaßen ist möglich, dass im Zuge einer **Verschmelzung** die gesamten Wirtschaftsgüter eines Anbieters bei voller Rechtsnachfolge auf ein anderes Unternehmen übergehen. In diesem Fall wechselt der Vertragspartner. Je nach wirtschaftlicher Entwicklung auf dem Immobilienmarkt kommt, soweit nicht vertraglich ausgeschlossen, ein **Weiterverkauf der Immobilien** in Betracht. Auch in diesem Fall träte eine dritte Partei in die Vertragskonstellation ein, mit der ein Verkäufer im Zeitpunkt des Vertragsschlusses nicht gerechnet hat.

Wird ein Dritter in das Vertragsverhältnis zwischen Verkäufer und Verrentungsanbieter gelassen, besteht die Gefahr, dass der Dritte aus wirtschaftlichen Erwägungen heraus z. B. keinen

8 Gesetz zur Begrenzung der mit Finanzinvestoren verbundenen Risiken vom 12.08.2008 (BGBl I 2008, 1666).

Wert darauf legt, dass die oben genannten Worst-Case-Szenarien (insbesondere die Räumung der Immobilie oder der Ausfall der Rentenzahlung) nicht eintreten. Auch wenn das ursprüngliche Vertragsverhältnis weiterhin fortbesteht, kann es – zum Nachteil des Kunden – in verschiedener Weise gelebt werden. Selbstverständlich muss ein Anbieter wirtschaftlichen und unternehmerischen Notwendigkeiten nachkommen. Im Zweifel sollte jedoch darauf hingewirkt werden, dass es bei dem sensiblen Geschäft »Immobilienverrentung« der ursprüngliche Anbieter ist, der das Vertragsverhältnis ohne sonstige Beteiligung Dritter bis zum Ende führt.

13.4 Fazit

Immobilienverrentung ist in Deutschland ein neuer Markt. Wie bei allen neuen Märkten müssen sich Anbieter und Produkte gegenüber den Kunden zunächst beweisen. Dies gilt erst recht, wenn es sich um sensible Bereiche handelt, die etwa das Zuhause betreffen. Durch kundengerechte und faire Verträge sowie einen Umgang mit den Kunden auf Augenhöhe kann Vertrauen aufgebaut werden. Durch eine komplikationslose Vertragsdurchführung bleibt das Vertrauen erhalten. Die vorangestellten Ausführungen sind nicht als Kritik an den Anbietern zu verstehen, sondern sollen der Sensibilisierung dienen. Banken haben in der Vergangenheit durch rein wirtschaftlich getriebene Entscheidungen Kundenerwartungen enttäuscht und das Vertrauen der Verbraucher verloren. Allerdings sind Bankprodukte teilweise alternativlos, sodass Verbraucher weiterhin auf geschäftliche Verbindungen mit Banken angewiesen sind (z. B. im Bereich Kreditgeschäft). Dies gilt aber nicht zwingend für Immobilienverrentungsprodukte, sodass die Anbieter mit Blick auf das eigene Geschäft sowie auch auf die gesamte Branche dafür Sorge tragen sollten, dass aufgebautes Kundenvertrauen erhalten bleibt.

Quellenverzeichnis

Bundeskriminalamt (2022): Das Bundeskriminalamt warnt: Bundesweite betrügerische Anrufe angeblicher Mitarbeiter verschiedener Polizeibehörden, abrufbar unter www.bka.de (zuletzt abgerufen am 27.12.2022).

Focus Online (2016): Wenn die Heuschrecke den Kredit frisst, abrufbar unter www.focus.de (zuletzt abgerufen am 27.12.2022).

Tagesspiegel (2008): Immobilien – Haus unter Heuschrecken, abrufbar unter www.tagesspiegel.de (zuletzt abgerufen am 27.12.2022).

Verbraucherzentrale Baden-Württemberg (2022): Position zu Immobilienrente. Stand: 29.11.2022, abrufbar unter www.verbraucherzentrale-bawue.de (zuletzt abgerufen am 27.12.2022).

14 Es ist notwendig, etwas gegen den Wildwuchs zu tun

Renate Daum

Abstract

Für Seniorinnen und Senioren ist es schwer bis unmöglich, ohne Hilfe herauszufinden, welches Modell zur Verrentung ihrer Immobilie für sie passt und welcher Anbieter das beste Angebot macht. Das zeigte ein Praxistest von Stiftung Warentest im Sommer 2022. Testerinnen und Tester holten dabei Angebote für ihre Immobilien ein, ließen sich beraten und sammelten Unterlagen ein. Ihnen gelang es nur sehr mühsam oder gar nicht, nachzuvollziehen, wie die angebotenen Beträge zustande kamen. Ob diese angemessen waren oder die Kunden benachteiligten, war für sie erst recht nicht zu erkennen. Das ist misslich bei einem Geschäft von so großer Tragweite mit Regelungen, die sehr unvertraut für die Seniorinnen und Senioren sind. Die Branche ist im Vergleich zu anderen Finanzgebieten wenig reguliert. Hilfreich wären Standards für die Beratung und die Angebote. Das wäre auch für die seriösen Anbieter gut, um unseriöse auszugrenzen.

14.1 Bei den Interessenten ist Unsicherheit zu spüren

Eine E-Mail poppt in meinem Postfach bei Stiftung Warentest auf: Die Absender stellen eine Anfrage zum Inhalt einer Pressemitteilung, die sie beigefügt haben: »Da wir uns kein Bild über die Seriosität machen können«, wollen sie wissen, was davon zu halten sei.

In der Pressemitteilung heißt es, viele deutsche Rentner träumten davon den Lebensabend sorglos in den eigenen vier Wänden zu verbringen: »Die Realität sieht jedoch leider ganz anders aus.« Bei einem Großteil der Immobilienbesitzer reiche die Rente kaum aus, um über die Runden zu kommen, geschweige denn für Instandhaltungsarbeiten am eigenen Haus: »Entweder muss das vertraute Heim in den späten Lebensjahren verkauft werden, um der Altersarmut zu entgehen oder die Bewohner führen ein Leben am Existenzminimum.« Die Lösung: die Immobilie mit lebenslangem Wohnrecht zu veräußern und zusätzlich Geld zu bekommen. Dieses »zukunftweisende Modell« wolle man gerne »mit Ihnen redaktionell aufbereiten«.

Ein Unternehmen preist also sein Angebot an. So weit, so normal. Und genauso typisch ist in diesem Fall die Reaktion der Empfänger: Sie sind ratlos, sie blicken nicht durch. Das Haus verkaufen und darin wohnen bleiben? Ist so ein Angebot seriös? Ist es Abzocke? Sie trauen es sich nicht zu, das selbst zu beurteilen. Das Interesse an dem Thema ist aber groß. Selbst Immobilieneigentümerinnen und -eigentümer, die noch längst nicht zu den rentennahen Jahrgängen gehören, finden es spannend, sie machen sich darüber Gedanken und stellen mir allerlei Fragen. Auch in Vorträgen oder Veranstaltungen von Anbietern habe ich keineswegs nur Seniorinnen und Senioren sitzen sehen. Einige fangen frühzeitig an zu überlegen, was aus ihnen und ihrer Immobilie im Alter werden soll und kann. Andere begleiten Verwandte oder Freunde, die von ihnen einen Rat erhoffen. Eine große Unsicherheit spüre ich aber bei allen, in jedem Alter.

14.2 Die Modelle und Regelungen sind schwer zu durchschauen

Ein Wunder ist das nicht. Die Modelle und ihre Regelungen sind schwer zu durchdringen für Menschen, die sich zum ersten Mal im Leben mit Themen wie Wohnrecht oder Nießbrauchrecht oder Leibrente befassen. Aber die Folgen der Verständnislücken sind misslich, und zwar in zweifacher Hinsicht. Wer nicht durchblickt, was ihm oder ihr angeboten wird, lehnt zum einen vielleicht eine eigentlich gute und passende Offerte ab. Zum Beispiel weil die Interessenten nicht verstehen, warum die Anbieterin einen hohen Betrag dafür abzieht, dass sie lebenslang in der Immobilie bleiben dürfen.

Es kann zum anderen aber auch sein, dass sie einem Anbieter vertrauen, der ganz und gar nicht die optimale Lösung für sie bietet. Das ist keineswegs ein rein theoretisches Risiko. Senioren, die ihr Eigenheim bereits verrentet haben, habe ich öfters gefragt, warum sie sich für ein bestimmtes Modell und einen bestimmten Anbieter entschieden haben. In der Regel hörte ich Antworten dieser Art in diversen Variationen: »Der Berater war so nett« oder »Ich fühlte mich gut aufgehoben«. Von Sympathie und Vertrauen ist die Rede. Die Entscheidung basierte also offenbar oft vor allem auf Gefühlen statt auf Fakten. Das ist keine ideale Grundlage für das wohl letzte große Finanzgeschäft im Leben mit potenziell krassen Folgen im Falle einer Fehlentscheidung, nämlich dem Verlust des vertrauten Umfelds. Zudem lassen sich Fehler kaum mehr korrigieren, wenn die Unterschrift unter die Verträge erst einmal geleistet ist.

Andererseits: Zögern unsichere Interessenten bei der Entscheidung oder lassen die Idee ganz fallen, obwohl es gute Angebote für sie gäbe, hemmt das den Markt. Auf Veranstaltungen und Konferenzen beschreiben Referenten seit Jahren, wie groß das Potenzial in Deutschland sei und wie viele ältere Menschen mit Immobilieneigentum mehr Geld brauchen könnten. Gefühlt alle Jahre wieder habe ich gehört, dass der Durchbruch für den Markt unmittelbar bevorstehe. Verbrauchern begegnet mittlerweile auch fast überall Werbung für entsprechende Modelle: im Internet, im Anzeigenblatt, im Fernsehen, in der Kirchenzeitung, in der Zeitschrift aus der Apotheke, auf Plakatwänden.

Der Markt ist aber bei Weitem nicht so stark gewachsen wie erhofft. Die großen Wissens- und Verständnislücken sowie die Unsicherheit bei potenziellen Kunden dürften ein Grund dafür sein, dass die Modelle zögerlicher angenommen werden als gedacht. In der Werbung ist alles ganz einfach, aber in der Realität ist es das für die Kunden nicht. Das zeigte der erste Praxistest von Stiftung Warentest.

14.3 Praxistest im Sommer 2022 legte die Probleme offen

Wir haben im Sommer 2022 fünf Testpersonen bei Anbietern, Maklern und Vermittlern Angebote für einen Teil- oder Komplettverkauf ihrer Häuser oder Wohnungen mit lebenslangem Wohn- oder Nießbrauchrecht einholen lassen. Sie wünschten einmalige Geldsummen, befristete oder lebenslange Renten.

Unsere Testerinnen und Tester wandten sich an Teilkaufanbieter, die zu dieser Zeit die Werbung und den Markt dominierten und einen Teil einer Immobilie kaufen. Die Seniorinnen und Senioren kontaktierten Anbieter, bei denen ein Verkauf auf der Basis von Leibrenten lebenslang oder auf Zeit möglich ist. Sie ließen sich von Unternehmen beraten, die einen Verkauf gegen umfassendes Nutzungsrecht und eine einmalige Zahlung vermitteln. Wenn sie lebenslang regelmäßige Zahlungen wünschten, boten die Vermittler an, Angebote für eine Sofortrente einzuholen.

Darüber hinaus haben wir bei Banken, Sparkassen und Versicherungsgesellschaften nach Krediten gefragt, die sich an Ältere mit Immobilieneigentum richten, zum Beispiel nach Umkehrhypotheken, bei denen der Kreditbetrag nach und nach ausgezahlt wird, sodass der Schuldenstand mit der Zeit steigt.

Wir wollten wissen, wie die Anbieter beraten und wie gut sie unseren Testpersonen das jeweilige Angebot erklären. Ernüchterndes Fazit: Anhand der Informationen und Unterlagen aus den Beratungsgesprächen konnte niemand selbst ermitteln, welche Offerte sich am besten für ihn oder sie eignete und welche insgesamt die besten Konditionen bot.

Daher haben wir die Unterlagen studiert und die Angebote nachgerechnet. Es gab annehmbare Offerten. Wir haben aber bei einigen sehr verbraucherunfreundliche Klauseln gefunden. Eine klare Empfehlung drängte sich daher auf: Ohne fachkundige Unterstützung sollte niemand einen Vertrag unterschreiben.

14.4 Kunden müssen sich mit schwierigen Themen beschäftigen

Für die Interessenten ist es ohnehin anstrengend, sich mit dem Thema zu beschäftigen. Es geht nicht nur um schwierige rechtliche und wirtschaftliche Fragen, die ohne entsprechende Vorkenntnisse nicht einfach zu verstehen sind: Warum kommen bei einer 65-Jährigen nur wenige Hundert Euro Leibrente heraus, während sie in ihren Siebzigern mit der gleichen Immobilie einen vierstelligen Betrag als Rente kassieren kann? Kann ich mich auf das Recht, lebenslang in der Immobilie zu bleiben, auch wirklich verlassen? Ist der Betrag für den Wohnwert angemessen, den Anbieter oder Vermittler vom Immobilienwert abziehen? Sind Zahlungen, die ich erhalten soll, auf Dauer sicher?

Hinzu kommt die psychologische Komponente. Es bleibt nicht aus, sich mit der eigenen Vergänglichkeit zu befassen. Das macht niemand gerne. Trotzdem kommen auch diejenigen nicht darum herum, die sich für Modelle interessieren, bei denen Sterbetafeln und Ähnliches bei der Berechnung gar keine Rolle spielen. Wenn die Kundinnen und Kunden das Für und Wider abwägen, fließen das eigene Alter und die Erwartungen für den Lebensabend unweigerlich in die Überlegungen mit ein.

Die wenigsten Interessenten dürften Bekannte oder Freunde haben, die schon ein solches Geschäft abgeschlossen haben und auf deren Erfahrungen sie zurückgreifen können. Der Informationsbedarf ist also hoch und die Beratung ist anspruchsvoll. Die Produkte sind sehr erklärungsbedürftig. Im Gegensatz zu vielen anderen Finanzbereichen gibt es aber wenig Regulierung. Die in Deutschland wenig verbreiteten Kredite bilden die Ausnahme. Sonst existieren keine speziellen Vorgaben bezüglich Werbung und Vertrieb, auch keine Standards bezüglich der Beratung oder eine Pflicht, bestimmte Informationen weiterzugeben. Jeder Anbieter, jeder Vermittler geht dabei nach eigenem Gutdünken vor.

Das Ergebnis: Für Seniorinnen und Senioren ist es oft sehr schwer nachzuvollziehen, wie die angebotenen Beträge zustande kommen. Anbieter bauen Musterrechnungen oft ganz anders auf als Konkurrenten mit dem gleichen Modell. Einzelne Positionen sind manchmal sehr rudimentär, manchmal gar nicht erklärt. Die einen Anbieter übernehmen zudem bestimmte Kosten, andere nicht, das weisen sie verschieden aus. Beispiel Instandhaltung: Die Anbieter übernehmen sie komplett, anteilig, nur in bestimmten Fällen, bis zu bestimmten Grenzen, gar nicht. Angebote einfach nebeneinanderzulegen und das mit dem besten Preis herauszupicken, dürfte daher selten funktionieren.

Noch schwieriger wird der Vergleich, wenn es um konzeptionell unterschiedliche Modelle geht. Hinzu kommen ungewohnte Regelungen, deren Wirkung sich für die Kunden nicht immer leicht erschließt. Es wäre hilfreich, wenn es zumindest Standards für die Beratung und die zu übermittelnden Informationen gäbe.

14.5 Standards erleichtern einen Vergleich

Wer einen Baukredit aufnimmt, hat es da einfacher. Für Darlehensnehmer gibt es das Europäische Standardisierte Merkblatt (ESIS-Merkblatt). Es hat einen festen Aufbau und es gibt Vorgaben, was darin zu stehen hat. Interessenten können sich sicher sein, alles Wichtige in standardisierter Form zu erfahren. Das hilft beim Vergleich verschiedener Angebote.

Bei Vermögensanlagen und Wertpapieren sind Zusammenfassungen der wichtigsten Informationen zum jeweiligen Angebot in formalisierter Form verpflichtend. Diese Informationsblätter sind längst nicht perfekt, das haben wir bei Untersuchungen immer wieder festgestellt. Aber hilfreich sind sie trotzdem. Denn jedem Interessenten, jeder Interessentin ist es zuzumuten, zumindest diese wenigen Seiten zu lesen, den Inhalt mit Beratern, Freunden oder Bekannten zu besprechen und Fragen zu klären.

Ob eine solche formalisierte Zusammenfassung auf wenigen Seiten auch für Verrentungsmodelle passen würde, sei dahingestellt. Auf jeden Fall sinnvoll wären gewisse Standards bei der Beratung und Beschreibung der Modelle.

Mehr Regelungen wären auch bei einigen Angeboten angebracht. Das hemme den Markt, wird oft argumentiert. Es kann aber auch förderlich wirken. So passen einige Kreditvarianten für Senioren nicht so recht ins übliche Geschäft der Banken und Sparkassen. Einige Kreditinstitute legen Gesetze und Richtlinien streng aus und lassen daher die Finger lieber ganz von solchen Angeboten. Für echte, lebenslange Umkehrhypotheken fehlen Vorgaben in Deutschland ganz. Solche Reverse Mortgages, das dominierende Segment in Ländern wie Großbritannien, gibt es hierzulande daher gar nicht. Gäbe es einen sichereren rechtlichen Rahmen, wie solche Produkte in Deutschland aussehen könnten, könnte das den Markt ins Laufen bringen.

14.6 Europäischer Verband hat Standards verabschiedet

Ein Blick nach Großbritannien lohnt sich bei diesem Thema auch aus einem anderen Grund. Heute ist das Land diesbezüglich mit Abstand führend in Europa. Reverse Mortgages gibt es dort seit den Sechzigerjahren des vergangenen Jahrhunderts. Bevor der Markt sein heutiges Niveau erreichte, durchlief er aber auch Tiefen. Es gab Fälle, in denen Kunden unpassende Produkte empfohlen wurden, die die Seniorinnen und Senioren dann in Probleme stürzten. Das erschütterte Vertrauen ließ sich erst allmählich wieder aufbauen.

Dazu beigetragen haben Standards, die sich die Branche selbst gegeben hat, und Vorgaben der britischen Finanzaufsichtsbehörde Financial Conduct Authority (FCA). Letztere macht in ihrem »Mortgage Conduct of Business«-Handbuch zum Beispiel umfangreiche und genaue Vorschriften für die Werbung, den Vertrieb und die Offenlegungspflichten bei Immobilienverzehrprodukten. Im Vergleich dazu herrscht in Deutschland Wildwuchs.

Auch der europäische Branchenverband European Pensions and Property Asset Release Group (EPPARG) hat seinen Sitz in Großbritannien. Ihm gehören Anbieter von Immobilienverzehrprodukten aus verschiedenen europäischen Ländern an. Nach eigener Darstellung decken sie einen Großteil des Markts ab. Der Verband hat in den Jahren 2019 und 2021 jeweils zehn Leitlinien für lebenslange Reverse Mortgages und für Varianten mit Freisetzung von Eigenkapital veröffentlicht.

Der Verband verlangt zum Beispiel von den Anbietern, sicherzustellen, dass kompetente Bevollmächtigte »mit entsprechenden Kenntnissen« die Kunden informieren und den Vertragsabschluss durchführen. Eine Checkliste soll sicherstellen, dass die Kunden die erforderlichen maßgeblichen Informationen erhalten haben.

Ein weiteres Beispiel: Falls ein variabler Zinssatz für Reverse Mortgages vereinbart wird, »sollte dem Kunden vorzugsweise die Option angeboten werden, eine Zinsobergrenze festzulegen, und der Kunde sollte in jedem Fall darüber informiert werden, was es bedeutet, eine solche Obergrenze nicht zu haben.« Wichtiger genereller Grundsatz: Alle Immobilienverzehrprodukte, auch die Reverse Mortgages, sind für den EPPARG »Produkte auf Lebenszeit«.

14.7 Deutschland hinkt weit hinterher

Schon allein dieses letztgenannte Kriterium erfüllen manche Angebote in Deutschland nicht. Umkehrhypotheken »auf Lebenszeit« sind nicht bekannt. Bei anderen Krediten kann am Ende der Laufzeit ein Auszug unumgänglich sein. Was es gibt, sind Kredite mit flexiblen Optionen ohne festgelegte Laufzeit. Die Kreditlinien können nach Bedarf ausgeschöpft und getilgt werden. Das erinnert etwas an einen »Dispokredit« aufs Haus. Wie der Dispo beim Girokonto ist allerdings auch der Zins variabel, von einer Zinsobergrenze habe ich nirgends etwas gelesen.

Erst recht sprachlos war ich, als ich auf der Webseite einer Bank eine Rechnung entdeckte, wie eine Seniorin einen solchen Kredit nutzen könnte: Sie schöpft in dem Beispiel den Kreditrahmen aus und nutzt den Großteil des Geldes, um eine Sofortrente abzuschließen. Die Bank rechnet vor, dass die Kreditrate pro Monat geringer ist als die Sofortrente. Dadurch gewinne die Seniorin Liquidität. Aber wie lange? Steigen die Zinsen, schmilzt der Überschuss dahin und kehrt sich eventuell ganz schnell in ein Defizit um. Die Seniorin muss dann Geld zusammenkratzen, um die Kreditrate zu bedienen. Gut ist so ein Vorschlag also vor allem für die Bank. Die Kundin kann er in massive Schwierigkeiten bringen. Wer für ein solch waghalsiges Modell wirbt, sollte zumindest prominent auf die Risiken hinweisen.

Auch viele verbreitete Verrentungsvarianten in Deutschland passen nicht unter die Standards des europäischen Verbands. Sie funktionieren zum Teil ganz anders als die Modelle der EPPARG-Mitglieder. In der Bundesrepublik müssten Regeln oder Selbstverpflichtungen also so formuliert werden, dass sie auch diese Modelle erfassen.

14.8 Problemfälle hatten zum Teil schlimme Folgen

Dass es notwendig ist, etwas gegen den Wildwuchs zu tun, ist offensichtlich. Das zeigen Problemfälle aus der Vergangenheit. Ein besonders tragisches Beispiel: Im Jahr 2014 verkaufte ein Ehepaar sein Haus an die Deutsche Immobilienkasse GmbH aus Düsseldorf. Im Grundbuch wurde aber kein Wohnrecht eingetragen. In der Folgezeit wechselte die Immobilie zwei Mal den Eigentümer. Nach dem zweiten Wechsel bekamen die Senioren eine Räumungsklage. Geholfen hätte da eine Regel wie im EPPARG-Standard, dass das Wohn- oder Nießbrauchrecht lebenslang gesichert sein muss und nicht ohne Zustimmung der Betroffenen geändert werden kann.

Perfide: Die Aufkäufer hatten einen Firmennamen gewählt, der an ein Pionier-Unternehmen auf dem Markt für Immobilienverzehrprodukte in Deutschland erinnerte: die Immokasse GmbH, die vor ihrer Insolvenz 2013 Umkehrhypotheken vermittelt hatte.

14.9 Werben mit einer »Stiftung«

Eine Anlehnung an die Namen anderer ist mir auch in anderem Zusammenhang aufgefallen: Das Wort »Stiftung« taucht auch in Zusammenhängen auf, in denen sich wirtschaftlich und rechtlich der Sinn nicht erschließt. Mehrere gemeinnützige Stiftungen sind im Markt aktiv, die Immobilienverrentungsmodelle anbieten, um damit ihre sozialen Zwecke zu unterstützen. Der Begriff suggeriert Seriosität. Doch blindes Vertrauen ist nicht in jedem Fall gerechtfertigt. Die Gefahr: Für Interessenten dürfte es nicht leicht sein zu erkennen, ob eine Stiftung selbstständig ist und unter Aufsicht oder unter Trägerschaft einer großen, gemeinnützigen Institution steht.

Im Jahr 2020 etwa begegnete mir die »Stiftung Immobilienrente«. Sie erwies sich als eine Treuhandstiftung, die von einer Senator Akademie GmbH abhing. Damit gibt es ein Insolvenzrisiko. Sie sei nicht für Vermögensübertragungen von Privatleuten gedacht, erklärte mir ihr Gründer, ein Rechtsanwalt, damals. Wofür sie gedacht war, wurde aber nicht ganz klar. Der Rechtsanwalt war in der Vergangenheit im Zusammenhang mit Anlegerklagen aufgefallen, auch da u.a. in Bezug auf eine Stiftung: Eine »Deutsche Anleger Stiftung« präsentierte sich im Internet als unabhängige Verbraucherorganisation. Es ließen sich jedoch Bezüge zu dem Rechtsanwalt und seinem Umkreis herstellen. Bei der Webseite Stiftung-immobilienrente.de liegt die Verbindung immerhin offen. Im Oktober 2022 war die Prof. Dr. Thieler-Prof. Dr. Böh-Thieler Rechtsanwaltsgesellschaft mbH als Betreiberin aufgeführt.

14.10 Neue Unternehmensgruppe hatte ehrgeizige Pläne

Eine Stiftung gehörte auch zu der Unternehmensgruppe, von der die Pressemitteilung stammte, die ich zu Beginn dieses Beitrags beschrieben habe. Die »Deutsche Leibrenten Unternehmensgruppe« hatte sie im Jahr 2014 veröffentlicht. Sie hatte große Ambitionen. Ein Unternehmermagazin aus Düsseldorf widmete ihr im September 2013 sogar eine Titelgeschichte. Eine Grafik präsentierte darin ein imposantes Netzwerk aus Unternehmen. Im Zentrum stand eine Genossenschaft, an die Seniorinnen und Senioren ihre Immobilie verkaufen und dafür eine lebenslange Leibrente samt lebenslangem Wohnrecht erhalten sollten.

Finanzieren wollte die Genossenschaft das über Bankdarlehen sowie Geld von Kapitalanlegern. Die konnten dafür Mitglied bei der Genossenschaft werden, Genussrechte zeichnen oder Vorzugsaktien an einer Aktiengesellschaft kaufen. In eine Stiftung sollten zudem Geld- und Sachspenden fließen.

Als die Titelgeschichte erschien, war die Genossenschaft noch nicht einmal ins Handelsregister eingetragen. Es war nicht erkennbar, ob und in welchem Umfang die Unternehmensgruppe Mittel hatte, um Zahlungsverpflichtungen an die Senioren zu erfüllen, wenn sich nicht schnell genug Kapital von Anlegern und Banken besorgen ließe. Das ganze Konstrukt erwies sich als Luftschloss sondergleichen. Die Geschäftsideen wurden immer skurriler: Im Jahr 2018 bot die Unternehmensgruppe an, Container von Anlegern der insolventen P&R-Anlagegesellschaften zu kaufen. Bezahlen wollte die Gruppe sie mit einer eigenen digitalen Währung, der Kryptowährung »BLCoin«. Auch das scheiterte. Im Jahr 2019 beschloss das zuständige Registergericht dann die Auflösung der Genossenschaft. Die Aktiengesellschaft wechselte den Eigentümer und hat heute nichts mehr mit dem windigen Geschäft von damals zu tun.

14.11 Finanzaufsicht untersagte Angebot lebenslanger Leibrenten

Die Lehre ist klar: Seniorinnen und Senioren sollten sich ihre Vertragspartner genau ansehen, vor allem wenn diese ihnen regelmäßig Geld zahlen sollen. Ausbleibenden Renten hinterherjagen, über Instandhaltung streiten, das will im Alter niemand. Allerdings überfordert es viele, die Finanzstärke einzuschätzen und dafür etwa Jahresabschlüsse und Geschäftsberichte zu analysieren. Ohne Hilfe durch Fachleute dürften viele aufgeben. Im Gegensatz zu Banken oder Versicherungsgesellschaften gibt es hier keine Vorgaben zur Finanzstärke und Zahlungsfähigkeit, die einzuhalten sind und überprüft werden.

Dass bei neu gegründeten Unternehmen besondere Vorsicht angebracht ist, zeigte sich einige Zeit später erneut. Die zentrale Person hinter der gescheiterten Genossenschaft und der zugehörigen Unternehmensgruppe tauchte im Jahr 2020 mit ähnlichem Konzept wieder am Markt auf. Seine Bergfelder Leibrenten AG aus Mönchengladbach war erst seit dem 26. März 2020 im Handelsregister eingetragen und bot lebenslange Leibrenten an. Jahresabschlüsse waren nicht veröffentlicht. Als ich nach aussagekräftigen Zahlen fragte, lieferte die Gesellschaft nichts und veröffentlichte auch in der Folgezeit keine Jahresabschlüsse.

Diesmal griff die Bundesanstalt für Finanzdienstleistungsaufsicht (BaFin) ein. Am 19. Mai 2021 ordnete sie die Einstellung und Abwicklung des Geschäftsbetriebs an. Denn beim gewerbsmäßigen Gewähren lebenslanger Leibrenten handele es sich um ein Versicherungsgeschäft, für das eine Erlaubnis nötig sei. Die fehle hier.

Das Problem: Diese Erlaubnis fehlte auch allen anderen Anbietern, die zu dieser Zeit Leibrenten fürs Leben angeboten hatten. Fast alle nahmen sie vom Markt und beschränkten sich allenfalls auf Leibrenten für eine bestimmte Zeit. Das ist schade, denn wenn Menschen im Alter existenziell auf mehr Geld angewiesen sind, brauchen sie auch lebenslange Zahlungen.

14.12 Selbstregulierung funktioniert selten in ausreichendem Maß

Ein staatlicher Eingriff bei einem unseriösen Anbieter zog also Folgen für den gesamten Markt nach sich und bremste eine Produktvariante fast komplett aus. Wenn es offensichtlich Regeln und Standards braucht: Zeigt das nicht, dass Selbstregulierung überlegen gegenüber staatlicher Regulierung ist? In einer idealen Welt wäre das vermutlich so. In der realen Welt ist zweifelhaft, ob es ausreicht, wenn sich die Branche selbst auf die Finger sieht.

Nicht funktioniert hat es bei einigen Arten von Geldanlageangeboten, zum Beispiel den Geschlossenen Fonds. Das waren Unternehmen, an denen sich Anleger beteiligen konnten und Mitunternehmer wurden. Die Gesellschaften investierten zum Beispiel in Bürohochhäuser, Schiffe oder Anlagen für erneuerbare Energien. Jahrzehntelang waren die Emissionshäuser weitgehend frei darin, wie sie ihre Angebote ausgestalteten und vertrieben. Viele gingen schief und bescherten den Anlegern heftige Verluste. Es liegt in der Natur der Sache, dass sich unternehmerische Risiken auch mal verwirklichen, weil sich zum Beispiel kein Mieter für leer stehende Büroflächen findet oder sich die Immobilie nicht zum erhofften Preis verkaufen lässt. Doch es gab auch Angebote, bei denen schon zu Beginn erkennbar war, dass die Kalkulationen auf extrem viel Optimismus beruhten. Einige schwarze Schafe fielen immer wieder mit teuren, unvorteilhaften Angeboten für die Kunden auf. Die Branche stellte keine Standards auf, die Kunden dabei geholfen hätten, unvorteilhafte Angebote zu erkennen. Unseriöse Anbieter blieben am Markt. Nachdem Anleger viel Geld verloren hatten, führte der Staat gesetzliche Regelungen ein. Umfassend neu und viel strenger regelte er einen Großteil dieses Markts im Jahr 2013. Etliche Emissionshäuser verschwanden in der Folge vom Markt.

Für die Anleger der gescheiterten Beteiligungsmodelle waren die Verluste bitter. Für Senioren mit problematischen Verrentungslösungen wären sie ein Desaster. Es wäre wünschenswert, wenn es erst gar nicht zu solchen Problemfällen in größerem Stil käme, sondern die Branche und die Politik schon vorher geeignete Mindestvorgaben entwickeln würden, um Fehlentscheidungen und ihre dramatischen Folgen möglichst zu vermeiden.

15 Verbraucherpolitische Perspektiven

Dr. Rainer Metz

Abstract

Ein lebhafter neuer Markt der Immobilienrenten ist entstanden. Den schönen Werbebildern steht allerdings eine deutliche Skepsis der Verbraucherschützer gegenüber. Es wird zur Vorsicht und unabhängigen Beratung aufgefordert. Die Verbraucherperspektive muss jedoch darüber hinaus gehen. Ein geeigneter rechtlicher Rahmen fehlt bisher ebenso wie ein Aufsichtsregime. Insbesondere der Begriff der Immobilienverzehrkredite in § 491 BGB greift zu kurz. Erforderlich scheint ein Rechtssystem, das zumindest Transparenz, Information und Erläuterung regelt. Nur ein geeignetes Rechtssystem ist m. E. in der Lage, den Schutz der älteren Immobilieneigentümer zu sichern und den Wettbewerb um die besten Modelle im Markt zu fördern.

15.1 Ausgangslage

Immobilienrenten werden verstärkt angeboten und beworben, sei es auf der Basis des Teilverkaufs, sei es auf der Basis der vollständigen Veräußerung oder anderer Modelle. Es ist ein lebhafter neuer Markt entstanden. Die schönen Bilder von glücklichen Seniorenpaaren, die die Werbung der Anbieter prägen, werden von Verbraucherorganisationen allerdings nicht geteilt. Insbesondere der Teilverkauf stößt auf besondere Kritik, zuletzt bei der Stiftung Warentest (2022). Kritisiert wird, dass man im Test viele Haken und Unwägbarkeiten gefunden habe. Beim Teilverkauf sei das Nutzungsentgelt beispielsweise höher als entsprechende Kreditzinsen und es könne im Laufe der Zeit weiter stark steigen. Wer das Nutzungsentgelt nicht mehr zahlen könne, laufe rasch Gefahr, aus dem Haus zu fliegen. Bei Käuferinsolvenz könne Wohnen unsicher werden. Insgesamt neun Haken listet Warentest auf, von den m. E. intransparenten Gesamtkosten aus Nutzungsentgelt, garantierter Wertsteigerung und »Durchführungsentgelt« ganz abgesehen.

15.2 Seniorenkredite als Alternative?

Bevor jedoch Forderungen nach neuen Regulierungen etc. erhoben werden, stellt sich politisch natürlich die Frage, ob nicht der Markt selbst ausreichende verbraucherfreundlichere Alternativen zum Verkauf hergibt. In aller Regel wird dazu auf das Angebot von Banken und Versicherungen mit sog. Seniorendarlehen verwiesen. Diese bieten dabei eine Form der Renten als monatliche Zahlung, Einmalbetrag oder Kombination von beidem. Umgangssprachlich ist oft von Seniorenhypotheken die Rede; rechtlich werden diese üblicherweise als Grundschulden eingetragen. Grundsätzlich wäre auch eine normale Baufinanzierung denkbar. Dieses wird aber vielfach, trotz geänderter seniorenfreundlicher Vorschriften, älteren Darlehensnehmern nicht angeboten. Begründet wird dies oft damit, dass die Tilgung in der Lebenszeit aufgrund des Alters bzw. der Alterseinkünfte nicht zu erwarten ist. In Betracht kommen mithin Immobilienkredite, bei denen beispielsweise die Tilgung aufgeschoben wird, d. h. durch die Erben bzw. den Verkauf erfolgt.

Angeboten wird ein Seniorenkredit z. B. von der Allianzversicherung unter der Bezeichnung »Best Ager Finanzierung« oder von Volksbanken unter der Bezeichnung »Betongold« bzw. von Sparkassen als »Rentendarlehen«. Ab einem Alter von 60 Jahren bei der Allianz – bei anderen Anbietern gelten teilweise niedrigere bzw. höhere Mindestalter – können Eigentümer ihre abbezahlte und selbst genutzte Immobilie beleihen. Die Höhe des Darlehens ergibt sich aus dem Marktwert, der in unterschiedlicher Höhe, z. B. bis zu 40 oder 60 Prozent beliehen werden kann. Bei einem Marktwert von 500.000 Euro ergibt sich bei der Allianz mithin ein Maximalbetrag der Auszahlung von 200.000 Euro. Bei anderen Angeboten sind auch monatliche Rentenzahlungen möglich, die oft befristet sind, z. B. auf 15 Jahre. Die zu leistenden Zinsen können festgeschrieben sein oder sind variabel, was aber in Zeiten steigender Zinsen risikoreich ist. Zahlungen der Rentner auf das Darlehen lassen sich niedrig gestalten, wenn auf die Tilgung verzichtet oder wenn sie niedrig angesetzt wird. Hinsichtlich der Kosten und Zinsen bleiben viele Anbieter im Internet unpräzise. Hinsichtlich des Zinssatzes, der langfristig festgeschrieben werden kann, fehlt es im Internet häufig an einer Zinsangabe. Insgesamt finden Verbraucher im Netz nur grobe Angaben zu den Rahmenbedingungen. Konkrete Konditionen und Kosten fehlen häufig. Einige Angebote bieten Internetrechner, mit dem man am eigenen Bedarf orientierte Berechnungen vornehmen kann. Geeignet erscheinen diese Modelle eher für Kreditsuchende, die einen einmaligen höheren Bedarf haben, z. B. für einen Umbau oder eine Sanierung. Bei dauerhafter finanzieller Notlage dürfte bei befristeten Renten angesichts der gestiegenen Lebenshaltungskosten der Finanzbedarf in 10 oder 15 Jahren nicht geringer sein. Vorteilhaft erscheinen eine langfristige Zinsbindung und der Verbleib des Eigentums bei den Senioren, die allein von Wertsteigerungen profitieren. Die zu leistenden Zinslasten reduzieren das zukünftig verfügbare Einkommen. Ein Beispielsfall bei einem Darlehen von 175.000 Euro ergibt eine monatliche Rente von etwas über 972 Euro, von der allerdings bei einem Zinssatz von 3,6 Prozent nur eine monatliche Nettorente von 450 Euro übrigbleibt; 516 Euro sind Zinsleistung. Die Zinssätze scheinen unter Berücksichtigung des niedrigen Beleihungswerts oft über marktüblichen Konditionen anderer Baufinanzierungen zu liegen.

Weitere Alternativen wie echte Umkehrhypotheken, bei denen auf Zins und Tilgung verzichtet wird und die Schulden erst aus dem Verkaufserlös getilgt werden, so wie sie in anderen Ländern üblich sind, gibt es auf dem deutschen Markt nicht.

Insgesamt bieten die Angebote der Seniorendarlehen grundsätzlich eine Alternative zu Verkaufsmodellen. Aber auch bei diesen Angeboten herrscht Intransparenz. Sie sind untereinander kaum vergleichbar und vom Quervergleich mit den Verkaufsmodellen her für Durchschnittsverbraucher kaum zu kalkulieren. Aussagekräftige Parameter, die die Gesamtbelastung über den Rentenzeitraum angeben, wie etwa der Effektivzins bei Krediten, gibt es für die Rentenmodelle nicht. Ebenso gibt es kein Produktinformationsblatt, wie es eigentlich für alle Finanzprodukte im europäischen Binnenmarkt üblich ist. Es wäre jedenfalls überlegenswert, ein Standardinformationsblatt einzuführen, das wesentliche Pflichtangaben und typisierte Musterbeispiele vorgibt, um so für mehr Transparenz und Vergleichbarkeit zu sorgen. Das Institut für Finanzdienstleistungen in Hamburg hatte bereits früher als Ergebnis einer vergleichenden Studie festgehalten, dass es selbst in entwickelten Ländern an Verbraucherkompetenz fehle und die Märkte für Immobilienrenten wettbewerbsintensiver werden müssen. Eine objektive Verbraucherinformation sei erforderlich, ein einheitlicher Produktstandard und eine Aufklärungskampagne würden derartige Defizite verringern. Für Regierung und Aufsicht sollte es darum gehen, einen einheitlichen legislativen Rahmen zu setzen, einschließlich der Solvenz und der steuerlichen Fragen. Auch bei Marketing und Verkauf gebe es Handlungsbedarf. Es gibt mithin verbraucherpolitischen und- rechtlichen Regelungsbedarf. Meines Erachtens sollten alle Angebotsformen, da sie ja den gleichen Zweck verfolgen, nämlich die Eigenkapitalfreigabe aus dem Immobilienbesitz, einem einheitlichen rechtlichen Regiment unterworfen werden.

15.3 Verbraucherpolitische Aufgaben

Verbraucherverbände hätten m. E. die Aufgabe besserer Verbraucherinformation, insbesondere mit konkreten Angaben, etwa wie sich einzelne Kosten wie z. B. die Nutzungsentgelte auswirken. Geringe Differenzen und Steigerungen können die Kosten langfristig spürbar erhöhen.

Ferner wären Verbandsklagen zu prüfen. Insbesondere jene Klauseln sind einer Überprüfung wert, die den Anbietern garantierte Zuschläge von beispielsweise 17 Prozent auf den gezahlten Kaufpreis geben unabhängig davon, wie sich der Marktwert der Immobilie tatsächlich entwickelt. Wird etwa eine Immobilie mit geringerem Wert verkauft, etwa weil die Preise nach unten gehen, tragen allein die Alteigentümer die Risiken. Bei gravierenden Markteinbrüchen, die örtlich sein können, kehrt sich das Erlösverhältnis um. Die Teilkäufer erhalten dann mehr als die Alteigentümer, obwohl sie nur einen Teil der Immobilie erworben haben und dafür ein respektables Nutzungsentgelt kassieren. Das wirtschaftliche Risiko wird mithin allein auf die Alteigentümer verlagert. Zu eventuellen Wertsteigerungen haben Teilkaufanbieter nichts beigetragen; dies ist allein dem Markt zu verdanken. Mit Nutzungsentgelt, garantiertem Gewinnzuschlag und dem Durchführungsentgelt summieren sich die Einnahmen massiv zulasten der Alteigentümer. Dies lässt die Wertgarantie in allgemeinen Geschäftsbedingungen unangemessen erscheinen. Grundsätzlich gilt, dass Marktteilnehmer entsprechend ihren formalen Anteilen an der wirtschaftlichen Entwicklung des Investments teilnehmen, sei es Gewinn, sei es Verlust. Das Kleingedruckte ist kein Ort, dieses grundsätzliche wirtschaftliche und rechtliche Prinzip auszuhebeln und sich so unabhängig von der Marktentwicklung und zulasten der anderen Anteilseigner einseitig Gewinn zu sichern. Die Verankerung der Vertragsbedingungen in einem

Notarvertrag ändert nichts Grundsätzliches an einer AGB-Kontrolle. Hat der Notar einen Vertrag vorgelegt, so wird der Verbraucher selten darüber verhandeln, sodass die §§ 305 ff. BGB uneingeschränkt gelten.

Einer Kontrolle bedürfen auch die Anpassungsklauseln für die Nutzungsentgelte. Präzise Parameter der Anpassung sind oft nicht zu erkennen; insoweit wären sie an Preis- bzw. Zinsanpassungsklauseln zu messen. Wettbewerbsrechtlich wäre es geboten, fehlende Preis- oder Zinsangaben einer Überprüfung zu unterziehen.

Auf den Prüfstand gehört auch das sog. Durchführungsentgelt. Nach der eigenen Beschreibung der Anbieterseite handelt es sich eine erfolgsgebundene Vergütung für die Begleitung mit Know-how während des Verkaufsprozesses, mithin eine Art Maklerentgelt. Als Miteigentümer verfolgt eine Teilkauffirma aber stets eigene Interessen. Eigeninteressen und Maklertätigkeit sind jedoch unvereinbar. Hier liegt ein Interessenkonflikt als Miteigentümer bzw. eine Verflechtung vor, die ein solches Entgelt wie bei Maklern unzulässig macht. Verflechtung ist gegeben, wenn der Makler gesellschaftsrechtlich oder auf sonstige Weise verflochten ist, so z. B., wenn der Makler am vermittelten oder nachgewiesenen Geschäft wesentlich beteiligt ist.

Dies gilt erst recht, wenn über eine Wertsteigerungsklausel weitere ökonomische Interessen des Teilkäufers abgesichert sind. Dem Teilkäufer kann es beispielsweise in bestimmten Situationen egal sein, ob der optimale Preis erzielt wird, seinen Einkaufspreis plus Wertsteigerungen hat er sich ja unabhängig vom Verkaufspreis per Vertrag gesichert.

Die Bundesanstalt für Finanzdienstleistungsaufsicht (BaFin) überwacht zum einen nicht nur Kreditinstitute, Versicherungen und Wertpapierhandelsunternehmen im Hinblick auf Solvenz, was ihre klassische Aufgabe war. Sie nimmt nunmehr auch Verbraucherschutzaufgaben wahr, insbesondere den kollektiven Verbraucherschutz und die Beseitigung bzw. Verhinderung von verbraucherschutzrelevanten Missständen. Die auf Verbraucherschutz spezialisierte Abteilung geht diesen Aufgaben nach. Die BaFin bietet auf ihren Internetseiten Verbraucherinformationen an und betreibt neben der Beschwerdebearbeitung ein aktives Marktmonitoring. Soweit klassische Bankdienstleistungen wie Kredite vergeben werden, dürften die Finanzprodukte für Senioren mithin im Blickfeld der BaFin sein, insbesondere was die Solvenz betrifft. Fraglich scheint aber, ob die BaFin den sich entwickelnden Markt der Seniorenrenten im Blick hat. Die BaFin scheint eher von Geldanlageproblemen bei älteren Menschen denn von Kreditbedarf auszugehen. Spezifische Informationsangebote für Seniorenkredite fehlen. Im Internet findet sich ein Verbot durch die BaFin einer Mönchengladbacher Gesellschaft, weil diese unerlaubt Einlagengeschäfte betrieben habe und nicht über eine Erlaubnis gemäß § 8 Versicherungsaufsichtsgesetz (VAG) zur gewerblichen Gewährung von Leibrenten verfügte. Für die BaFin sehe ich die Aufgabe, aktives Marktmonitoring in diesem Sektor einzusetzen und sich vom Leitbild der vermögenden älteren Menschen zu verabschieden. Es entwickelt sich ein Markt für ältere Immobilieneigentümer mit Kreditbedarf. Die BaFin könnte für ihre Arbeit beispielsweise Vorgaben der britischen Financial Conduct Authority (FCA) gut als Ausgangspunkt nehmen. In

Großbritannien hat die FCA in ihrem »Conduct of Business Sourcebook« für Mortgages and Home Products dem Verkauf von Equity Release ein vielseitiges eigenes Kapitel gewidmet und Standards für die Beratung und den Verkauf vorgegeben. Es gibt auch Vorschläge, wie Informations- und Beratungspflichten aus der Perspektive von Anbietern aussehen können. Als Anbieterorganisation wäre die European Property and Pensions Asset Release Group (EPPARG) zu nennen. Ihr Ziel ist die Entwicklung von Standards für einen europäischen Binnenmarkt in diesem Sektor und dabei das Erreichen eines angemessenen Verbraucherschutzstandards. Dazu gibt einen »Code of practice« mit umfangreichen Informations-, Berechnungs-, Erläuterungs- und Beratungspflichten. In Deutschland ist dies bisher ein weitgehend unterentwickeltes Feld der Transparenz, Information und Erläuterung. Die BaFin bietet aktuell lediglich eine standardisierte Verbraucherinformation zum Teilkauf im Internet an. Dies ist zu wenig Verbraucherschutz, auch im internationalen Vergleich.

15.4 Reformbedürftiges Kreditrecht

Das deutsche Kreditrecht tut sich mit den »Seniorendarlehen« schwer. Es hat zwar den Begriff der Immobilienverzehrkreditverträge eingeführt. Dieser ist aber in der Praxis kaum anwendbar. § 491 Abs. 1 Satz 2 BGB definiert zunächst als Verbraucherdarlehensverträge zwei Felder: Allgemein-Verbraucherdarlehen und Immobiliar-Verbraucherdarlehensverträge (ImmoVerbrdarl). § 491 Abs. 2 Nr. 6 BGB legt fest, dass weder ImmoVerbrdarl noch Immobilienverzehrkreditverträge gem. § 491 Abs. 3 BGB Allgemein-Verbraucherdarlehen sind. Nach § 491 Abs. 3 Satz 4 BGB sind sog. Immobilienverzehrkreditverträge keine Verbraucherdarlehensverträge, wenn der Kreditgeber 1. pauschale oder regelmäßige Zahlungen oder andere Formen der Kreditauszahlung geleistet hat und im Gegenzug nur einen Betrag aus dem künftigen Erlös einer Wohnimmobilie erhält oder ein Recht an einer Wohnimmobilie erwirbt und 2. erst nach dem Tode des Verbrauchers eine Rückzahlung fordert, außer der Verbraucher verstößt gegen die Vertragsbestimmungen, was es dem Kreditgeber erlaubt, den Vertrag zu kündigen. Um also als Immobilienverzehrkredit zu gelten, müssen mithin drei Voraussetzungen erfüllt sein, die beiden in § 491 Abs. 3, Satz 4 Nr. 1 genannten und die in § 491 Abs. 3, Satz 4 Nr. 2 genannte: Vorliegen müssen Kreditauszahlungen und es darf nur ein Betrag aus dem künftigen Erlös erhalten werden (Nr. 1) und erst nach dem Tode des Verbrauchers eine Rückzahlung gefordert werden (Nr. 2). Es soll dem Schutz der Verbraucher dienen, dass »nur« ein Betrag aus dem Erlös geschuldet wird und damit eine Haftung auf den Wert der Immobilie beschränkt bleibt. Erst anhand der genauen Vertragsdetails lässt somit feststellen lassen, ob Seniorenkredite unter diese spezielle gesetzliche Definition fallen. Beim Begriff Immobilienverzehrkreditverträge hat man sich m. E. zu sehr am deutschen Wortlaut in Art. 3 Abs. 2 der EU-Richtlinie über Wohnimmobilienkreditverträge von 2014 (2014/17/EU) orientiert. Ein verunglückter Begriff, den das deutsche Universalwörterbuch des Duden nicht kennt. Im englischen Text ist von Equity Release die Rede, was man besser mit Eigenkapitalfreigabe übersetzt. Zugleich wurden gegenüber dem Richtlinientext m. E. Verschärfungen vorgenommen. Aus »damit« (der Kreditgeber »im Gegenzug (= für pauschale oder regelmäßige Zahlungen) einen Betrag aus dem künftigen Erlös des

Verkaufs einer Wohnimmobilie erhält oder ein Recht an einer Wohnimmobilie erwirbt«) in Art. 3 Abs. 2 Buchst. a Ziff. i der EU-Richtlinie wurde in § 491 Abs. 3 Satz 4 Nr. 1 BGB ein »nur«. Aus den von den Mitgliedstaaten festzulegenden Ereignissen für die Fälligkeit wurde im BGB ausschließlich frühestens der Tod des Verbrauchers (§ 491 Abs. 3 Satz 4 Nr. 2 BGB). Einen innovativen und fairen Immobilienkreditmarkt für Senioren fördert diese komplexe Vorschrift nicht. Trifft die Ausnahme der Verzehrkredite nicht zu, dann müssen sie, um unter Immobiliarkredite zu fallen, für den Erwerb oder Erhalt von Eigentumsrechten an Grundstücken bestimmt sein (§ 491 Abs. 3 Satz 1 Nr. 2 BGB). Erwerb scheidet im Falle der Eigentümer aus. Unter dem Erhalt von Eigentumsrechten ist nach h. M. ein Umschuldungsdarlehen zu verstehen. Nicht darunter fallen sollen selbst Darlehen zur Substanzerhaltung des Gebäudes, sog. Renovierungsdarlehen. Dies steht m. E. aber nicht im Einklang mit der EU-Richtlinie, die in Erwägungsgrund 15, Satz 2, ausdrücklich die besicherten Kredite zur Renovierung einbezieht. Wäre die h. M. zutreffend, könnten auch umfangreiche energetische Sanierungen nicht mit günstigen Baukrediten bedient werden. Renovierungs- und Sanierungsmaßnahmen »erhalten« die Immobilie für die Alteigentümer. Sie fallen deswegen unter die Privilegierung für Wohnimmobilienkredite. Dies bedeutet nicht, dass diese Sanierungskredite von allen Informationspflichten etc. befreit wären. Die Zahlung einer Rente ermöglicht es den Alteigentümern, in den eigenen vier Wänden zu bleiben, und erhält damit den Wohnraum. Einer derartigen Auslegung ist m. E. der Vorzug zu geben. Sie lässt Seniorenkredite im Bereich der günstigen Konditionen von Baukrediten und stärkt den Wettbewerb zum Teilverkauf. Ausnehmen sollte man nur Gelder für andere Projekte, etwa den Kauf von Wohnmobilen oder Weltreisen. Insgesamt ist das deutsche Immobiliarkreditrecht nicht dazu geeignet, den Wettbewerb im Seniorenbereich zu intensivieren. Es bremst den Wettbewerb und befördert damit mangels Alternativen intransparente andere Modelle. § 491 BGB mit seiner komplexen Definition des Immobilienverzehrkredits würde jedenfalls eine dem Markt angepasste Neufassung zu einer weiten Definition der Eigenkapitalfreigabe gut tun. In der derzeitigen Fassung und Auslegung steht die gegenwärtige Rechtslage sowohl dem Verbraucherschutz wie einem effizienten Wettbewerb um die besten Modelle und Angebote für Senioren eher im Wege.

15.5 Anwendbare Rechtsinstrumente

Wenn es keinen eigenen präzisen Rechtsrahmen für diesen speziellen Markt gibt, stellt sich die Frage, welche anderen rechtlichen Instrumente ggf. zur Anwendung gelangen können. In Betracht kommen insbesondere Elemente der Finanzdienstleistungsrechtsprechung. Man könnte sich im Pflichtenkatalog des Versicherungsrechts bewegen. Eine gesetzliche Definition von Versicherung fehlt. Eine Versicherung liegt nach allgemeinem Dafürhalten vor, wenn eine entgeltliche, rechtsverbindliche, selbstständige Zusage einer Leistung erfolgt für den Fall, dass ein Ereignis eintritt, das noch ungewiss ist. Das ungewisse Ereignis wäre das Alter, das Rentenberechtigte erreichen, vergleichbar den Lebensversicherungen. Im Falle einer Versicherung gelten Beratungs- und Informationspflichten sowie ein Widerrufsrecht. Nach § 6 Abs. 1 Versicherungsvertragsgesetz (VVG) hat der Versicherer den Versicherungsnehmer, soweit nach der Schwierigkeit, die angebotene Versicherung zu beurteilen, hierfür Anlass besteht, die Betroffenen nach ihren Wünschen und Bedürfnissen zu befragen. Sie sind ferner, auch unter Berücksichtigung eines angemessenen Verhältnisses zwischen Beratungsaufwand und der vom Versicherungsnehmer zu zahlenden Prämien, zu beraten. Es sind die Gründe für jeden erteilten Rat anzugeben. Das Ergebnis ist unter Berücksichtigung der Komplexität des angebotenen Versicherungsvertrags zu dokumentieren.

Da Leibrenten schwierig zu beurteilen sind und die Situation der älteren Menschen im zukünftigen Umgang mit ihrer Immobilie nicht einfach sein dürfte, wird regelmäßig ein hoher Beratungsstandard erforderlich sein. Der erteilte Rat und die Gründe hierfür sind in klarer, genauer und für den Versicherungsnehmer verständlicher Weise sowie unentgeltlich zu übermitteln (§§ 6a VVG). Wird z. B. eine Wertpapierdienstleistung oder Anlagetätigkeit oder ein Kreditvertrag mit dem Versicherungsgeschäft gekoppelt, dann besteht eine besondere Pflicht, die Wünsche und Bedürfnisse der Betroffenen zu ermitteln (§ 7a Abs. 4 VVG). Informationspflichten (§§ 7 ff. VVG) und Widerrufsrechte (§ 8 VVG) gehören ebenfalls zum Repertoire des Verbraucherschutzes.

Wenn man in den neuen Marktangeboten eine Kapitalanlage sieht, greifen deren Rechtsfolgen. Eine allgemeingültige Bestimmung dessen, was ein »Kapitalanlagegeschäft« ausmacht, gibt es nicht. Der BGH hat beispielsweise entschieden, dass eine Kapitallebensversicherung auf Fondsbasis als Kapitalanlage gilt, mit den entsprechenden Informations- und Aufklärungspflichten. Prinzipiell scheinen mir bei der Leibrente Elemente der Kapitalanlage gegeben zu sein, mindestens liegt eine Finanzberatung vor. Grundsätzlich muss nach dem BGH-Entscheid nicht unbedingt Geld einbezahlt werden, es reichte z. B. die Abtretung einer werthaltigen Lebensversicherung. Bei modernen Leibrenten wird ebenfalls statt Geldvermögen anderes Kapital eingesetzt, nämlich die Immobilie, um Renditen in Form von Renten zu erzielen. Damit gelten die Grundsätze der anleger- und anlagegerechten Beratung. Das bedeutet, es ist zureichend über die Besonderheiten des angebotenen Produkts und die mit ihm verbundenen Nachteile und Risiken aufzuklären. Die Verletzung derartiger Pflichten macht schadensersatzpflichtig. Hierbei gilt, dass Anleger, die aufgrund einer fehlerhaften Anlageberatung eine Anlage gezeichnet haben, die sie ohne die Beratung nicht geschlossen hätten und die für ihre Zwecke nicht voll brauchbar ist, selbst dann einen Vermögensschaden erleiden, wenn die Kapitalanlage werthaltig ist. Der Anspruch ist, so gestellt zu werden, als hätten sie die Kapitalanlage nicht gezeichnet. Der eingesetzte Kapitalbetrag, hier der Immobilienanteil, ist zurückzuzahlen bzw. zurückzuübereignen. Soweit nicht spezielle Regelungen des Wertpapierhandelsgesetzes greifen, ist auf die besondere allgemeine Rücksichtnahmepflicht aus § 241 Abs. 2 BGB zurückzugreifen. Meines Erachtens sind die neuen Angebote wegen ihrer Komplexität und besonderen Klientel Schuldverhältnisse i. S. v. § 241 Abs. 2 BGB, die »jeden Teil zur Rücksicht auf die Rechte, Rechtsgüter und Interessen des anderen Teils verpflichten«.

Last but not least können angesichts der versandten Unterlagen Fragen der Prospekthaftung auftauchen, ggf. der allgemeinen zivilrechtlichen Prospekthaftung. Soweit ersichtlich, sind alle auf dem Markt erhältlichen Angebote mit Prospekten versehen, die aber m. E. eher Wunschbilder glücklicher Senioren abbilden denn eine realistische Darstellung der Chancen und Risiken, insbesondere der langfristigen Folgen des Angebots. Prospekte müssen ein zutreffendes Bild des angebotenen Vorhabens vermitteln. Die Rechtsprechung verlangt, dass sämtliche Umstände, die für eine Entscheidung von Bedeutung sein können, für einen Durchschnittsverbraucher richtig und vollständig dargestellt werden. Ein Prospekt ist aber nicht nur dann zu beanstanden, wenn er falsche oder unvollständige Informationen enthält. Fehlerhaft ist ein Prospekt ferner, wenn irreführende Darstellungen enthalten sind. Wertende Aussagen müssen einen nachvollziehbaren Hintergrund haben, um nicht angreifbar zu sein. Daneben spielt der Gesamteindruck des Prospekts eine wichtige Rolle; insgesamt darf er keinen unrichtigen Gesamteindruck über die Chancen und Risiken der Investition erwecken.

Weitere rechtliche Optionen sind, derartige Angebote als gemischttypischen Vertrag oder als eigene Kategorie (sui generis) mit eigenen Pflichten und Rechtsfolgen einzuordnen. Dann wären spezifische eigene Informationspflichten etc. zu postulieren, entwickelt aus den oben genannten Feldern bzw. den oben aufgeführten Regeln der Financial Conduct Authority bzw. aus dem »Code of practice« der Anbieter. Ein Vorteil dieses Lösungswegs wäre es, spezifischer auf den besonderen Markt und die besondere Klientel eingehen zu können. Insgesamt ist das deutsche Recht, insbesondere das Kreditrecht, wenig geeignet, den neuen Angeboten verbrauchergerecht zu genügen. Weder ist der Schutz der älteren Immobilieneigentümer adäquat gesichert, noch wird der Wettbewerb um die besten Modelle auf diesem Markt gefördert. Dem Immobilienverzehrkredit in § 491 BGB täte auf jeden Fall eine dem Markt angepasste Neugestaltung mit einer weiten Fassung der Eigenkapitalfreigabe gut.

Quellenverzeichnis

European Property and Pensions Release Group (o.J.): Code of practice, abrufbar unter www.epparg.org/standard/code-of-practice (zuletzt abgerufen am 14.02.2023).

Financial Conduct Authority (2023). Mortgages and Home Finance: Conduct of Business Sourcebook, abrufbar unter https://www.handbook.fca.org.uk/handbook/MCOB.pdf (zuletzt abgerufen am 14.02.2023).

Metz, R. (2022): Moderne Leibrenten: Ein neuer Markt entsteht – ein verlässlicher Rahmen fehlt. In: Verbraucher und Recht, H. 10/2022, S. 363–373.

Stiftung Warentest (2022): Test Immobilienrente. In: Finanztest, H. 12/2022, S. 40 ff.

16 Regulierungsbedarf bei Immobilienverzehrprodukten

Alexander Krolzik

Abstract

In einem weitgehend unregulierten Markt, dem »wilden Westen« des institutionellen Anlegers, der rasant wächst, scheint die Frage nach einer Regulierung auf der Hand zu liegen. Beispielhaft sei hier die Entwicklung des Teilverkaufsmarkts genannt, bei dem seit 2018 insgesamt mindestens elf Anbieter auf dem Markt agieren. Dabei gab es auch schon die erste Übernahme, sodass derzeit mindestens zehn unabhängige und aktive Anbieter auf dem Markt sind. Ein solches »El Dorado« für Anbieter in einem relativ jungen, sich stark entwickelnden Markt führt zwangsläufig auch zu Fehlentwicklungen, womit sich die Frage nach einer Regulierung geradezu aufdrängt.

16.1 Begriffsklärung

Zunächst stellt sich die Frage, was mit dem sperrigen Begriff »Immobilienverzehrprodukte« gemeint ist. Zumeist wird von Verbrauchern und der Presse von »Immobilienverrentung« gesprochen. Nach dem Gabler Wirtschaftslexikon handelt es sich bei einer direkten »Immobilienverrentung« mit sofortigem Übertrag des Eigentums auf den Erwerber praktisch um einen Kaufpreisersatz in Form einer Rente (Gabler Wirtschaftslexikon, o.J.a). Das Wirtschaftslexikon24 (Wirtschaftslexikon24, o.J.) definiert folgendermaßen:

> Verrentung ist die Umwandlung einer einmaligen Zahlung in eine Rente, eine Reihe periodisch anfallender Geldbeträge.

Es wird also im Allgemeinen von wiederkehrenden Zahlungen ausgegangen. Tatsächlich wird eine Rente i.S.d. vorgenannten Definitionen nur bei einem verhältnismäßig geringen Anteil der in diesem Segment angebotenen Produkte, nämlich bei sog. Leibrenten, gezahlt. Vielfach gibt es stattdessen eine Einmalzahlung in Kombination mit weiteren Aspekten, z.B. Wohnrecht, Nießbrauch, Darlehen ohne Tilgung, bloß teilweise Eigentumsübertragung usw.

Im Vordergrund steht bei allen Produkten, die in der vorhandenen Immobilie gebundene Liquidität in verfügbare Geldmittel zu überführen, und zumeist das Recht, weiterhin in der Immobilie leben zu können. Deshalb wird hier im Folgenden statt des unscharfen und überwiegend unzutreffenden Begriffs »Immobilienverrentung« der wesentlich umfassendere Begriff Immobilienverzehr verwendet.

Der Markt für Immobilienverzehrprodukte wächst auf Anbieter- und Nachfrageseite exponentiell. Dabei geht vielfach der Überblick verloren. Es fehlt an Transparenz und Vergleichbarkeit.

Viele der angebotenen Lösungen sind entweder nur mit historischen Normierungen oder in großen Teilen eben überhaupt nicht geregelt. Weder der Zugang noch der Vertrieb, die Qualifikation oder (Mindest-)Standards sind definiert, geschweige denn normiert. Aus Verbrauchersicht ist mangels althergebrachter Praxis oder anderweitiger Erfahrung bei der Wahrnehmung eines einzelnen Produkts überhaupt nicht erkennbar, dass es Alternativen geben könnte, und ebenso wenig, welche länger- und langfristigen Folgen tatsächlicher, rechtlicher und wirtschaftlicher Natur eine solche Entscheidung für ein Immobilienverzehrprodukt haben kann. Auch die Verbraucherschutzministerkonferenz (VSMK) 2022 hat sich mit dem Thema befasst und hier ein Transparenz- und Informationsdefizit festgestellt, das sich in TOP 24 als Beschluss niedergeschlagen hat. Die VSMK hält es »für dringend geboten, diesen Markt stärker zu regulieren«[1].

Was bedeutet »Regulierung«? Das Gabler Wirtschaftslexikon (Gabler Wirtschaftslexikon, o.J.b) definiert Regulierung als »gesetzgeberische Maßnahmen zur Verhaltensbeeinflussung von Wirtschaftssubjekten mit dem Ziel der Korrektur oder Vermeidung unerwünschter Marktergebnisse«. Nun gibt es immer mehrere Wege, einen Markt zu steuern und ggf. zu beeinflussen.

16.2 Steuerungselemente

16.2.1 Selbstregulierung

Da wäre zum einen der alte Grundsatz, dass der »Markt sich selbst reguliere«. Bei der Zielgruppe von Immobilienverzehrprodukten handelt es sich allerdings zumeist schon aufgrund des Alters und häufig auch der Lebenssituation um eine besonders schützenswerte Gruppe. Ein Warten auf die Selbstregulierung würde u. U. zu unerträglichen Ergebnissen führen und ist zumeist ein langwieriger Prozess, der keineswegs schnelle Abhilfe bringt. Es wäre – falls sich überhaupt eine aus Verbrauchersicht hilfreiche Selbstregulierung entwickeln würde – auf dem Weg dahin weiterhin mit wenig Transparenz und teilweise ganz erheblichen Kosten, Risiken und Nachteilen für viele der älteren Verbraucher zu rechnen. Aus diesem Grund ist ein Abwar-

1 Vgl. Ergebnisprotokoll der 18. Sitzung der Verbraucherschutzministerkonferenz 2022, https://www.verbraucherschutzministerkonferenz.de/documents/2022-07-08-ergebnisprotokoll-18-vsmk_gesamt_2_1657273108.pdf (zuletzt abgerufen am 14.02.2023).

ten keine Option, zumal eine solche Form der Selbstregulierung auch die Gefahr der Mono- oder Duopolbildung befördert.

16.2.2 Selbstverpflichtung

Vor einem gesetzgeberischen Eingriff in den freien Markt, der – zugegebenermaßen – ein massiver Schritt wäre, könnte auch eine freiwillige Selbstverpflichtung auf bestimmte Standards und Handlungsweisen stehen. Hier ist zu unterscheiden zwischen einer Selbstverpflichtung im weiteren Sinne und der bloßen Unterwerfung unter (Mindest-)Standards. Während Letzteres aus Verbrauchersicht per se nie genug sein kann, da die (Mindest-)Standards nicht von den betroffenen Verbrauchern, sondern von Unternehmensseite respektive von deren Lobby-Vereinigungen definiert werden, könnte eine **branchenweite** und **produktübergreifende** Selbstverpflichtung grundsätzlich infrage kommen, um das gewünschte Ziel (Transparenz, Vergleichbarkeit, vollständige Informationen, Alternativen) zu erreichen.

Allerdings spielt auch hier der Zeitfaktor eine wesentliche Rolle. Viele Anbieter haben die Notwendigkeit zum Handeln noch nicht in ausreichendem Maße wahrgenommen, geschweige denn entsprechende Schritte unternommen. Hinzu kommt, dass es bis zum Sommer 2023 keinen Branchenverein oder Ähnliches gab. Am 21. Juni 2023 wurde der Bundesverband Immobilienverrentung (BVIV) mit Sitz in Berlin gegründet, der allerdings durch die vorgenommene Selektion von Anbietern Gefahr läuft, sich selbst schon im Vorwege zu disqualifizieren. Mit bislang sieben Gründungsmitgliedern, davon vier Teilkaufanbieter, zwei Rentenanbieter und ein Seniorenkreditanbieter, wird weder die inhaltliche Bandbreite der auf dem Markt angebotenen Immobilienverzehrprodukte noch das Marktgeschehen auf Anbieterseite hinreichend abgebildet. Der selbst gewählte Code of Conduct bleibt ohne einen massiven und repräsentativen Mitgliederzuwachs im BVIV und insbesondere ohne die Einbeziehung weiterer Branchengrößen nur einer unter vielen.

Die Produktanbieter grenzen sich im Zweifel massiv von den jeweils anderen Verzehrproduktanbietern ab. Inhaltlich ist das durchaus verständlich, handelt es sich doch um sehr unterschiedliche Angebote. In der Sache führt das aber gerade in eine Sackgasse, da die Zielgruppe im Wesentlichen produktübergreifend identisch ist.

Einer der etablierten Anbieter hat sich einem europäischen Standard für Leibrenten (EPPARG[2]) angeschlossen. Allerdings ist er der einzige deutsche angeschlossene Anbieter. Es gibt daher gleich mehrere Aspekte, die diesen grundsätzlich durchaus positiven Ansatz unzureichend erscheinen lassen. So handelt es sich um Standards, die ein reiner Anbieter-Lobby-Verein gesetzt hat. Inwieweit hier Verbraucherinteressen tatsächlich berücksichtigt wurden, bleibt völlig unklar. Zudem richtet sich die Website, auf der diese Standards veröffentlich wurden, explizit an

2 Siehe unter https://epparg.org/standards/our-standards.

Anbieter und nicht an Verbraucher. Darüber hinaus ist der Standard, soweit ersichtlich, nur auf Englisch verfügbar, was die Gruppe der Personen, die ihn inhaltlich wahrnehmen können, weiter reduziert. Aus Sicht des Verfassers disqualifiziert sich dieser Standard aber in erster Linie bereits dadurch, dass eben nur ein einziger Anbieter sich damit selbst verpflichtet und zugleich die meisten weiteren Marktteilnehmer per se ausschließt. Überdies bleibt offen, welche Folgen sich aus etwaigen Verstößen gegen diese Standards ergeben würden. Rückabwicklungsansprüche? Freiwillige Sanktionen? Vertragsstrafen?

Da es sich um eine freiwillige Selbstverpflichtung handelt, sind neu in den Markt eintretende Anbieter ebenso wie die bereits aktiven Anbieter weder verpflichtet noch im Zweifel sonderlich motiviert, sich diesen Standards anzuschließen. Bei der Frage nach Regulierung geht es aber grade nicht zuvörderst um die Anbieter, die selbst gesetzte oder auferlegte Standards erfüllen (wollen), sondern vor allem um diejenigen, die sich nicht daran orientieren wollen oder können. Eine weitere Schwachstelle dieses Standards ist es, dass die meisten anderen Anbieter die Kriterien dieses Standards nicht erfüllen. Das mag zutreffend sein, führt dann aber zu einer Lücke, die mit diesem Standard eben nicht geschlossen werden kann, so der Vorstand des Anbieters, der sich den EPPARG-Standards unterworfen hat, auf dem 3. Liebenauer Fachtag Immobilienverrentung 2022 in Liebenau.

Dass wiederum jeder Anbieter oder jeder Angebotsteilbereich sich einem eigenen Standard unterwirft, hilft in Sachen Transparenz, Vergleichbarkeit und des – für alle Anbieter unverzichtbaren – Vertrauens nicht weiter. Erforderlich wären anbieter- und produktübergreifende Standards, die unter hinreichender Beteiligung der Zielgruppe und des Verbraucherschutzes zustande gekommen sein müssten.

Es bleibt aber das Problem der »Freiwilligkeit«. Solange es keine Pflicht zur Mitgliedschaft oder der Einhaltung dieser Standards gibt, würden neue Anbieter den Markt auf Verbraucherseite weiterhin verunsichern und dadurch vermutlich auch die Anbieterseite schädigen. Um diese Problematik zu entschärfen, wäre eine (ggf. gesetzliche) Pflicht zur Mitgliedschaft, zur Einhaltung der entsprechenden Standards und eine wirksame Sanktionierung bei Nichteinhaltung erforderlich. Das scheint allerdings noch in weiter Ferne zu sein.

16.2.3 Regulierung

Mit einer Pflicht zur Mitgliedschaft, zur Einhaltung der entsprechenden Standards und zu einer wirksamen Sanktionierung bei Nichteinhaltung wäre man aber sachlich bereits beim Eingriff durch den Gesetzgeber, also beim Eingriff in den freien Markt, und damit bei einer klassischen Regulierung.

16.3 Mögliche Lösung

Was spricht also für eine (staatliche) Regulierung? Zunächst auf jeden Fall die allgemeine Verbindlichkeit für alle Anbieter von Immobilienverzehrprodukten. Darüber hinaus die daraus praktisch resultierende Aufsicht(spflicht) des Staates einschließlich der Möglichkeit zu wirksamen Sanktionierungen etwaiger Verstöße. Hiermit könnten und müssten Qualifizierungsanforderungen einhergehen. Was bei allen Formen der Selbstregulierung und der Selbstverpflichtung in der Regel mehrere Jahre dauert, wäre hier durch einen regulierenden Eingriff relativ schnell zu erreichen.

Da – wie oben dargestellt – die Ziel- und Kundengruppe in besonderem Maße schützenswert ist, ist auch die Schnelligkeit, verbindliche Regeln zu schaffen, ein wesentliches Argument für eine Regulierung, einschließlich Aufsicht, Qualifizierung und Sanktionierung. Die Erfahrungen in vielen anderen Bereichen des Finanzsektors haben deutlich gezeigt, dass mit einer Selbstverpflichtung nur Zeit verstreicht, ohne dass wirksame Ergebnisse erreicht werden. Angemerkt sei in diesem Zusammenhang auch noch Folgendes: Der Weg zur Immobilie ist maximal reguliert. Insbesondere die Kreditvergabe durch die Banken beim Immobilienerwerb ist bis ins letzte Detail reglementiert. Der umgekehrte Vorgang, nämlich der Immobilienverzehr, ist bis auf minimale Ausnahmen bislang überhaupt nicht geregelt. Da es sich zumeist um den weitaus größten Vermögensgegenstand der Zielgruppe und um eine Lebensphase handelt, in der Korrekturen von derart weitreichenden Entscheidungen nicht oder nur schwierig möglich sind, ist das ein nicht hinnehmbarer Zustand! Auch Rainer Metz lässt in seinem Artikel in der VuR (Metz, 2022) erkennen, dass ein gesetzlicher Rahmen notwendig ist. Die bestehenden Vorschriften scheinen dem Marktgeschehen nicht (mehr) gerecht zu werden. Eine Regulierung von Immobilienverzehrprodukten ist nach Überzeugung des Verfassers zwingend und dringend erforderlich.

16.4 Formen der Regulierung

Wie könnte eine Regulierung aussehen? Hierfür sind verschiedene Aspekte zu berücksichtigen. Zunächst ist die Rechtsform dieser Geschäfte bzw. Produkte legal zu definieren, ohne dabei zu eng zu sein, um auch neue Gestaltungen erfassen zu können. Dabei kann sowohl eine Zuordnung zu bereits vorhandenen und erprobten Rechtsfiguren in Betracht kommen, als auch die Definition und Normierung neuer Rechtstypen.

Im Rahmen eines Zulassungsprozesses sollten Qualifikationsanforderungen und mögliche Erlaubnisvoraussetzungen definiert und überwacht werden. Eine geregelte Ausbildung, die z. B. bei der IHK angesiedelt werden könnte, erscheint sinnvoll. Die allgemeinen Regelungen und Qualifikationen für Makler machen nicht den Eindruck, ausreichend zu sein, und bedürfen einer zusätzlichen Ergänzung oder gar eines eigenen Ausbildungsgangs.

Des Weiteren ist eine fachliche Aufsicht notwendig. Denkbar wäre die Ansiedlung bei der BaFin oder eine eigene Aufsicht für Immobilienverzehrprodukte, da es sich um eine sehr breite Gruppe potenziell betroffener Menschen und eine spezielle, von üblichen Anlagegesichtspunkten abweichende Zielgruppe handelt.

Um ein Mindestmaß an Transparenz und Vergleichbarkeit zu erreichen, müssen einheitliche Mindestanforderungen geschaffen werden, die für alle Immobilienverzehrprodukt gelten sollten. Dabei sind insbesondere künftige Kosten, ob konkret anfallend oder möglich, zu benennen. Idealerweise könnte ein Vergleich mit standardisierten, vorgegeben Alternativprodukten verpflichtend sein, um eine bewusste Auswahl aus verschiedenen Wahlmöglichkeiten zu ermöglichen.

Weiterhin sollte eine ausgewogene Risikoteilung fest verankert werden. Beim Teilverkauf beispielsweise liegt das Instandhaltungs- nahezu und das Wertsteigerungsrisiko vollständig allein beim Alteigentümer, was zu einer extrem ungleichen Risikoverteilung führt, da der Anbieter praktisch überhaupt kein Risiko trägt, während der Alteigentümer hier Verpflichtungen und Risiken eingeht, die überhaupt nicht überschaubar sind. Aber auch z. B. bei einer Leibrente gibt es schwer bis nicht kalkulierbare Aspekte, nämlich das Kurz- oder Langlebigkeitsrisiko. Mit Letzterem verbunden ist die einseitige Risikoverteilung bezüglich der Kaufkraft, also der allgemeinen Inflation. Während der Anbieter das Langlebigkeitsrisiko regelmäßig in die Kalkulation einpreisen wird, gibt es für den Verbraucher keine Möglichkeit zur Anpassung, z. B. im Hinblick auf Inflation und Langlebigkeit. Eine gemischte Risikoverteilung wäre im Rahmen einer Regulierung also auch zu berücksichtigen.

Zuletzt sind wirksame Sanktionen notwendig, wenn vorgesehene Regulierungsanforderungen nicht eingehalten werden. Dabei ist zu berücksichtigen, dass der Verbraucher regelmäßig wenig bis keine Einflussmöglichkeiten auf die vertraglichen Gestaltungen hat. Selbst wenn er sie hätte, könnte er die Auswirkungen und die Notwendigkeit in der Regel nicht vorab erkennen. Das bedeutet, dass Sanktionen ggf. nicht zulasten der schwächeren Partei, also der Verbraucher, greifen sollten. Eine Rückabwicklung würde nicht immer zu sinnvollen Ergebnissen führen. Eine Möglichkeit für den betroffenen Verbraucher, zwischen Sanktionen und der Rückabwicklung zu wählen, könnte eine Lösung sein.

Insgesamt bedarf es einer zügigen und umfassenden Evaluierung, Auswertung und Reglementierung des derzeitigen Marktgeschehens.

Quellenverzeichnis

Gabler Wirtschaftslexikon (o.J.a): Stichwort »Immobilienverrentung«, abrufbar unter https://wirtschaftslexikon.gabler.de/definition/immobilienverrentung-53043 (zuletzt abgerufen am 14.02.2023).

Gabler Wirtschaftslexikon (o.J.b): Stichwort »Regulierung«, abrufbar unter https://wirtschaftslexikon.gabler.de/definition/regulierung-46038 (zuletzt abgerufen am 14.02.2023).

Metz, R. (2022). Moderne Leibrenten: Ein neuer Markt entsteht – ein verlässlicher Rahmen fehlt. In: Verbraucher und Recht, H. 10/2022, S. 363–373.

Verbraucherschutzministerkonferenz (2022): Ergebnisprotokoll der 18. Sitzung der Verbraucherschutzministerkonferenz am 17. Juni 2022 in Weimar, abrufbar unter https://www.verbraucherschutzministerkonferenz.de/documents/2022-07-08-ergebnisprotokoll-18-vsmk_gesamt_2_1657273108.pdf (zuletzt abgerufen am 14.02.2023).

Wirtschaftslexikon24 (o.J.): Stichwort »Verrentung«, abrufbar unter http://www.wirtschaftslexikon24.com/d/verrentung/verrentung.htm (zuletzt abgerufen am 14.02.2023).

Teil VI: Ausländische Modelle

17 Immobilienverrentung in Deutschland und international

Prof. Dr. Alexander Zureck/Dr. Philippe Krahnhof

Abstract

Insbesondere in Deutschland assoziieren Verbraucher mit einer privaten Immobilie »finanzielle Freiheit«. Während in anderen Ländern Immobilien zur Eigennutzung überwiegend gemietet werden, stellt der Immobilienerwerb für viele Deutsche einen Kindheitstraum dar. Häufig wird jedoch außer Acht gelassen, dass mit einem Immobilienerwerb hohe laufende Kosten verbunden sind. Eine Möglichkeit, wie Verbraucher ihre Immobilie zwecks Liquiditätsaufnahme nutzen können, stellen sog. Immobilienverrentungsprodukte dar. Diese Produkte sind in Deutschland bis dato noch nicht stark verbreitet. Der nachfolgende Beitrag dient dem Überblick über die internationale Akzeptanz und Anwendung dieser Finanzprodukte.

17.1 Einleitung

Zahlreiche deutsche Privatpersonen wollen eine Immobilie erwerben, um im Rentenalter anfallende Mietzahlungen zu vermeiden und um die Immobilie ihren Kindern im Nachgang vererben zu können. Auch in Deutschland nimmt der Traum vom Eigenheim also Raum in den Gedanken vieler Menschen ein. Das gilt nicht nur für ältere, sondern ebenso für jüngere Generationen (u. a. Sagner, 2020, S. 1).

Hierbei ist zu unterstreichen, dass lediglich die Minderheit der deutschen Haushalte Immobilien erwirbt, um sie zu vermieten. Statistiken ist zu entnehmen, dass 48 Prozent der deutschen Verbraucher eine Immobilie explizit erwerben wollen, um selber unabhängig zu sein, was das Wohnen betrifft. Als Hauptgründe für den Erwerb werden die Wertsteigerung und der Werterhalt im Zusammenhang mit dem langfristigen Vermögensaufbau, die geringere monatliche Belastung im Rentenalter sowie psychologische Aspekte wie Unabhängigkeit und Selbstbestimmung genannt (Sparda-Banken, 2021, S. 63). Die Wertstabilität spielt für die Verbraucher also eine große Rolle. Allerdings werden bei einer Renditeberechnung in den meisten Fällen anfallende Instandhaltungskosten außer Acht gelassen, sodass die reale Rendite bei vielen Haushalten geringer ausfällt, als auf den ersten Blick zu vermuten wäre. Insbesondere die Instandhaltungskosten, die sich im Durchschnitt auf ein Viertel der Gesamtkosten während der Nutzungsdauer der Immobilie belaufen, werden von vielen Käufern unterschätzt (Arentz, 2020, S. 237).

Der Beitrag gibt einen Überblick über die wesentlichen Unterschiede hinsichtlich der Nutzungsbereitschaft von Immobilienverrentungsprodukten in ausgewählten Ländern. Hierbei werden die unterschiedlichen nationalen Verbraucherpräferenzen als Ausgangsbasis genommen und das Wachstumspotenzial in Deutschland skizziert.

17.2 Verbraucherpräferenzen innerhalb Deutschlands

Im Rahmen des Immobilienerwerbs in Deutschland dominiert der Wunsch, ein Einfamilienhaus zu erwerben. So besaßen beispielsweise 2017 44 Prozent der deutschen Haushalte eine selbst genutzte Immobilie (Arentz, 2020, S. 234). Dennoch zählt Deutschland 2018 zu den europäischen Ländern mit den wenigsten Immobilienbesitzern (Hintze, 2019, S. 154).

Während bei einer Eigentumswohnung geplante Modernisierungen, die das Gemeinschaftseigentum betreffen, mit der Wohnungseigentümergemeinschaft abzustimmen sind, assoziieren zahlreiche deutsche Verbraucher große Flexibilität mit einem Zwei- oder Einfamilienhaus, weil sie davon ausgehen, dass sie sich hier in ihrer kreativen Gestaltung nicht einschränken müssen. So bemängeln viele Besitzer einer Eigentumswohnung, dass sie Veränderungen am Wohnhaus bzw. im Hausflur vornehmen wollen würden, dies jedoch auf der Eigentümerversammlung nicht befürwortet werde.

Zusätzlich geben zahlreiche deutsche Verbraucher an, dass sie genügend Wohnfläche inklusive Garten für sich und ihre Familie haben wollen (Sparda-Banken, 2021). Ohnehin geht der Immobilienerwerb stark mit der jeweiligen Familienplanung einher. Hierbei ist jedoch zu bedenken, dass nach dem Auszug der Kinder im Erwachsenenalter häufig diverse Wohnräume frei stehen, während in vielen Fällen die Wohnfläche während der Zeit, in der die Kinder hier wohnen, nicht genügt. Zusätzlich ist ein großer Kaufantrieb die Werthaltigkeit sowie die damit einhergehenden Möglichkeit eines Erbes für die Familie (Arentz, 2020, S. 235).

Infolgedessen geben Kritiker häufig an, dass eine eigengenutzte Immobilie die Bedürfnisse während einzelner Lebensphasen nicht immer ideal abdeckt, wie bereits anhand der benötigten Wohnfläche im Laufe des Lebenszyklus deutlich wurde. Hinzu kommt, dass u. U. der Schulweg der Kinder lang wird oder es Streitigkeiten mit den Nachbarn gibt. Überdies sind viele Häuser aufgrund der mehrstöckigen Bauweise nicht zwingend für das Seniorenalter geeignet. Infolgedessen kommt es häufig zum Umzug im hohen Alter. Außerdem wird eine Immobilie im Falle einer Veränderung des Arbeitsplatzes als unflexibel angesehen. Insbesondere dieser Kritikpunkt ist bei der heutigen Schnelllebigkeit und Dynamik des Arbeitsmarkts zu berücksichtigen (u. a. Arentz, 2020, S. 235). Dies tangiert ebenfalls eine zukünftige Übertragung beziehungsweise den künftigen Verkauf an die Kinder. Während noch vor einigen Jahrzehnten viele Verbraucher Arbeitsplätze in der Nähe ihres Heimatorts suchten, verlassen heute mehr junge Leute ihre Heimatorte zwecks Aufnahme eines Studiums und sind bei der Auswahl des Arbeitgebers örtlich deutlich flexibler. Vergleicht man nun diese Entwicklung mit dem Aspekt, dass die meisten Immobilien außerhalb von Großstädten erworben werden, stellt sich die Frage hinsichtlich der Übertragung an die Kinder (analog dazu Sackmann, 2021).

17.3 Verbraucherbedürfnisse in anderen Ländern

Davon unterscheiden sich die Verbraucherbedürfnisse im Kontext der Immobilienpräferenzen in anderen Ländern deutlich. In den USA ist man örtlich deutlich flexibler in Bezug auf den Arbeitgeber, auch im Hinblick auf Wohnortveränderungen im Rahmen der College-Ausbildung. Insbesondere die Finanzierung des Bildungsabschlusses stellt viele amerikanische Haushalte vor große Herausforderungen, sodass eine abbezahlte Immobilie nicht im primären Fokus dieser Haushalte steht.

Zusätzlich ist zu unterstreichen, dass im Vergleich zu Deutschland z. B. in den USA viele Immobilien möbliert verkauft werden. Dies erhöht die Flexibilität für die potenziellen Käufer.

Auch unterscheidet sich die Bereitschaft der Verbraucher in anderen europäischen Ländern hinsichtlich der Abbezahlung einer eigengenutzten Immobilie klar vom deutschen Verbraucherverhalten. So gehen Grundstücke in Großbritannien nicht an den Erwerber der Immobilie über, dort werden sie überwiegend langfristig gepachtet. Infolge dieser meist 99 Jahre währenden Pachtzeit sind die Verbraucher weniger daran interessiert, ein Immobiliendarlehen zeitnah abzubezahlen.

In den Niederlanden werden bzw. wurden zahlreiche Immobiliendarlehen während der Darlehenslaufzeit nicht getilgt, sondern lediglich die Zinsen beglichen. In der nahen Vergangenheit war es in den Niederlanden möglich, Tilgungsleistungen bis zu 30 Jahren auszusetzen (Toller, 2014). Dort ist der Antrieb, eine Immobilie zu erwerben, geringer als in Deutschland bzw. ähnelt stark dem Anmietungsgedanken. Ein Vermögen bauen Niederländer somit mit dem Immobilienerwerb nicht auf.

17.4 Immobilienverrentungsprodukte im internationalen Vergleich

Der Ursprung des Immobilienverrentungsprodukts Umkehrhypothek liegt in Nordamerika. Erstmalig wurde das Produkt 1961 in Portland (ME) Verbrauchern angeboten (Richter, 2010, S. 42). Seit der Einführung in den 1960er-Jahren verzeichnet das Instrument der Umkehrhypothek gute Absatzsteigerungen. Zwischen 2016 und 2021 stieg das Marktwachstum in den USA jährlich um 4,8 Prozent (ibisworld, 2021). Auch in Großbritannien ist die Umkehrhypothek bereits seit 1965 vertreten (Richter, 2010, S. 44).

Im Rahmen einer Umkehrhypothek erhält der Immobilieneigentümer ein Darlehen von einer Geschäftsbank oder anderen Finanzdienstleistungsanbietern, die im Gegenzug eine verbriefte

Grundschuld als Sicherheit erhalten. Die Besonderheit bei der Umkehrhypothek, der Reverse Mortgage, ist, dass die Tilgungsleistung zunächst ausbleibt. Die Tilgung erfolgt nach Verkauf der Immobilie. Der Verkauf erfolgt entweder zu Lebzeiten des Eigentümers oder nach dessen Ableben. Im Gegensatz zu einem endfälligen Darlehen ist die Umkehrhypothek nicht an eine bestimmte Vertragslaufzeit gebunden und Zinszahlungen fallen erst nach Immobilienverkauf an. Ein weiterer Punkt ist, dass die Umkehrhypothek in den USA sowie in Großbritannien staatlich gesichert ist. Die australische Regierung beispielsweise fördert den Aufbau von Umkehrhypotheken, um Personen über 60 Jahren den Zugang zur Liquidität zu ermöglichen bzw. die Darlehensaufnahme zu vereinfachen (moneysmart). Die Umkehrhypothek wird nicht nur in westlichen Ländern, sondern u. a. auch in Indien angeboten (vgl. u. a. Union Bank of India).

Auf dem deutschen Markt ist die Anzahl der Anbieter von Immobilienverrentungsprodukten zwar noch relativ gering, doch die mediale Berichterstattung sowie die Anbieteranzahl nehmen in der jüngsten Vergangenheit zu. Zu den bekannten Anbietern von Umkehrhypotheken zählen u. a. Heimkapital, die Caritas-Gemeinschaftsstiftung sowie einzelne Sparkassen. Deutsche Verbraucher nutzen eine Umkehrhypothek häufig, um einerseits auf genügend Liquidität im Alter zurückgreifen zu können und andererseits Vermögenswerte zu hinterlassen, die dem Gemeinwohl dienen, sprich, um caritative Zwecke zu fördern. Daher besteht die Vermutung, dass in Deutschland Verbraucher eine Umkehrhypothek vorrangig nutzen, wenn sie keine potenziellen Erben haben. Hierbei ist jedoch zu betonen, dass es zu diesem Themengebiet noch wenig wissenschaftliche Literatur gibt. Somit können nur wenige valide Aussagen getroffen werden.

Studien im nordamerikanischen Raum sind zu entnehmen, dass Verbraucher Reverse Mortgages vorrangig nutzen, um sich finanziell anspruchsvolle Träume zu erfüllen oder um die College-Ausbildung der Kinder zu finanzieren. Ebenso spielt die monetäre Unterstützung der Kinder eine große Rolle bei der Entscheidung, ob derartige Finanzprodukte genutzt werden.

In der medialen Berichterstattung Deutschlands wird der sog. Teilverkauf aktuell stärker betont als die Umkehrhypothek. Insbesondere die Deutsche Teilverkauf investiert zurzeit große Summen in unterschiedliche Marketinginstrumente. So erstreckt sich der Marketingmix bzw. die entsprechende Kommunikationspolitik von Printkampagnen über die digitale Kommunikation bis zu Radio- und Fernsehbeiträgen. Neben der Deutschen Teilverkauf zählen die Unternehmen Heimkapital, Wertfaktor und Engel & Völkers LiquidHome zu den bekanntesten Anbietern des deutschen Teilverkaufmarkts.

Ähnlich wie bei der Umkehrhypothek gibt es kaum wissenschaftliche Literatur hinsichtlich des Teilverkaufs in Deutschland. Infolgedessen können keine statistisch signifikanten Rückschlüsse hinsichtlich der Bereitschaft von Verbrauchern, dieses Finanzprodukts zu nutzen, gezogen werden. Studien zur Situation in Großbritannien, den Niederlanden und Italien verweisen darauf, dass ein Teilverkauf vorrangig durch drei Motivationsgründe charakterisiert ist: Liquiditätsbedarf zur Erfüllung langjähriger Wünsche wie etwa einer Weltreise, eines frühzeitigen Ruhestands oder eines Sportwagens, Kapitalbedarf zur finanziellen Unterstützung von

Familienangehörigen oder Kapitalbedarf zwecks Renovierung der Bestandsimmobilie (Arentz, 2020, S. 249 ff. i. V. m. Richter, 2010).

In Deutschland sind viele Verbraucher nicht gewillt, eine abbezahlte Immobilie im Alter erneut zu belasten (Lang, 2008). Hierbei ist mit Blick auf die deutsche Mentalität jedoch davon auszugehen, dass derartige Immobilienverrentungsprodukte vorrangig für Privatkunden infrage kommen, die nicht auf klassische Finanzierungsquellen wie einen Bankkredit zurückgreifen wollen oder aufgrund geringfügiger monatlicher Zahlungseingänge nicht können. Infolgedessen hat die Hypothese einiges Gewicht, dass vorrangig kinderlose Rentner mit geringen monatlichen Bezügen oder Privatvermögen Besitzende, die keine Erwerbstätigkeit ausüben, auf diese Finanzprodukte zurückgreifen. An dieser Stelle ist jedoch zu unterstreichen, dass es zur Beantwortung diesbezüglicher Fragestellungen empirischer Untersuchungen im deutschsprachigen Raum bedarf, ehe valide Schlussfolgerungen inklusive praxisrelevanter Handlungsempfehlungen abgeleitet werden können.

17.5 Fazit und Ausblick

Hinsichtlich des internationalen Vergleichs der beiden dargestellten Immobilienverrentungsprodukte Umkehrhypothek und Teilverkauf ist zu konstatieren, dass zurzeit kaum deutschsprachige Studien existieren, die analysieren, warum Verbraucher diese Finanzprodukte nutzen. Somit können bis dato auch nur wenige praxisrelevante Handlungsempfehlungen an die Anbieter auf dem deutschen Markt formuliert werden.

Mit Blick auf die benachbarten europäischen Länder sowie mit Blick auf die USA ist jedoch davon auszugehen, dass die Kreditmentalität der jeweiligen nationalen Bevölkerung einen wesentlichen Einfluss auf die Nutzungsbereitschaft ausübt. Da deutsche Haushalte vorrangig darauf bedacht sind, Immobilienkredite zeitnah abzuzahlen, um monatliche Belastungen im Rentenalter zu reduzieren, wird es spannend sein, zu beobachten, ob die Produktabschlussquoten ansteigen werden.

Hierbei ist ebenfalls zu unterstreichen, dass es sich sowohl bei dem Teilverkauf als auch bei der Umkehrhypothek um noch relativ neue Finanzprodukte handelt, sodass es auch hier zunächst Zeit braucht, bis Verbraucher diese Produkte verstehen und aktiv nutzen (vgl. Arentz, 2020, S. 248 f.). So geben zahlreiche Verbraucher an, dass sie diese Produkte nicht kennen und insofern die Vorteile für sich nicht ableiten können (Ben-Shlomo, 2015, S. 16).

Quellenverzeichnis

Arentz, O. (2020): Sicherung des Alterskonsums durch Wohneigentum. In: Depenhauer, O./Hertzsch, E./Voigtländer, M. (Hrsg.) (2020): Wohneigentum für breite Schichten der Bevölkerung. Wiesbaden, S. 233–254.

Ben-Shlomo, J. (2015): Reverse Mortgages – Ein integrativer Ansatz zur Erklärung der Nachfrage nach Umkehrhypotheken. Freiburg.

Hintze, C. (2019): Finanz-Petits-Fours: So erreichen (nicht nur) Frauen Wohlstand und finanzielle Freiheit. Wiesbaden.

Ibisworld: Reverse Mortgages Providers in the US, 2021, abrufbar unter https://www.ibisworld.com/industry-statistics/market-size/reverse-mortgages-providers-united-states (zuletzt abgerufen am 14.02.2023).

Lang, G. (2008): Reverse Mortgage als Alterssicherungsinstrument in Deutschland. Baden-Baden (zugl. Dipl.-Arb., Univ. Heidelberg 2006).

Moneysmart (o.J.): Reverse mortgage and home equity release: How to decide if home equity release is right for you, abrufbar unter https://moneysmart.gov.au/retirement-income/reverse-mortgage-and-home-equity-release (zuletzt abgerufen am 14.02.2023).

Richter, J. (2010): Die US-amerikanische Reverse Mortgage: Zur Übertragbarkeit der umgekehrten Hypothek ins deutsche Recht. In: Hanse Law Review Vol. 6 No. 1.

Sackmann, C. (2021): Bis zu 66.461 Euro Wertverlust: Wo Sie Ihre Immobilie lieber schnell verkaufen sollten, abrufbar unter https://www.focus.de/immobilien/bis-zu-66-461-euro-wertverlust-wo-sie-ihre-immobilie-besser-schnell-verkaufen-sollten_id_13471603.html (zuletzt abgerufen am 14.02.2023).

Sagner, P. (2020): Der Zugang zu Wohneigentum wird weiter erschwert. IW-Kurzbericht 20/2022, Institut der Deutschen Wirtschaft.

Sparda-Banken (2023): Sparda-Studie – Wohnen in Deutschland 2023, abrufbar unter https://sparda-wohnen2023.de/typo3conf/ext/sparda/Resources/Public/PDF/Sparda-Studie_Wohnen-in-Deutschland_2023.pdf (zuletzt abgerufen am 30.08.2023).

Sparda-Banken (2021): Sparda-Studie – Wohnen in Deutschland 2021, abrufbar unter https://sparda-wohnen2021.de/fileadmin/user_upload/Studie_Wohnen_in_Deutschland_2021.pdf (zuletzt abgerufen am 14.02.2023).

Toller, A. (2014): Dänen tilgen nicht – und Niederländer auch nicht, abrufbar unter https://www.wiwo.de/finanzen/immobilien/immobilienkrisen-nebenan-daenen-tilgen-nicht-und-niederlaender-auch-nicht/10843986.html (zuletzt abgerufen am 14.02.2023).

Union Bank of India (o.J.): Union Reverse Mortgage, abrufbar unter https://www.unionbankofindia.co.in/english/personal-retail-reverse-mortgage.aspx (zuletzt abgerufen am 14.02.2023).

18 Gift Annuities – Verrentung in den USA: Vorbild, aber alles doch anders?

Christoph Sedlmeier

Abstract

In USA wird jährlich Vermögen in Zehntausenden Fällen durch über 1.500 gemeinnützige Organisationen verrentet. Der Beginn solcher Verrentungen geht auf den Anfang des 19. Jahrhunderts zurück. Heute gibt es dazu einen transparenten, wohl regulierten Markt. Im angelsächsischen Raum wird seit Mitte des vergangenen Jahrhunderts in großem Stil die Umkehrhypothek (Reverse Mortgage) als »Immobilien-Verzehrprodukt« angeboten und vielfältig nachgefragt. Ein Blick auf die Geschichte der Immobilienverzehrprodukte in den USA und Großbritannien zeigt die Chancen solcher Instrumente für die Versorgung im Alter auch in Deutschland auf. Es werden aber auch Unterschiede deutlich, die sich u. a. aus den unterschiedlichen Sozialsystemen, Steuersystemen und emotionalen Bindungen an das Eigenheim ergeben. Die »Gift Annuity« und die »Reverse Mortgage« können Vorbilder sein für ähnliche Angebote in Deutschland, erfordern aber eine umfangreiche Adaption an die hier vorherrschenden Verhältnisse.

18.1 Historische Entwicklung

Immobilienverzehrprodukte haben in Deutschland keine Tradition. Zwar gab es im Mittelalter bereits Modelle zur Leibrente (13. Jahrhundert) und in der Neuzeit wird in G. Krünitz' 242-bändiger Enzyklopädie aus dem Jahr 1796 auf 423 Seiten eine Leibrente (»Leibrentengesellschaft«) ausführlich erläutert, doch ist dieses Instrument überwiegend in Vergessenheit geraten. Seit der beginnenden Bismarck'schen Sozialgesetzgebung 1881, die 1889 eine Rentenversicherung (für Arbeiter) konstituiert hat, ist die Altersversorgung und -vorsorge in Deutschland überwiegend ein umlage- und steuerfinanziertes System. Erst in den vergangenen etwa 10 Jahren wird, auch politisch gewollt, die private Vorsorge gefördert, baut dabei aber überwiegend auf einen Kapitalaufbau (»Riester-Rente«, »Rürup-Rente«). Ob der umständlichen steuerlichen Förderung und der geringen Zinserträge auf Kapitalvermögen in den vergangenen 10 Jahren erfreuen sich diese Produkte nur einer geringen Nachfrage und machen nur einen kleinen Teil der heutigen Altersvorsorge und damit späteren Alterseinkünften aus.

Anders verhält es sich mit dem Wohneigentum. Das Eigenheim als Altersvorsorge wird seit vielen Jahrzehnten von Immobilienanbietern und den sich in Deutschland großer Beliebtheit erfreuenden Bausparkassen propagiert. Doch was als Bezieher von Alterseinkünften tun mit der selbst bewohnten Immobilie? Der Verkehrswert mag im günstigen Fall teilweise enorm gestiegen sein – will der Senior aber dort wohnen bleiben, bleibt es für ihn bei einem gestiegenen Buchwert. Vom Wert oder der Wertsteigerung kann er nicht abbeißen. Die Umwandlung des in der Immobilie gebundenen Kapitals in liquide Mittel war bisher unüblich und schwierig umsetzbar. Darüber hinaus sind nicht nur die Eigentümer gealtert, sondern auch die Gebäude – Sanierungen, Reparaturen und Modernisierungen beanspruchen einen gehörigen Teil der Altersbezüge und unterliegen in der Regel auch einer überdurchschnittlichen Inflation. Die Höhe der Rentenanpassungen liegt meist darunter. Damit wird die Liquiditätsbelastung für Eigentümer, die Alterseinkünfte beziehen, Jahr für Jahr höher.

18.2 Umkehrhypothek

Ein Blick auf den angelsächsischen Raum zeigt, dass dort 1961 die erste »Reverse Mortgage« (Umkehrhypothek) vereinbart wurde. Die Idee war zur Versorgung einer Witwe in Portland, Maine, USA geboren und zu einem Produkt weiterentwickelt worden. Ein »Eat your brick«-Modell war entstanden. Mittels der eingeräumten tilgungs- und zinszahlungsfreien Hypothek können aus dem Verkehrswert der eigengenutzten Immobilie liquide Mittel bezogen werden.

Wird eine Umkehrhypothek in Anspruch genommen, bleibt der Senior Eigentümer. Über die Jahre wächst aber die Darlehensbelastung um die nicht bezahlten Zinsleistungen an. Mithin wird von der finanzierenden Bank nur ein geringer Teil (ca. 30 Prozent, abhängig auch vom Alter der Inanspruchnehmer) des Verkehrswerts als Darlehen ausgekehrt. Das stetige Anwachsen der Darlehensbelastung kann dann durchaus einen Großteil des Verkehrswerts der Immobilie ausmachen an dem Tage, an dem der Senior das Haus verlässt. Geschieht dies qua Tod, verbleibt den Erben ein geringes Nettovermögen aus der Immobilie. Geschieht dies durch Auszug (beispielsweise in ein Pflegeheim), wird in diesem Moment das gesamte Darlehen fällig. Die vulnerable Person ist gezwungen, die Immobilie rasch zu einem guten Preis zu veräußern, um den Darlehensbetrag samt aufgelaufener Zinsen tilgen zu können. Es sei dahingestellt, ob in dieser Situation der Eile und der gesundheitlichen Beeinträchtigung des Seniors ein »guter« Kaufpreis erzielt werden kann.

In einigen Fällen beträgt die Darlehensschuld (ursprüngliche Darlehenshöhe zzgl. aufgelaufenen Zinses) auch über 100 Prozent des Immobilienwerts – das ist aber dann ein Problem der finanzierenden Bank, die sich dagegen entsprechend bei Dritten absichern kann.

In Deutschland hat sich die Umkehrhypothek bis heute nicht durchsetzen können. Die Neigung der Banken, solche Produkte anzubieten, ist gering. Angeführt wird seitens der Kreditinstitute, dass das Geschäft risikobehaftet ist, eine eventuell spätere Notwendigkeit der Verwertung der Sicherheit (Immobilie), um die Darlehensleistungen zurückzuerhalten, lieber gemieden wird und solche Risiken mit einem notwendigen höheren Zinssatz zum Ausdruck gebracht werden. Daraus ergebe sich nur wieder allgemeine Kritik am Handeln der Banken. Nichtsdestotrotz vergeben Banken in jüngster Zeit immer mehr Umkehrdarlehen. Etliche werben dafür unter dem Begriff »Immobilienrente«, andere handeln pragmatisch in Einzelfällen, wenn es die Umstände erfordern und unkompliziert ermöglichen.

Bleibt die emotionale Hürde bezüglich der Aufnahme eines Darlehens bei den Senioren (in Deutschland). In der Regel wurde die selbst bewohnte Immobilie bzw. das damit verbundene Darlehen über Jahrzehnte »abgearbeitet«. Dieser Einsatz und ein damit oft verbundener langfristiger Konsumverzicht sind wichtige Gründe für eine hohe emotionale Bindung an die eigengenutzte Immobilie. Ist die Immobilie bei Eintritt in das Rentenalter abbezahlt, dann wohnt man in den Folgejahren »mietfrei« – so auch das Argument der Befürworter der eigengenutzten Immobilie als Altersvorsorgeinstrument. Nun, nachdem dieser Zustand mühsam erreicht wurde, soll ein Senior wieder eine (Umkehr-)Hypothek auf die Immobilie aufnehmen? Eventuell sogar wieder jeden Monat Zins und Tilgung für das Darlehen bezahlen? Hier gibt es eine erkennbare Zurückhaltung, wurde doch immer gepredigt: Deine Immobilie sollte zum Renteneintritt abbezahlt respektive schuldenfrei sein.

Die aufgeführten Überlegungen sind m. E. wichtige Gründe, warum in Deutschland die Umkehrhypothek bis heute nicht umfangreicher vorkommt. Es bleibt aber die Möglichkeit des Verkaufs der Immobilie auf Leibrentenbasis mit Wohnungs- oder Nießbrauchrecht. Auch hier gibt es emotionale Hürden (s. o.). Dazu kommt, dass das Eigentum an der weiterhin selbst genutzten Immobilie verkauft wird. Es bleibt jedoch (wie bei der Umkehrhypothek auch) der unmittelbare Besitz – allerdings schuldenfrei.

Derartige Verrentungsprodukte werden von Banken nicht angeboten. Die Bank müsste Eigentümer einer Vielzahl von Eigenheimen werden – unmittelbar will (und darf) sie das nicht. Mittelbar über Beteiligung an einem Verrentungsunternehmen ist es aber möglich.

Die vergangenen Jahre sind etliche Anbieter solcher Verrentungen in Deutschland entstanden – und viele wieder vom Markt verschwunden. Bundesweit tätig waren die Immokasse als Vertriebsgesellschaft für Umkehrhypotheken, die dann durch die DKB (Deutsche Kreditbank, Direktbank der Bayrischen Landesbank) durchgeführt werden. Seit etlichen Jahren ist die Immokasse insolvent; die DKB bietet keine Umkehrhypotheken in großen Stil mehr an. Die R+V Versicherungen des Volksbankenverbundes hatte für kurze Zeit ein Angebot für Verrentungen. Auch dieses wird seit Jahren nicht mehr angeboten. Konstant seit 20 Jahren im Angebot sind die Verrentungen durch die Stiftung Liebenau (Zustifterrente), seit ca. 10 Jahren durch die Caritasstiftung Stuttgart (Hausstifterrente) und seit ca. 7 Jahren durch die Deutsche Leibrenten AG. Letztere hat inzwischen die meisten Verrentungen getätigt. Überwiegend vermittelnd tätig ist HausplusRente aus München. Dort wird eine Verrentung mit Einmalzahlung und Einräumung eines lebenslangen Wohnungsrechts angeboten. Bleibt festzuhalten: Immobilienverrentungen in Deutschland werden nachhaltig von gewerblichen wie von gemeinnützigen Organisationen angeboten.

Ein Angebot aus dem gemeinnützigen Bereich mutet zunächst merkwürdig an. Die Immobilienverrentung ist doch als Finanzprodukt zu bezeichnen – man denkt hier überwiegend an Banken, Versicherungen und andere gewerbliche Unternehmen, die ein solches anbieten. Verrentungen haben aber eine alte Geschichte als Fundraising-Instrument in den USA: die sog. Gift Annuity, übersetzt in etwa: »Spender-Rente«.

18.3 Gift Annuity

Der mittellose amerikanische Künstler John Trumbull gilt als der erste Bezieher einer Gift Annuity. Er war der Schöpfer von vier großen Historiengemälden in der Rotunde des Washingtoner Kapitols, des Herzens der amerikanischen Demokratie, darunter »Die Unabhängigkeitserklärung« und »Kapitulation von General Burgoyne«. Es gelang ihm aber nicht, weitere Bilder zu verkaufen, und 1831, im Alter von 75 Jahren, inzwischen verwitwet und mittellos, vereinbarte er mit der Yale University die Bezahlung einer jährliche Rente von 1.000 US-Dollar für die Übertragung von über 70 Bildern an die Universität. Diese Bilder markieren der Start des ersten amerikanischen Kunstmuseums an einer Universität. Es wird anekdotisch erzählt, dass die jährlichen Zahlungen mithilfe der Eintrittsgelder für die »Trumbull Gallery« an der Universität Yale (mit-)finanziert wurden. 1919 startet die American Bible Society eine große Werbekampagne für Gift Annuities mit Anzeigen in religiösen Zeitungen und Zeitschriften. 11 Jahre später hat sie 4.615 Verrentungsverträge abgeschlossen.

Die Verrentung in den USA wird überwiegend aus dem gemeinnützigen Sektor angeboten. Inzwischen gibt es diesbezüglich allein über 1.500 gemeinnützige Organisationen, die dazu im ACGA (American Council on Gift Annuities) organisiert sind.

Wie in dem kurzen historischen Abriss beschrieben, sind die verrenteten Vermögensgüter sehr vielfältig. Zu Beginn waren es Kunstwerke, heute sind es überwiegend Geldvermögen, Aktienanlagen und Anteile an Kapitalgesellschaften, die verrentet werden. Vereinzelt – und von der Dachorganisation ACGA auch empfohlen – werden Immobilien verrentet. Bei allen Gütern ist aber Folgendes gleich. Die Güter gehen unmittelbar in das Eigentum und den Besitz der verrentenden Organisation über – Nutzungs- oder Wohnrechte auf Lebenszeit werden nicht vereinbart. So ist eine Immobilienverrentung mit Einräumung eines lebenslangen, unentgeltlichen, dinglich gesicherten Wohnungsrechts in den USA nicht üblich. In einem solchen Fall wird von einigen gemeinnützigen Organisationen eine »charitable reverse mortgage« angeboten, also eine Darlehensgewährung unter nicht marktüblichen Bedingungen (geringer Darlehensbetrag bzw. Beleihungswert, bezogen auf den Verkehrswert) und einer Eigentumsübertragung im Todesfall.

Angesichts der langen Zeit, die es diese Form der Verrentung in den USA gibt, konnte es nicht ausbleiben, dass auch staatliche Regulierungen und Steuergesetze sich der Gift Annuities angenommen haben. Dies geschah durchgehend in einer Art und Weise, die der Verrentung

Vorschub geleistet hat. So gibt es für den Interessenten umfangreiches Material und veröffentlichte empfohlene Mindestraten (jährliche Auszahlung abhängig vom Lebensalter). Etliche Bundesstaaten verpflichten die verrentenden Organisationen zur Bildung entsprechender Sicherheiten oder zur Zahlung von Mindestraten. In einigen Bundesstaaten ist es auch üblich, den verrentenden Organisationen Sicherheiten bezüglich einer eventuell negativen Wertentwicklung zu gewähren. Steuervorteile in der Einkommensteuer, Spekulationssteuer und Erbschaftsteuer werden bei Abschluss einer Gift Annuity (bzw. im folgenden Steuerjahr) gewährt. Ab den 20er-Jahren des 20. Jahrhunderts entwickelte sich die Versicherungsmathematik; auch dies wirkte sich auf die Kalkulation bzw. Kalkulationssicherheit von Gift Annuities aus. Seit 1927 gibt es ein Forum der Zusammenarbeit von gemeinnützigen Organisationen zu den Verrentungen, das ACGA (American Council on Gift Annuities). Zunächst wurde innerhalb dieser Zusammenarbeit die Risikokalkulation aufseiten der gemeinnützigen Organisationen betrachtet und methodisch kalkulatorisch untermauert – das gilt bis heute. Die Anbieter führten statistische Methoden ein, um die durchschnittliche Lebenserwartung kalkulatorisch zu berücksichtigen. Zielgrößen für den Spendenanteil wurden gemeinsam definiert und kalkulatorisch abgebildet.

Inzwischen gibt es in den USA landesweite Vorgaben für die notwendigen Rücklagen und die Form der (konservativen) Anlage dieser Rücklagen durch die gemeinnützigen Organisationen, damit sie in der Lage sind, die im Rahmen einer Verrentung versprochenen lebenslangen Zahlungen zu bestreiten. Steuergesetze von 1969 und 1986 sorgten dafür, dass Gift Annuities die einzige Möglichkeit boten, die (hohen) Kapitalertragssteuern auf realisierte Aktienanlagengewinne zu vermeiden.

Allen Kalkulationen liegt ein beachtlicher Spendenanteil zugrunde. Vor etwa 100 Jahren betrug dieses »charitable residuum« 70 Prozent. Heute wird ein Spendenanteil von ca. 50 Prozent angestrebt. Parallel dazu hat sich in den USA ab Mitte des vergangenen Jahrhunderts eine entsprechende Profession ausgebildet. Der »Gift Planner« ist ein auf Gift Annuities spezialisierter Fundraiser in den gemeinnützigen Organisationen. Insbesondere die einkommens- und erbschaftssteuerlichen Besonderheiten sowie die Risikokalkulation gehören zu seinem besonderen Fachwissen. Seit 1988 gibt es in den USA einen Dachverband der »Gift Planner«, die National Association of Charitable Gift Planners (NACGP). Gemeinsam werden fachliche Aus- und Fortbildungsstandards gesetzt, Ausbildung wird angeboten und ethische Standards für die Beratung werden festgelegt.

18.4 Verrentungen im Vergleich USA–Deutschland

Wie zu erkennen ist, hat die Verrentung in den Vereinigen Staaten eine beachtliche Historie. Für uns Europäer ist es zunächst erstaunlich, wie vielfältig die staatlichen Regulierungen und steuerlichen Förderungen eines Finanzprodukts aus der Welt der gemeinnützigen Organisationen sind. Sie bilden aber die heutige Basis für den großen Umfang von jährlichen Verrentungen in den USA – der ACGA geht von einigen Zehntausend p. a. allein bei seinen Mitgliedsorganisationen aus. Dabei ist aber auch zu beachten, dass der Sozialstaat in den angelsächsischen Ländern auf andere Grundsäulen baut als der deutsche. In USA wird auf Eigeninitiative und private Vorsorge sowie Spendenbereitschaft und bürgerschaftliches Engagement gesetzt, während wir in Deutschland in erster Linie auf staatliche Umlagesysteme und steuerfinanzierte Hilfen setzen. Zudem war die Spendenbereitschaft und Spendenquote in USA schon immer höher als in Deutschland.

Die Immobilie ist im Zusammenhang mit Verrentungen nur eine von vielen Arten von Vermögensgegenständen und spielt bei Gift Annuities eine sehr kleine Rolle. Eine Verrentung bei gleichzeitigem Anspruch auf weitere lebenslange Nutzung ist ebenfalls selten. Es ist zu vermuten, dass das auch an einer komplett anderen Einstellung zur Immobilie liegt. Es ist eher die Regel als die Ausnahme, dass im Laufe eines Lebens, oft ca. alle 10 Jahre, eine neue Immobilie erworben wird und man sich von der bisherigen trennt. Wichtig ist immer der Standort, das Quartier und die Gegend. Ältere Menschen erwerben beispielsweise Einfamilienhäuser in riesigen Senioren-Arealen vorzugsweise in den »Sonnenstaaten« wie Florida oder Kalifornien und nehmen die dort vorhandene Infrastruktur von ambulanten Hilfen, Haushaltshilfen und Sport- und Freizeitanlagen bis zu stationären Pflegeeinrichtungen und medizinischer Versorgung wahr. Die Bindung an Eigenheim ist damit bei Weitem nicht so groß wie in Deutschland, wo ein Eigenheim teilweise über Jahrzehnte hinweg bewohnt wird.

Seit vielen Jahren ist in den USA eine Verrentung von Vermögenswerten durch gemeinnützige Organisationen also ein wichtiger, staatlich geförderter Baustein der privaten Altersvorsorge. Damit kann ein erheblicher Teil der Alterseinkünfte bestritten werden. Davon sind wir in Deutschland weit entfernt – bisher spielt eine Verrentung nur in Einzelfällen eine Rolle bei der Altersversorgung. Damit die Verrentung erheblich mehr Bedeutung gewinnen kann, wäre eine staatliche Unterstützung in Form von steuerlichen Regelungen und Standards für die Sicherung versprochener Zahlungen etc. notwendig. Allerdings gehen Experten (z. B. das Zentrum für Europäische Wirtschaftsforschung, ZEW, in einer Studie von 2021 (https://www.econpol.eu/publications/policy_report_31) auch ohne solche Regelungen von einer steigenden Nachfrage bei Verrentungen und Umkehrhypotheken in Deutschland aus.

18.5 Zusammenfassung

Eine nahezu 200 Jahre alte Historie von Verrentungen durch gemeinnützige Organisationen und die Entwicklung staatlicher Regelungen und Standards in dieser langen Zeit machen in den USA Verrentungen aller erdenklichen Vermögensgüter zu einem nennenswert wichtigen Baustein in der Altersversorgung. In Deutschland ist das nicht der Fall. Unterschiede in der Besteuerung von Vermögen, Erbschaften und Kapitalerträgen (auch z. B. die Spekulationssteuer auf Erträge aus eigengenutzten Immobilien) sowie ein in den Grundsätzen anders aufgebautes Sozialwesen sind dafür die Hauptursachen.

In Deutschland kann und wird die Verrentung von Vermögen, insbesondere eigengenutzte Immobilien, in der Zukunft voraussichtlich eine steigende Nachfrage erfahren. Die angebotenen Produkte werden vermutlich eher aus dem gewerblichen Sektor kommen, wenngleich davon auszugehen ist, dass einige gemeinnützige Organisationen fähig sind, die Gift Annuity aus den USA für die bundesdeutschen Gegebenheiten zu adaptieren und erfolgreich anzubieten.

Teil VII: Ausblick

19 Warum die Immobilienrente auch in Deutschland zur Normalität wird

Christian Kuppig

Abstract

Der Markt für Immobilienverrentungen steckt in Deutschland noch in den Kinderschuhen. Doch in den letzten Jahren kann eine durchaus dynamische Entwicklung festgestellt werden. Es ist ein neuer Wettbewerb unter immer mehr werdenden Anbietern entstanden, neue Modelle wie der Immobilienteilverkauf wurden konzipiert. Das Marktpotenzial für Immobilienverrentungen ist auch in Deutschland groß. Durch immer niedriger werdende Renten, aber auch einen Paradigmenwechsel in der Bevölkerung wird zukünftig auch hier zur Normalität werden, was heute in angelsächsischen Ländern bereits üblich ist: von seinem Immobilienvermögen auch zu Lebzeiten zu zehren.

19.1 Aktueller Status quo: Rentenentwicklung vs. Immobilienmarkt

Die Entwicklung der Alterspyramide in Deutschland ist längst bekannt: Immer mehr Rentnerinnen und Rentnern stehen immer weniger Berufstätige gegenüber. Aktuell leben in Deutschland etwa 21 Mio. Menschen, die eine gesetzliche Rente beziehen, und rund 57 Mio. Menschen sind gesetzlich rentenversichert und zahlen ein (Deutsche Rentenversicherung, o.J.a). Zukünftig wird die Zahl der Rentenempfänger weiter steigen, aber die der Einzahlenden in die Rentenkasse voraussichtlich sinken. Entsprechend wird das Rentenniveau, also das Verhältnis der Standardrente zum Durchschnittsverdienst der gesetzlich Versicherten, stetig abgesenkt: Lag es 2004 noch bei 52,9 Prozent, so wird es 2030 nur noch 43 Prozent betragen.

Wer in den kommenden Jahren in Rente geht, wird diese Reduzierung spürbar merken. Doch auch wer bereits im Ruhestand ist, könnte zukünftig feststellen, dass seine Kaufkraft weniger wird. Die Rente wird theoretisch an die Entwicklung der Lebenshaltungskosten angepasst. In den Jahren 2009 bis 2019 betrug die durchschnittliche jährliche Rentenanpassung im Westen 1,83 Prozent, im Osten 2,54 Prozent (rentenfuchs.info, 2018). Die Inflation betrug in diesem Zeitraum jedoch nur 1,3 Prozent. Aus der Rentenanpassung resultierte also tatsächlich ein Plus an realer Kaufkraft. Im Juli 2022 stieg die gesetzliche Rente aufgrund des Ausfalls im Vorjahr um ganze 5,35 Prozent im Westen und 6,12 Prozent im Osten, im Juli 2023 gab es eine erneute Anhebung um 4,39 Prozent im Westen und 5,86 Prozent im Osten (Deutsche Rentenversicherung, o.J.b). Auch wenn die Inflationsrate 2023 im Vergleich zum Vorjahr wieder etwas gesunken ist, werden die Rentenanpassungen nicht ausreichen, um die Preissteigerungen auszugleichen.

Wer im Ruhestand seinen Lebensstandard halten möchte, kommt deshalb um eine private Altersvorsorge nicht herum. Immobilien gelten als wichtiger Bestandteil. 2021 lebten laut Statistischem Bundesamt etwa 46,5 Prozent der Haushalte in Deutschland in selbst genutztem Eigentum. Das deckt sich mit einer repräsentativen Umfrage, die im März 2022 im Auftrag des Immobilienfinanzierungsvermittlers Engel & Völkers Finance durchgeführt wurde: Demnach leben 32,5 Prozent der 1.500 Befragten in ihrem eigenen Haus und 9,3 Prozent in ihrer eigenen Wohnung. Bei den Umfrageteilnehmenden, die 60 Jahre oder älter waren, wohnt sogar jeder Zweite in den eigenen vier Wänden: 38,3 Prozent im eigenen Haus und 11,7 Prozent in der eigenen Wohnung. Die Immobilie als Altersvorsorge zu nutzen, war dabei das wichtigste Motiv für den Erwerb: Knapp jeder zweite befragte Eigentümer (49 Prozent) gibt die Vorsorge für das Alter als Grund für den Kauf an.

Mit der erworbenen Immobilie, so die Rechnung vieler Eigentümer, kann man später im Alter mietfrei wohnen. Nicht selten macht das Wohneigentum aber auch den größten Bestandteil des Vermögens aus. Insbesondere in den letzten Jahren haben Immobilien in vielen Lagen noch einmal deutlich an Wert gewonnen. Der Immobilienvermittler Engel & Völkers hat in seinem Marktbericht Deutschland 2021/2022 die Immobilienpreise an 71 Standorten analysiert. Das Ergebnis: In einigen Städten haben sich die Kaufpreise in den vergangenen 5 Jahren mehr als verdoppelt. Und selbst in Metropolen wie München, das bereits ein sehr hohes Preisniveau verzeichnete, stiegen die Kaufpreise für Ein- und Zweifamilienhäuser um 48,9 Prozent, für Eigentumswohnungen sogar um 51,8 Prozent über die letzten **5** Jahre. Die Investition in eine Immobilie hat sich in diesen Lagen aufgrund ihres Wertzuwachses gelohnt.

19.2 Die emotionale Komponente von Eigentum

Mit einem Gesamtverkauf ihrer Immobilie könnten Eigentümer also ein größeres Vermögen freisetzen, gäbe es da nicht die emotionale Komponente: Zwei Drittel der Eigentümer ab 50 Jahren in Deutschland verbinden ihre Immobilie mit Schutz und Geborgenheit – die stärkste Assoziation. Das zeigt eine Umfrage unter 1.500 Best Agern vom Februar 2022 im Auftrag des Teilverkaufanbieters Engel & Völkers LiquidHome. Für mehr als die Hälfte der befragten Eigentümer steht ihr Zuhause zudem für Individualität und freie Entfaltung. Die eigene Immobilie ist eben mehr als ein Haufen (wertvoller) Steine – sie ist Zufluchts- und Rückzugsort, ein Ort voller Erinnerungen, an dem man hoffentlich glückliche Momente erlebt hat. Nicht grundlos heißt es »My home is my castle«. Im Alter in der vertrauten Umgebung wohnen bleiben zu können, ist daher auch für 31 Prozent der Umfrageteilnehmenden einer der größten Lebensträume. Umgekehrt verbinden 42 Prozent mit dem Ruhestand die Sorge, das Zuhause verlassen zu müssen.

Was aber, wenn das Geld im Alter nicht reicht, sei es, um den Lebensstandard zu halten oder um größere Wünsche zu realisieren? Gerade Menschen mit geringem oder mittlerem Einkommen, die sich den Traum von der eigenen Immobilie durch jahrelanges Sparen erfüllt haben, verfügen oftmals nicht über weitere höhere Rücklagen. Doch ein Gesamtverkauf des Eigenheims mit dem damit verbundenen Umzug ist für 81 Prozent der Befragten grundsätzlich keine Option. Auch für die Erfüllung von größeren (finanziellen) Wünschen würde nur rund ein Viertel der Eigentümer die komplette Veräußerung der eigenen Immobilie in Erwägung ziehen, wie aus der Umfrage von Engel & Völkers LiquidHome hervorgeht.

Eine Kreditaufnahme käme lediglich für jeden Fünften zur Finanzierung seines Lebenstraums infrage (und würde gerade bei geringer monatlicher Liquidität und angesichts des höheren Alters auch auf Hürden seitens der Banken stoßen). Eine weitere Alternative für Eigentümer sind die sog. Immobilienverrentungen. In Deutschland etabliert hat sich das Modell der Leibrente: Dabei wird die Immobilie zwar gesamthaft verkauft, allerdings erhalten die Verkäufer ein lebenslanges Wohnrecht, müssen also nicht ausziehen. Aus dem Verkauf resultiert eine ebenfalls lebenslange Rentenzahlung, die nicht dem Marktwert der Immobilie entspricht, sondern auf der Basis der statistischen Lebenserwartung kalkuliert wird. Ein weiteres, relativ junges Modell der Immobilienverrentungen ist der Teilverkauf: Die Immobilie wird nur anteilig, maximal bis zur Hälfte des gutachterlich festgestellten Marktwerts, verkauft. Über den veräußerten Anteil erhalten die Verkäufer ein lebenslanges Nießbrauchrecht, müssen dafür im Gegenzug allerdings eine Nutzungsgebühr bezahlen. Um sich größere Wünsche zu erfüllen, würden 35 Prozent der befragten Eigentümer laut Umfrage von Engel & Völkers LiquidHome die Optionen Leibrente oder Teilverkauf nutzen – immerhin mehr als jeder Dritte. Bei beiden Modellen gilt auch: Je jünger die befragten Best Ager insgesamt sind, desto größer ist die Zustimmung.

19.3 Der Blick in die Praxis

Zum Markt für Immobilienverrentungen in Deutschland gibt es leider kaum Daten – anders als beispielsweise in Großbritannien, wo das »Equity Release Council« seit nunmehr 30 Jahren Standards definiert sowie Entwicklungen analysiert und festhält. Die Eigentümerquote ist dort deutlich höher als in Deutschland, sie liegt bei über 65 Prozent (Statista GmbH, 2022b). Genauso, wie es in Großbritannien normal ist, in den eigenen vier Wänden zu wohnen, ist es dort auch üblich, Liquidität aus seiner Immobilie zu ziehen. Seit 1991 haben in Großbritannien fast 600.000 Kundinnen und Kunden eine Immobilienrente nach Verbandsstandards vereinbart und damit ein Vermögen von knapp 40 Mrd. britischen Pfund, umgerechnet etwa 45 Mrd. Euro, generiert. Die Wachstumsrate des Modells betrug allein in den letzten 10 Jahren 419 Prozent (Equity Release Council, 2022).

Auch in Deutschland ist das Marktpotenzial für Immobilienverrentungen, trotz geringer Eigentümerquote im europäischen Vergleich, groß. Betrachtet man die Anzahl der Haushalte mit Bewohnern über 60 Jahren, die in einem Eigenheim wohnen, das sich in einer Lage mit positiver Wertentwicklungsprognose befindet, so kommt man auf über fünf Millionen Objekte. Davon kommen natürlich längst nicht alle Haushalte für eine Immobilienverrentung infrage: Es muss ein Liquiditätsbedarf bei den Besitzern bestehen, die Immobilie muss einen gewissen Wert haben – und der Wunsch vorhanden sein, in der Immobilie wohnen zu bleiben. Übrig bleiben immer noch über zwei Millionen potenzielle Objekte (Statistisches Bundesamt, 2020).

Dieses Potenzial haben viele Unternehmen erkannt. In den letzten Jahren sind zahlreiche neue Anbieter am Markt für Immobilienverrentungen aktiv geworden, was zu mehr Aufmerksamkeit und Bekanntheit der Modelle geführt hat. So gaben beispielsweise in der Umfrage unter Best Agern von Engel & Völkers LiquidHome vom Februar 2022 nur noch 13 Prozent der Befragten an, noch nie etwas vom Teilverkauf gehört zu haben (Eigentümer: 8 Prozent); 2021 lag der Anteil noch bei 23 Prozent (Eigentümer: 13 Prozent).

Auch die Geschäftsentwicklung bei Engel & Völkers LiquidHome spiegelt die positive Entwicklung wider: Die Zahl der abgeschlossenen Verträge hat sich von April 2021 bis April 2022, also im zweiten Geschäftsjahr nach Unternehmensgründung, mehr als verdreifacht. Die Entscheidung für einen Teilverkauf als Liquiditätsquelle lag laut Kundenbefragung in erster Linie darin begründet, dass man weiter in seiner Immobilie wohnen bleiben und nicht gesamthaft verkaufen wollte; 81 Prozent der befragten Kunden war dies wichtig. Jeder Dritte wollte seine Immobilie weiterhin vererben können und mehr als jeder Vierte weiterhin an der Wertsteigerung partizipieren – beides Argumente, die gegen eine Leibrente oder das Nießbrauchmodell sprechen.

Wofür wird das Geld aus dem Teilverkauf genutzt? Auch das hat Engel & Völkers LiquidHome in einer Kundenbefragung herausgefunden: Die Hälfte der befragten Kundinnen und Kunden investiert das Geld in Renovierungs- oder Sanierungsmaßnahmen, etwa um die Energieeffizienz zu verbessern oder barrierefrei zu wohnen. Mehr als ein Drittel baut mit der gewonnenen Liquidität Schulden ab bzw. nutzt das Geld für alltägliche Ausgaben. 22 Prozent der Befragten möchten damit die Familie, in erster Linie die Kinder oder Enkelkinder, finanziell unterstützen.

Wofür das Geld aus dem Teilverkauf genutzt wird
Renovierungs-/Sanierungsmaßnahmen an der Immobilie: 50 %
Schuldenabbau: 37 %
Alltägliche Ausgaben: 34 %
Unterstützung meiner Familie: 22 %
Eine größere Anschaffung: 18 %

Tab. 1: Kundenbefragung Engel & Völkers LiquidHome, 65 Teilnehmende, Stand Juli 2023

Dieser Trend, aus der eigenen Immobilie schon zu Lebzeiten finanzielle Liquidität zu ziehen, wurde bereits 2017 in einer umfassenden Studie des Instituts für Finanzdienstleistungen e.V. (iff) beobachtet: Auch hier gaben die Befragten an, dass beispielsweise die Kinder nicht erst mit ihrem Tod finanziell unterstützt werden sollten. Gleichzeitig wollten die befragten Eigentümer aber noch eine Möglichkeit behalten, für den Pflegefall ausreichend Kapital zur Verfügung zu haben (Institut für Finanzdienstleistungen e.V., 2017). Ein Teilverkauf der Immobilie wäre hier die optimale Lösung.

19.4 Fazit: Die Immobilienverrentung wird Normalität

Zukünftig wird die Kombination aus sinkender Rente, zunehmender Bekanntheit der Modelle sowie einer anderen Einstellung zum Vermögensverzehr dazu führen, dass die Immobilienverrentung sich weiter etabliert. Bereits heute ist die Verbesserung des Lebensstandards einer der Hauptgründe für die Inanspruchnahme der Immobilienrente. Mit sinkendem Rentenniveau spielt die Immobilie als Altersvorsorge nicht nur über das mietfreie Wohnen eine Rolle beim Schließen der Rentenlücke, sondern trägt auch über die Immobilienrente dazu bei, fehlende Liquidität im Rentenalter auszugleichen. Schließlich ist es für viele Eigentümerinnen und Eigentümer die Hauptmotivation für den Immobilienerwerb, damit für das Alter finanziell vorzusorgen.

Im Sommer 2023 haben sich sieben relevante Anbieter von Immobilienverrentungsmodellen im Bundesverband Immobilienverrentung (BVIV) zusammengeschlossen. Ziel des Verbands mit Sitz in Berlin ist es, den Markt für Immobilienverrentungsprodukte für Verbraucher transparenter zu gestalten. Außerdem will der Verband verbindliche Standards setzen, die die ältere Kundengruppe der Immobilieneigentümer schützen sollen. Der BVIV deckt die am Markt etablierten Immobilienverrentungsmodelle (Leibrente, Nießbrauch, Rückmietung, Seniorenkredit sowie Teilverkauf) ab. Alle Anbieter haben Lösungen entwickelt, mit denen Immobilieneigentümer Kapital freisetzen können, das in der Immobilie gebunden ist, ohne aus den eigenen vier Wänden ausziehen zu müssen. Mit der Gründung eines Verbands gehen die Gründungsmitglieder einen weiteren Schritt in der Professionalisierung eines Bereichs, der in den vergangenen Jahren immer stärker von Immobilieneigentümern nachgefragt wurde.

Nicht selten ist das eigene Haus oder die eigene Wohnung das größte Vermögen, das man sich im Laufe seines Lebens aufgebaut hat. Während es für die heutige Rentnergeneration durchaus mit Scham behaftet ist, die eigene Immobilie noch zu Lebzeiten in Gänze oder in Teilen zu verkaufen, um daraus finanzielle Liquidität zu generieren, haben jüngere Generationen eine andere Einstellung dazu. Sie sind konsumorientierter, weniger sparsam. Es geht ihnen nicht darum, den Kindern möglichst viel zu hinterlassen – sie wollen selbst etwas vom Leben haben. Dazu zählen Dinge wie Reisen genauso wie die Modernisierung der eigenen vier Wände für mehr Komfort. Eine Immobilienverrentung wird von ihnen stärker in Betracht gezogen als von den heutigen Rentnerinnen und Rentnern.

Diese veränderte Einstellung zum Thema Konsum in Kombination mit sinkenden Renten wird dazu führen, dass die Immobilienverrentung auch in Deutschland zur Normalität werden wird. Denn was bringt das eingemauerte Vermögen, wenn man es bei größeren finanziellen Einschränkungen nicht nutzen kann?

Quellenverzeichnis

Deutsche Rentenversicherung (o.J.a): Rentenanpassung 2022, abrufbar unter https://www.deutsche-rentenversicherung.de/DRV/DE/Rente/Allgemeine-Informationen/Wissenswertes-zur-Rente/FAQs/Rentenanpassung/FAQ-Rentenanpassung-2022/Rentenanpassung-2022.html (zuletzt abgerufen am 14.02.2023).

Deutsche Rentenversicherung (o.J.b): Statistiken und Berichte, abrufbar unter https://www.deutsche-rentenversicherung.de/DRV/DE/Experten/Zahlen-und-Fakten/Statistiken-und-Berichte/statistiken-und-berichte_node.html (zuletzt abgerufen am 14.02.2023).

Engel & Völkers Finance (2022): Studie Immobilientrends 2022. Hamburg.

Engel & Völkers Residential GmbH (2020): Marktbericht Deutschland 2020/2021 – Wohnimmobilien. Hamburg.

Equity Release Council (2022): Anniversary Report 2022.

EV LiquidHome GmbH (2022): Studie Lebensträume im Alter. Hamburg.

Institut für Finanzdienstleistungen e.V. (2017): Integrating Residential Property with Private Pensions in the EU – Final Report. Hamburg.

Rentenfuchs.info (2018): Rentenanpassungen im Zeitverlauf: 10-Jahresrückblick, abrufbar unter https://www.rentenfuchs.info/rentenanpassungen-im-zeitverlauf-10-jahresrueckblick (zuletzt abgerufen am 14.02.023).

Sozialverband VdK (2022): Bis 2030 Absenkung des Rentenniveaus bis auf 43 %, abrufbar unter https://www.vdk.de/ov-schopfheim/ID126800 (zuletzt abgerufen am 14.02.2023).

Statista GmbH (2022a): Verteilung der Haushalte in Deutschland nach Miete und Eigentum von 1998 bis 2018, abrufbar unter https://de.statista.com/statistik/daten/studie/237719/umfrage/verteilung-der-haushalte-in-deutschland-nach-miete-und-eigentum (zuletzt abgerufen am 14.02.2023).

Statista GmbH (2022b): Wohneigentumsquote in ausgewählten europäischen Ländern im Jahr 2021, abrufbar unter https://de.statista.com/statistik/daten/studie/155734/umfrage/wohneigentumsquoten-in-europa (zuletzt abgerufen am 14.02.2023).

Statistisches Bundesamt (2020). Mikrozensus-Zusatzerhebung 2018.

Statistisches Bundesamt (o.J.): Preise – Verbraucherpreisindex und Inflationsrate, abrufbar unter https://www.destatis.de/DE/Themen/Wirtschaft/Preise/Verbraucherpreisindex/_inhalt.html (zuletzt abgerufen am 14.02.2023).

Verzeichnis der Autorinnen und Autoren

Gerhart Baum war von 1972 bis 1994 Mitglied des Deutschen Bundestages. Von 1972 bis 1978 wirkte er als Parlamentarischer Staatssekretär bei den damaligen Bundesinnenministern Hand-Dietrich Genscher und Werner Maihofer und war von 1978 bis 1982 selbst Bundesinnenminister. Seit 2007 ist Gerhart Baum Senior-Partner bei der u. a. auf Verbraucherschutz spezialisierten Kanzlei Baum Reiter & Collegen Rechtsanwaltsgesellschaft mbH (Düsseldorf/Berlin).

Renate Daum ist Redakteurin im Team Geldanlage, Altersvorsorge, Kredite und Steuern bei Stiftung Warentest in Berlin. Sie studierte Volkswirtschaftslehre in München und London, arbeitete als Wirtschaftsredakteurin mit dem Schwerpunkt Finanzmärkte beim Süddeutschen Verlag in München und danach für Börse Online, Capital und die Financial Times Deutschland. Seit 2013 beschäftigt sie sich u.a. mit dem Thema Immobilien bei Stiftung Warentest (Finanztest, test, test.de).

Otto Kiebler ist Gründer und geschäftsführender Gesellschafter der HausPlusRente GmbH und ein Pionier in Sachen Immobilienverrentung in Deutschland. Gemeinsam mit Notaren, Wirtschaftsprüfern, Immobiliengutachtern und Aktuaren entwickelte der gelernte Bankfachwirt und Dipl.-Betriebswirt vor knapp 20 Jahren das Modell der Immobilienverrentung auf Nießbrauchbasis und brachte es bundesweit zur Marktreife. Im Rahmen der ersten wissenschaftlichen Analyse aller Verrentungsmöglichkeiten durch die Hochschule Berlin wurde im März 2022 HausplusRente als bester Immobilienverrenter Deutschlands ausgezeichnet.

Dr. Karolin Kirschenmann ist stellvertretende Leiterin des Forschungsbereichs »Altersvorsorge und nachhaltige Finanzmärkte« am Zentrum für Europäische Wirtschaftsforschung (ZEW). Ihre Forschungsschwerpunkte liegen im Banking und in der Finanzintermediation. Sie beschäftigt sich zum einen mit der Rolle von Banken bei der nachhaltigen Transformation der Wirtschaft, zum anderen mit der Rolle von Immobilien für die private Altersvorsorge. Ihre Arbeiten wurden in angesehenen Fachzeitschriften wie Review of Finance oder Journal of Money, Credit, and Banking veröffentlicht. Vor ihrer Tätigkeit am ZEW war sie von 2011 bis 2015 Assistant Professor im Bereich Finance an der Aalto-Universität in Helsinki. 2011 wurde sie an der Universität Heidelberg im Fach Volkswirtschaftslehre promoviert.

Dr. Philippe Krahnhof, M.Sc., LL.M. ist als freiberuflicher Dozent an der FOM Hochschule für Oekonomie & Management sowie als Bereichsleiter der Unternehmensentwicklung und des strategischen Projektmanagements bei einem Handelsunternehmen tätig.

Alexander Krolzik (1970), Jurist, arbeitete im Consulting sowie bei einem großen Versicherungskonzern. Seit 2010 ist er für die Verbraucherzentrale Hamburg e.V. als Leiter des Bereichs Immobilienfinanzierung, Bau- und Kaufvertrag tätig. Er beschäftigt sich intensiv mit dem Thema Immobilienverzehr. Beratung und Vorträge dazu wurden kontinuierlich zum ersten neutralen, strukturierten Beratungsangebot der Verbraucherzentralen deutschlandweit auf- und ausgebaut. Daraus entwickelte er auch ein Fortbildungsangebot für die Verbraucherzentralen. Er setzt sich für eine wachsende Vielfalt an Immobilienverzehr- und -verrentungsmöglichkeiten ein, sieht aber in den fehlenden Standards, der mangelnden Transparenz und Vergleichbarkeit und in dem fehlenden rechtlich klaren Rahmen aktuell die größte Herausforderung für die Verbraucherberatung, Politik und die gesamte Branche.

Christian Kuppig ist Geschäftsführer der EV LiquidHome GmbH. Der eigenständige Lizenzpartner der Engel & Völkers Marken GmbH und Co. KG bietet seit April 2020 den Immobilienteilverkauf in Deutschland an. Eine Expansion in weitere Länder ist geplant. Vor seinem Eintritt bei der EV LiquidHome GmbH war Christian Kuppig u. a. geschäftsführender Gesellschafter des IoE (Institute of Entrepreneurship) und selbst als Unternehmensgründer aktiv. Der gelernte Industriekaufmann kam über den Vertrieb für die Hamburger Holsten Brauerei in die Finanzbranche: Bei der HCI Capital AG, einem Emissionshaus, war Kuppig als Generalbevollmächtigter für den Vertrieb und das Marketing verantwortlich. Von dort wechselte er zur CH2 AG, einem Anbieter für Sachwertinvestments, die er als Vorstand und Gesellschafter mit aufgebaut hat.

Christoph Maurer ist seit 2000 Vorstand der INITIUM AG in Schorndorf und entwickelte zusammen mit der Stiftung Liebenau im Jahr 2003 die ZustifterRente. Die INITIUM AG hat sich auf die Entwicklung von Finanzierungslösungen für das Wohnen im Alter spezialisiert. Das Beratungsunternehmen begleitet zahlreiche Stiftungen bei der Entwicklung und Umsetzung der StifterRenten.

Rainer Mellis (Jahrgang 1966) ist Sprecher des Vorstands der Volksbank Düsseldorf Neuss eG. Nach seiner Ausbildung und Vertriebstätigkeiten in der Stadt-Sparkasse Oberhausen absolvierte er eine internationale Managementausbildung bei der Citigroup und war u. a. als Director Sales & Distribution Citibank Northern Europe tätig. Im Juli 2002 wechselte er zur gerade fusionierten Volksbank Düsseldorf Neuss eG. Sein aktueller Verantwortungsbereich als Marktvorstand beinhaltet die Bereiche Vertrieb, Personal, Marketing und Öffentlichkeitsarbeit. Darüber hinaus ist er gewählter Sprecher der Bezirkstagung der Genossenschaftsbanken in der Region Düsseldorf/Neuss/Duisburg, Mitglied im Finanzausschuss der IHK Düsseldorf und vertreten in diversen Strategiegremien der genossenschaftlichen Finanzgruppe. Er gilt als »Vater« des verbraucherfreundlichen, genossenschaftlichen Beratungsprotokolls, hat die Fondsplattform »ATTRAXX« und das Konsumentenkreditprodukt »EASY CREDIT« für die Geno-Gruppe mit initiiert und bereits 2008 die Baufinanzierungsvermittlerplattform »GENOPACE« mitgegründet. Im Jahr 2015 verlieh ihm der Markt-Intern-Verlag den Titel »Banker des deutschen Mittelstands«.

Dr. Olaf Methner ist als Rechtsanwalt in der Kanzlei Baum Reiter & Collegen Rechtsanwaltsgesellschaft mbH (Düsseldorf/Berlin) tätig. Er ist Fachanwalt für Bank- und Kapitalmarktrecht, für IT-Recht sowie für Arbeitsrecht. Im Bereich des Immobilienrechts befasst sich Dr. Olaf Methner seit Jahren mit kreditrechtlichen Problemstellungen sowie den rechtlichen Besonderheiten bei der Verrentung von Immobilien.

Dr. jur. Rainer Metz, Studium in Deutschland und den USA, Berufstätigkeiten als wissenschaftlicher Mitarbeiter, selbstständiger Rechtsanwalt, Bereichsleiter Recht und Finanzdienstleistungen bei der Verbraucherzentrale NRW, Leiter der Unterabteilung Verbraucherpolitik im Bundesverbraucherministerium, Leitung und Mitarbeit in internationalen Verbraucherpolitikprojekten, Veröffentlichungen zahlreicher verbraucherpolitischer Aufsätze und Bücher, Mitherausgeber der Zeitschrift Verbraucher und Recht, dort zuletzt veröffentlicht »Moderne Leibrenten: Ein neuer Markt entsteht – ein verlässlicher Rahmen fehlt« (VUR 10/22, S. 363 ff.).

Dr. Markus Nachbaur (Jahrgang 1964, Diplomkaufmann) trat 1995 in die Stiftung Liebenau ein. Nach der Tätigkeit als Leiter Abteilung Finanzen wurde er 2005 zum Vorstand der Stiftung Liebenau und der Stiftung Hospital zum Heiligen Geist, Kißlegg, berufen. Er verantwortet neben der wirtschaftlichen Entwicklung der Stiftung Liebenau u. a. die Themen Digitalisierung und Innovation. Im Jahr 2004 gründete er das Netzwerk Soziales gestalten (SONG) für neue Formen des Quartiersmanagements mit. Er wirkt aktiv mit im Expertenkreis Stiftungsmanagement des Bundesverbands Deutscher Stiftungen (seit 2010) sowie im Beirat von pulsnetz (seit 2023). 2018 war Dr. Markus Nachbaur Gründungsmitglied des vediso e.V.

Der Hamburger Kaufmann **Christoph Neuhaus** verfügt über langjährige Erfahrung im Finanzbereich. Als Partner und Geschäftsführer im Investmentfonds Endeit Capital verwaltete er rund 270 Millionen Euro. In seiner vorherigen Tätigkeit als M&A-Berater beriet er Unternehmen im Gesamtwert von rund 300 Millionen Euro bei der Veräußerung. Gemeinsam mit seinem Geschäftspartner Dr. Alexander Ey entwickelte Christoph Neuhaus im Jahr 2018 den Immobilienteilverkauf für den deutschen Markt und gründete mit der wertfaktor Immobilien GmbH den ersten Teilverkaufanbieter.

Seit mehr als 20 Jahren sind Immobilien das Schwerpunktthema der freien Wirtschaftsjournalistin **Susanne Osadnik**. Sie berichtet für die überregionale Presse über Märkte und Meinungen und moderiert Veranstaltungen sowie Podiumsdiskussionen. Von 2007 bis 2017 gehörte sie fest zum Team des »Wohnimmobilien-Kompass« von Capital. Seit November 2013 ist sie Chefredakteurin der von ihr ins Leben gerufenen Online-Publikation »Immobilienbrief Hamburg und der Norden«. Zuvor war sie für den Norddeutschen Rundfunk, die Telebörse, den DFI-Report sowie viele Jahre für die Financial Times Deutschland tätig.

Prof. Dr. Julius Reiter ist Gründer der Kanzlei Baum Reiter & Collegen Rechtsanwaltsgesellschaft mbH (Düsseldorf/Berlin). Er ist Professor für Wirtschaftsrecht und Fachanwalt für Bank- und Kapitalmarktrecht sowie für IT-Recht. Prof. Dr. Julius Reiter hat die Entwicklung der Branche Immobilienverrentung nahezu von Anfang an begleitet. Er ist Mitglied des Verbraucherbeirats bei der EV LiquidHome GmbH.

Bénédict Schenkel ist als Rechtsanwalt in der Kanzlei Baum Reiter & Collegen Rechtsanwaltsgesellschaft mbH (Düsseldorf/Berlin) tätig. Er ist Fachanwalt für Bank- und Kapitalmarktrecht sowie für IT-Recht. Im Bereich Immobilienverrentung berät Bénédict Schenkel laufend Anbieter bei vertrags- sowie verbraucherrechtlichen Fragestellungen.

Karl Matthäus Schmidt ist CEO der Quirin Privatbank und Gründer von quirion. Als Sohn einer Bankiersfamilie in sechster Generation lernte er das Bankgeschäft von der Pike auf kennen. Er gilt als Branchenpionier und revolutionierte das deutsche Bankensystem drei Mal. 1994 gründete er mit 25 Jahren Consors, den ersten Online-Broker Deutschlands. 2006 ging unter der Leitung von Karl Matthäus Schmidt die Quirin Privatbank an den Start. Sie ist die einzige Bank, die auf Provisionen verzichtet und Anleger ausschließlich unabhängig gegen Honorar berät. 2013 gründete der gebürtige Franke die digitale Geldanlage quirion.

Christoph Sedlmeier (Jahrgang 1964, Diplomkaufmann, MBA, Dipl.-Sachverständiger für Immobilienbewertung (DIA)) ist seit 1994 in der Stiftung Liebenau tätig. Seit 20 Jahren baut er den Bereich Immobilienverrentung (»Zustifterrente«) der Stiftung Liebenau auf, seit 2013 in eigener Abteilung. Davor baute Christoph Sedlmeier die Abteilungen Fundraising, Strategische Entwicklung und Forschen und Entwickeln auf. Er war Projektverantwortlicher für größere Bauprojekte im Bereich Senioren-Wohnen, Geschäftsführer des Brüsseler Kreis e.V., Geschäftsführer der Kinderhospiz St. Nikolaus gGmbH, der Teamwork GmbH sowie geschäftsführender Vorstand des Bulgarisch-Deutschen Sozialwerks e.V., Varna. Zuletzt wurde Christoph Sedlmeier in den Vorstand des Bundesverbands Immobilienverrentung (BVIV) gewählt.

Prof. Dr. Alexander Zureck ist smarter Finanzinnovator und digitaler Bildungsexperte. Als Professor für Banking & Finance an der FOM Hochschule für Oekonomie & Management in Düsseldorf lehrt und forscht er in den Bereichen Finanzierung, Investition, Financial Literacy und Financial Technology. Er ist Vizepräsident im Bundesverband Deutscher Volks- und Betriebswirte sowie Metacademic am Observatorium Metaverse der Universidad CEU San Pablo Madrid. Als Consultant ist er in Projekten in der Finanzindustrie u. a. in der Marktforschung oder strategischen Ausrichtung tätig und als Coach begleitet er individuell Menschen beim lebenslangen Lernen und ihrer Karriere u. a. bei Methodik oder Selbst- und Zeitmanagement.

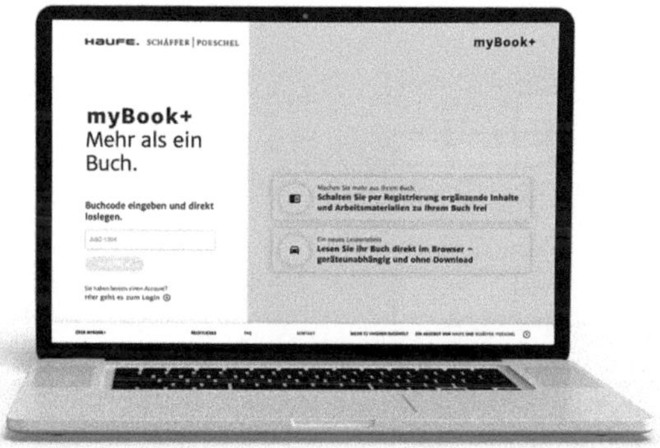

Ihre Online-Inhalte zum Buch: Exklusiv für Buchkäuferinnen und Buchkäufer!

- https://mybookplus.de
- Buchcode: CIS-42354

PI1 380 528 9
9838686